DERMEVAL SAVIANI

Pesquisador, Professor e Educador

PERFIS DA EDUCAÇÃO

Organização e Introdução

Diana Gonçalves Vidal

Textos selecionados de

Dermeval Saviani

DERMEVAL SAVIANI

Pesquisador, Professor e Educador

autêntica AUTORES ASSOCIADOS

COORDENADOR DA COLEÇÃO PERFIS DA EDUCAÇÃO
Luciano Mendes de Faria Filho

CAPA
Alberto Bittencourt
(sobre foto de João Zinclar)

REVISÃO
Lira Córdova
Maria do Rosário Alves Pereira

PROJETO GRÁFICO
Tales Leon de Marco

EDITORAÇÃO ELETRÔNICA
Conrado Esteves

EDITORA RESPONSÁVEL
Rejane Dias

Revisado conforme o Novo Acordo Ortográfico.

AUTÊNTICA EDITORA LTDA.

Belo Horizonte
Rua Aimorés, 981, 8° andar . Funcionários
30140-071 . Belo Horizonte . MG
Tel.: (55 31) 3222 6819

São Paulo
Av. Paulista, 2073 . Conjunto Nacional
Horsa I . 11° andar . Conj. 1101
Cerqueira César . 01311-940 . São Paulo . SP
Tel.: (55 11) 3034 4468

Televendas: 0800 283 1322
www.autenticaeditora.com.br

EDITORA AUTORES ASSOCIADOS LTDA.

Campinas
Av. Albino José Barbosa de Oliveira, 901
Barão Geraldo . Campinas . SP
Tel.: (55 19) 3289 5930

Dados Internacionais de Catalogação na Publicação (CIP)
(Câmara Brasileira do Livro, SP, Brasil)

Saviani, Dermeval
Dermeval Saviani : pesquisador, professor e educador / organização e introdução Diana Gonçalves Vidal . – Belo Horizonte: Autêntica Editora/Editora Autores Associados, 2011. (Coleção Perfis da Educação ; 3)

Vários autores
Bibliografia
ISBN 978-85-7526-561-1
ISBN 978-85-7496-282-5

1. Educação - Brasil. 2. Educadores - Brasil. 3. Saviani, Dermeval. I. Vidal, Diana Gonçalves. II. Série.

11-08024 CDD-370.92

Índices para catálogo sistemático:
1. Brasil : Educadores 370.92

Sumário

Cronologia

Período	Atividade
1943-1944	Dermeval Saviani nasce no dia 25 de dezembro de 1943, em uma fazenda situada em Santo Antonio da Posse, então comarca de Mogi Mirim, interior do Estado de São Paulo. Foi registrado, entretanto, em 03 de fevereiro de 1944.
1948	Migra com a família, seus pais e seis irmãos, para a cidade de São Paulo.
1951-1954	Frequenta o curso primário no Grupo Escolar de Vila Invernada.
1955-1961	Inicia o curso de admissão ao ginásio em 1955, na Paróquia de São Pio X e Santa Luzia, de Vila Leme, ainda em São Paulo, mas em 27 de setembro do mesmo ano segue com o vigário da referida paróquia para Cuiabá. É aprovado no exame de admissão ao ginásio no Liceu Salesiano São Gonçalo aos 11 anos de idade. Realiza o curso ginasial no Seminário Nossa Senhora da Conceição, de Cuiabá, entre 1956 e 1959. Começa o colegial no Seminário do Coração Eucarístico de Campo Grande em 1960. No ano seguinte, retorna ao Seminário Nossa Senhora da Conceição de Cuiabá, onde termina o curso colegial, concluindo os estudos do Seminário Menor.
1962-1963	Ingressa no Seminário Maior, Seminário Central de Aparecida do Norte, Estado de São Paulo, iniciando os estudos filosóficos em 1962. É aprovado em Filosofia no vestibular à Faculdade Salesiana de Filosofia, Ciências e Letras de Lorena em fevereiro de 1963. Em dezembro desse ano, deixa o Seminário.
1964-1966	Retorna à cidade de São Paulo e transfere o curso de Filosofia para a Pontifícia Universidade Católica de São Paulo. No período, associa os estudos ao trabalho nos Bancos Bandeirantes e do

Estado de São Paulo (Banespa) e à militância estudantil. Em 1966, a convite do professor Joel Martins, atua como monitor na disciplina Filosofia da Educação, no curso de Pedagogia da PUC-SP. Aos 22 anos, portanto, inicia a docência em Filosofia da Educação.

1967 Assume a cadeira de Fundamentos Filosóficos da Educação no curso de Pedagogia da PUC-SP e começa a dar aula de Filosofia para ensino clássico e científico no Colégio Estadual de São João Clímaco, depois denominado Colégio Estadual Prof. Ataliba de Oliveira, e História e Filosofia da Educação para o Curso Normal do Colégio Sion. Comunica aos colegas da Ação Popular sua decisão de desligar-se do movimento estudantil.

1968 Demite-se do Banespa para dedicar-se integralmente ao magistério. Inicia as pesquisas para sua tese de doutorado, sobre o conceito de sistema na Lei de Diretrizes e Bases da Educação Nacional (Lei 4.024/61).

Além de Fundamentos Filosóficos da Educação, assume a disciplina Filosofia da Educação no 3º ano do curso de Pedagogia da PUC-SP. Começa a elaborar textos, ainda inéditos, de apoio às aulas.

1970 É aprovado em concurso público, assumindo, como efetivo, a cadeira de Filosofia do Colégio e Escola Normal Estadual "Plínio Barreto", em São Paulo, capital, no segundo semestre de 1970.

1971 Integra a equipe que montou a disciplina Introdução à Educação para o recém-instalado Ciclo Básico de Ciências Humanas e Educação da PUC-SP. Defende, na PUC-SP, seu doutorado, intitulado "O conceito de sistema na Lei de Diretrizes e Bases da Educação Nacional".

1972 Inicia as atividades na pós-graduação ministrando, em nível de mestrado, a disciplina Problemas da Educação nos Programas de Pós-Graduação em Filosofia da Educação da Universidade Metodista de Piracicaba - UNIMEP e da Pontifícia Universidade Católica de São Paulo. Começa a investigação "A reforma da organização escolar brasileira", estudo crítico contextual das Leis 5.540/68 (reforma universitária) e 5.692/71 (reforma do ensino de 1º. e 2º. graus), concluída em 1974.

1973 Entre 1973 e 1975, é docente em tempo integral na PUC-SP.

Publica a tese com o título modificado para *Educação brasileira: estrutura e sistema* [São Paulo: Saraiva, 1. ed., 1973; São

Paulo: Cortez/Autores Associados, 6. ed. revista e atualizada com um novo prefácio, 1987; Campinas: Autores Associados, 7. ed., 1996; 10. ed., 2008]. Passa à condição de professor em tempo integral na PUC-SP, afastando-se sem vencimentos do cargo de professor efetivo do Estado, comissionado na Equipe Técnica do Livro e Material Didático da Secretaria da Educação do Estado de São Paulo. Começa a orientar em nível de mestrado.

1974 Começa a investigação "Funções de preservação e de deformação do Congresso Nacional na legislação de ensino", estudo das ementas de iniciativa do Poder Legislativo apresentadas pelos parlamentares quando da tramitação dos projetos das Leis 4.024/61, 5.540/68 e 5.692/71, concluída em 1976.

1975-1978 É contratado como professor titular na Universidade Federal de São Carlos (UFSCar), onde integra a equipe que formulou o projeto do curso de Pós-Graduação em Educação. A partir de março de 1976, coordena a implantação e o funcionamento do curso de Pós-Graduação em Educação, em convênio com a Fundação Carlos Chagas. Divide suas atividades docentes entre a PUC-SP e a UFSCar.

1977-1979 Desenvolve estudo das tendências e correntes pedagógicas na história da educação brasileira. A pesquisa, financiada pelo INEP, teve a coordenação de Durmeval Trigueiro Mendes.

A convite do Institut d'Étude du Développement Économique et Social (IEDES), Université de Paris I (Sorbonne), viaja a Paris em 2 de dezembro de 1977 para realizar estágio de pesquisa. Na Europa, efetua outro estágio de pesquisa no Istituto Gramsci, em Roma, no mês de janeiro de 1978.

Publica em coautoria *Educação brasileira contemporânea* [São Paulo: McGraw Hill, 1976].

Em 1977, é sócio fundador da Associação Nacional de Pós-Graduação e Pesquisa em Educação (ANPEd).

1978-1979 A partir de abril de 1978 reassume o contrato em tempo integral na PUC-SP. E, em agosto do mesmo ano, passa a coordenar os Programas de Mestrado em Filosofia da Educação e Doutorado em Educação.

Retorna à Europa em setembro de 1979, para intercâmbio acadêmico nas seguintes instituições da Alemanha Ocidental: Pädagogische Hochschule/Universidade de Colônia, Pädagogische

Hochschule/Universidade de Münster, Lateinamerica Institut de Berlim e Deutsches Institut für Pädagogische Forschung de Frankfurt.

Integra o corpo editorial da revista *Educação e Sociedade*.

É sócio fundador do Centro de Estudos Educação e Sociedade (CEDES), em 1978, e da Associação Nacional de Educação (ANDE), em 1979.

1980 Ingressa na UNICAMP, ministrando aulas na Graduação e Pós-Graduação em Educação.

Publica *Educação: do senso comum à consciência filosófica* [São Paulo: Cortez/Autores Associados, 1. ed., 1980; Campinas: Autores Associados, 11. ed., 1993; 17. ed., 2007] e, em coautoria, *Inovação educacional no Brasil* [São Paulo: Cortez/Autores Associados, 1. ed., 1980; Campinas: Autores Associados, 3. ed., 1995] e *A universidade e o desenvolvimento regional* [Fortaleza: Ed. UFC, 1980].

1981 Integra o corpo editorial da revista *ANDE - Revista da Associação Nacional de Educação* até 1994.

Integra, como representante da área de Educação, o Comitê Assessor de Psicologia, Filosofia, Educação, Letras e Linguística do CNPq, por dois mandatos consecutivos, entre janeiro de 1981 e dezembro de 1984.

1982 Em decorrência de convênio celebrado entre o Programa de Pós-Graduação em Filosofia da Educação da PUC-SP e o Programa de Educação da FLACSO (Facultad Latinoamericana de Ciencias Sociales), ministra em Buenos Aires, em 1982, a disciplina Teoría de la Educación. Volta a ministrá-la por mais duas vezes, em 1983 e 1985.

Publica "Anseinandersetzung unter christen". *Publik-Forun*, 07, 11 abr. 1982 e "Paulo Freire: Christ oder Agnostiker?" *Forum*, v. 56, 1982, contrapondo-se à crítica de D. Vicente Scherer, cardeal de Porto Alegre, publicada na Alemanha.

1983 Entre 1983 e 1984, desenvolve estudo das concepções de Filosofia da Educação veiculadas pela *Revista Brasileira de Estudos Pedagógicos* ao longo de sua existência. Em paralelo, inicia as investigações sobre o Congresso Nacional e a educação brasileira, com foco na análise do significado político da ação dos congressistas na discussão e aprovação dos projetos das Leis 4.024/61, 5.540/68 e 5.692/71, base para a elaboração de sua tese de livre-docência, defendida em 1986.

Publica *Escola e democracia* [São Paulo: Cortez/Autores Associados, 1. ed., 1983; (traduzido para o espanhol: *Escuela y democracia*. Montevideo, Monte Sexto, 1988); Campinas: Autores Associados, 26. ed., 1992; 41. ed., 2009]; e, em coautoria, *Filosofia da educação brasileira* [Rio de Janeiro: Civilização Brasileira, 1 ed., 1983; 6. ed., 1996] e *Desenvolvimento e educação na América Latina* [São Paulo: Cortez/Autores Associados, 1. ed., 1983; 3. ed., 1985].

1984 Casa-se com Maria Aparecida Dellinghausen Motta. Passa a integrar o Conselho Estadual de Educação de São Paulo, cargo que mantém até 1987. Inicia a investigação "Pedagogia histórico-crítica", estudo da educação escolar em seu desenvolvimento histórico, tendo como referência o conceito e o fato do trabalho social.

Publica *Ensino público e algumas falas sobre universidade* [São Paulo: Cortez/Autores Associados, 1. ed., 1984; 5. ed., 1991].

1986 É aprovado em concurso público de livre-docência na disciplina História da Educação da UNICAMP, tendo defendido a tese "O Congresso Nacional e a educação brasileira". A convite da OEA participa do Seminário Interamericano sobre Educação, Desenvolvimento e Democracia, realizado em Washington, D.C. – EUA, apresentando trabalho sobre o tema "Educação para a participação no processo político: escola, cidadania e transição democrática", depois publicado no nº 100 da revista *Educación*, da OEA.

Cria a linha de pesquisa "História, sociedade e educação no Brasil", origem do Grupo de Estudos e Pesquisas "História, Sociedade e Educação no Brasil" (HISTEDBR), institucionalizado na FE-UNICAMP, em 1991.

1987 Em fevereiro de 1987, a convite da Universidad de la República, ministra em Montevidéu dois cursos intensivos sobre "Correntes pedagógicas contemporâneas" e "Principais correntes pedagógicas e sua aplicabilidade à realidade nacional" e profere conferência sobre o tema "Realidade e perspectiva da educação no contexto latino-americano".

Publica *Política e educação no Brasil* [São Paulo: Cortez/Autores Associados, 1. ed., 1987; Campinas: Autores Associados, 3. ed., 1996; 6. ed., 2006].

1988 Nasce seu filho Benjamim Motta Saviani.

1989 Passa a regime de dedicação integral à docência e à pesquisa na UNICAMP, desligando-se da PUC-SP. Inicia as investigações "História das ideias pedagógicas no Brasil" (I) e "A nova Lei de Diretrizes e Bases da Educação Nacional".

Torna-se coordenador de pós-graduação da Faculdade de Educação de abril de 1989 a abril de 1992. Elabora a proposta do novo Regulamento do Programa de Pós e coordena sua discussão, aprovação e implantação.

Publica *Sobre a concepção de politecnia*. Rio de Janeiro: Fundação Oswaldo Cruz, 1989.

1990 É aprovado no concurso público de professor adjunto na disciplina História da Educação da UNICAMP.

Participa como docente do convênio estabelecido entre a UNICAMP e a Universidade Estadual de Maringá.

Integra o corpo editorial da revista *Pro-Posições* (UNICAMP) até 2000.

1991 Formaliza, junto à Congregação da FE-UNICAMP, o Grupo de Estudos e Pesquisas "História, Sociedade e Educação no Brasil" (HISTEDBR) que organiza, inicialmente, o projeto "Levantamento e catalogação de fontes primárias e secundárias da educação brasileira". Esse coletivo de pesquisa, ainda em funcionamento, envolve 35 equipes, em 22 estados da federação, e conta, ao longo de seus 24 anos de existência, com apoio financeiro do FAEP/UNICAMP, INEP/MEC e CNPq.

Publica *Pedagogia histórico-crítica* [São Paulo: Cortez/Autores Associados, 1991; Campinas: Autores Associados, 4. ed., 1994; 8. ed., revista e ampliada, 2003; 11. ed., 2011] e *Educación: temas de actualidad* [Buenos Aires: Libros del quirquincho, 1991], versão em espanhol de *Educação e questões da atualidade* [São Paulo: Cortez/Livros do Tatu].

1992 É indicado para o cargo de diretor associado da Faculdade de Educação, cargo que ocupa até abril de 1996.

Participa como docente e executor do convênio estabelecido entre a UNICAMP e a Universidade Federal de Santa Maria, ministrando disciplina nos anos 1992, 1994 e 1996.

1993 É aprovado no concurso público para o cargo de professor titular da disciplina História da Educação do Departamento de Filosofia e História da Educação da Faculdade de Educação da UNICAMP.

1994 Viaja à Itália para realizar o projeto "A emergência da escola como forma principal e dominante de educação e o problema da formação de professores: um estudo de história da educação em universidades italianas", com apoio de Bolsa Estágio Sênior-CNPq. No decorrer do estágio publicou artigos nas revistas italianas *La Didattica; Richerche Pedagogiche; Infanzia;, Prospettiva-EP; Scuola-Se.*

Integra o corpo editorial da revista *Comunicações* (Piracicaba).

1995 Recebe a Medalha do Mérito Educacional do Ministério da Educação.

Inicia a investigação "Legislação complementar à LDB e o novo Plano Nacional de Educação", levantamento e análise da legislação principal que compõe a reforma do ensino no Brasil dos anos 1990, culminando com as propostas de Plano Nacional de Educação elaboradas pelo governo federal e pela sociedade civil.

Organiza, no âmbito do HISTEDBR, o Terceiro Seminário Nacional, que chega em 2009 à sua oitava edição.

1996 Inicia o projeto integrado de pesquisa "História das ideias Pedagógicas no Brasil" (II), com apoio do CNPq - Bolsa de Produtividade em Pesquisa, concluído em fevereiro de 2004.

Organiza *Para uma história da educação latino-americana* [Campinas: Autores Associados, 1996].

Integra o corpo editorial da *Revista Brasileira de Educação* até 2000.

Proponente e executor do Convênio de Cooperação entre a UNICAMP e a Università degli studi di Padova (Itália).

1997 Recebe o Prêmio Zeferino Vaz de Reconhecimento Acadêmico pela produção científica realizada entre 1994 e 1997, UNICAMP.

Participa como docente do convênio estabelecido entre a UNICAMP e a Universidad del Centro de la Provincia de Buenos Aires (Tandil-Argentina) ministrando a disciplina Filosofia de la Educación e Institución Escolar.

Publica *A nova lei da educação (LDB): trajetória, limites e perspectivas* [Campinas: Autores Associados, 1. ed., 1997; 12. ed., 2011].

1998 Publica *Da nova LDB ao novo Plano Nacional de Educação: por uma outra política educacional* [Campinas: Autores Associados, 1. ed., 1998; 5. ed., 2004]. Organiza *Formação de professores:*

a experiência internacional sob o olhar brasileiro [Campinas: Autores Associados, 1. ed., 1998; 2. ed. ampliada, 2000].

Integra o corpo editorial da revista *História da Educação* (UFPel) e *Educação* (UFSM).

Membro coordenador do Comitê Assessor de Educação do CNPq no período 1998-1999.

1999 Assume a presidência da Sociedade Brasileira de História da Educação, cargo que ocupa até 2001.

Organiza *História da educação: perspectivas para um intercâmbio internacional* [Campinas: Autores Associados, 1. ed., 1999].

Integra o corpo editorial da revista *Cadernos de Pesquisa* (Fundação Carlos Chagas).

2000 Integra o corpo editorial da *Revista Diálogo Educacional* (PUCPR), de *Linhas* (UDESC) e *Educação e Filosofia*. Integra ainda o corpo editorial da *Revista Brasileira de História da Educação* até 2005.

2001 Após 34 anos de magistério e 31 anos de serviço público, aposenta-se pela UNICAMP. Mantém, entretanto, as atividades de orientação de TCC, iniciação científica, dissertações e teses, acompanhamento de trabalhos de pós-doutorado. Prossegue o projeto de pesquisa "História das ideias pedagógicas no Brasil", articulado ao projeto integrado "Reconstrução histórica da escola pública no Brasil (1870-1996)" no interior do Grupo Nacional de Estudos e Pesquisas "História, Sociedade e Educação no Brasil" (HISTEDBR), do qual continua coordenador geral.

2002 Recebe o título de professor emérito, Universidade Estadual de Campinas - UNICAMP.

Assume um contrato de dois anos como professor titular colaborador na Faculdade de Filosofia, Ciências e Letras de Ribeirão Preto, da USP, dando início à investigação "O espaço acadêmico da pedagogia no Brasil: perspectiva histórica e teórica", que, a partir de 2004, passou a contar com financiamento do CNPq. O projeto visou compreender o modo como se configurou historicamente no Brasil o campo da pedagogia, explicitando e sistematizando os primeiros elementos teóricos a partir dos quais ela pôde conquistar um espaço acadêmico no âmbito da cultura superior materializada na instituição universitária.

Integra o corpo editorial das revistas *Educação em Revista* (UFMG) e *Educação e Pesquisa* (USP).

Sob sua liderança, o HISTEDBR organiza as Jornadas Regionais, que em 2011 chegam à décima edição.

2003 Organiza *Intelectual educador mestre: presença do Professor Casemiro dos Reis Filho na educação brasileira* [Campinas: Autores Associados, 1. ed., 2003; 2. ed., 2004].

Integra o corpo editorial da *Revista Brasileira de Estudos Pedagógicos*, de *Espaço Pedagógico* e de *Trabalho, Educação e Saúde.*

2004 Publica em coautoria *O legado educacional do século XX no Brasil* [Campinas: Autores Associados, 1. ed., 2004; 2. ed., 2006] e *Histórias e memórias da educação no Brasil* [Petrópolis: Vozes, 2004, v. 1; 2005, v. 3].

Integra o corpo editorial da revista *Educação & Linguagem.*

2005 Organiza *A escola pública no Brasil: história e historiografia* [Campinas: Autores Associados, 1. ed., 2005], *Marxismo e educação: debates contemporâneos* [Campinas: Autores Associados, 1. ed., 2005], *Capitalismo, trabalho e educação* [Campinas: Autores Associados, 3. ed., 2005] e *História e história da educação: o debate teórico-metodológico atual* [Campinas: Autores Associados, 3. ed., 2005].

Publica em coautoria *História da educação brasileira: formação do campo* [Ijuí: Ed. Unijuí, 2. ed., 2005].

Integra o corpo editorial da revista *Ideação* (Cascavel) e *Revista Alpha* (Patos de Minas).

2006 Publica em coautoria *O legado educacional do século XIX* [Campinas: Autores Associados, 2. ed., 2006].

Integra o corpo editorial da revista *Percursos* (UDESC).

2007 Publica *Da nova LDB ao FUNDEB* [Campinas: Autores Associados, 1. ed., 2007; 2. ed. revista e ampliada, 2008; 4. ed., 2011] e *História das ideias pedagógicas no Brasil* [Campinas: Autores Associados, 1. ed., 2007; 2. ed. revista e ampliada, 2008; 3. ed. revista, 2010]. Pela publicação deste último é agraciado, em 2008, com o Prêmio Jabuti.

Organiza *Instituições escolares no Brasil: conceito e reconstrução histórica* [Campinas: Autores Associados, 1. ed., 2007].

2008 Publica *A pedagogia no Brasil: história e teoria* [Campinas: Autores Associados, 1. ed., 2008] e em coautoria *Educação na história* [São Luís: Editora UEMA, 2008].

2009 Continua atuando como professor colaborador na Faculdade de Educação da UNICAMP, oferecendo disciplinas e orientando trabalhos de mestrado, doutorado e pós-doutorado.

Publica *PDE – Plano de Desenvolvimento da Educação: análise crítica da política do MEC* [Campinas: Autores Associados, 1. ed. 2009] e em coautoria *Conferência Nacional de Educação (Conae) 2010* [Brasília: INEP-MEC, 2009].

2010 É agraciado com o título de pesquisador emérito do CNPq.

Publica *Interlocuções pedagógicas: conversa com Paulo Freire e Adriano Nogueira e 30 entrevistas sobre educação* [Campinas: Autores Associados, 1. ed., 2010] e *Escuela y democracia* [Campinas: Autores Associados, 1. ed., 2010 (edição em espanhol da edição comemorativa do livro *Escola e democracia* publicado em 2008)].

Publica, ainda, em coautoria: *A organização do trabalho didático na história da educação* [Campinas: Autores Associados, 1. ed., 2010] e *Desenvolvimento: ideias para um projeto nacional* [São Paulo: Anita Garibaldi/Fundação Maurício Grabois, 1. ed., 2010].

2011 Publica *Educação em diálogo* [Campinas: Autores Associados, 1. ed., 2011] e, em coautoria, *Pedagogia histórico-crítica: 30 anos* [Campinas: Autores Associados, 1. ed., 2011] e *Estado e políticas educacionais na história da educação brasileira* [Vitória: EDUFES, 1. ed., 2011].

Introdução[1]

Um educador nas tramas da história: docência, pesquisa e militância em educação

Diana Gonçalves Vidal

Acompanhar a trajetória acadêmica de Dermeval Saviani é, de certo modo, acompanhar a própria constituição do campo da história da educação no Brasil nas últimas quatro décadas. Nos 43 anos dedicados ao magistério do ensino superior, Saviani esteve à proa de movimentos que permitiram configurar a comunidade dos historiadores brasileiros da educação e rearticular interesses de pesquisa na arena educacional. Isso se evidencia particularmente em três momentos.

Inicialmente, nos anos 1970, o educador fez parte de equipes e, mesmo, liderou processos de criação de Programas de Pós-Graduação em Educação em instituições de prestígio como a Pontifícia Universidade Católica de São Paulo, a Universidade Metodista de Piracicaba, a Universidade Federal de São Carlos e a Universidade Estadual de Campinas. Era exatamente o momento em que começavam a surgir os Programas de Pós-Graduação em Educação, inicialmente em nível de mestrado, no Brasil. O primeiro deles havia sido implantado na PUC-Rio em 1965. A PUC-SP criou o segundo, em 1969, na área de Psicologia da Educação, e o quarto, em 1971, origem do atual História, Política, Sociedade. Neste último, o educador atuou como docente já em 1972.

Em meados da década de 1980, Saviani, partilhando de preocupações que começavam a atravessar a investigação em história da educação, manifestou vivo interesse pelo levantamento e catalogação de fontes documentais e propôs a organização de um grupo de pesquisa em âmbito nacional. Coadunava-se, assim, ao movimento que, paulatinamente, renovava as práticas de investigação e o ofício da escrita da história em educação.

Por fim, na segunda metade da década de 1990, engajou-se intensamente na vaga que permitiu o surgimento da Sociedade Brasileira de História da Educação, ocupando o lugar de seu primeiro presidente. O nascimento da

[1] Agradeço a Maria Elizabeth Blanck Miguel a leitura atenta e as sugestões feitas ao texto.

SBHE testemunhava o crescimento da comunidade de historiadores brasileiros da educação e explicitava o desejo de ampliação dos intercâmbios nacionais e internacionais de pesquisa, bem como de multiplicação dos fóruns de debates e dos espaços de socialização de resultados, como a própria *Revista Brasileira de História da Educação*, fruto da gestão dessa primeira diretoria da Sociedade.

Perceber o trânsito de Saviani nesses três momentos é o objetivo desta introdução crítica ao trabalho do educador. Ela se tece na perspectiva orientada por Ory e Sirinelli (1992) de que é preciso situar o intelectual tanto em seu estatuto social quanto em sua vontade individual, posto que os indivíduos não existem alheios às pressões político-ideológicas de seu tempo. Organiza-se também a partir dos alertas de Sirinelli (2003, p. 252-253) de que as trajetórias se constituem nas tramas das sociabilidades estabelecidas, o que impõe reconhecer não apenas o microclima que caracteriza um microcosmo intelectual particular, mas as redes que estruturam essas sociabilidades.

O início da profissionalização da pesquisa acadêmica em educação

Debruçar-se sobre a década de 1970 no Brasil implica reconhecer, no quadro mais amplo da política, um momento que oscilou entre o período final dos anos de chumbo da ditadura militar e a reconquista da democracia. Nesse cenário, marcado, inicialmente, pela repressão aos movimentos de esquerda e pelo desejo de aniquilamento das formas de resistência instaladas no seio da comunidade acadêmica, com perseguição ao movimento estudantil, invasão às universidades e reordenação de suas práticas institucionais, especialmente a partir de 1968, ano simultaneamente da promulgação da Reforma Universitária e da decretação do Ato Institucional n. 5, surgiram os primeiros programas de pós-graduação no país. Sintomaticamente, vinham associados a universidades confessionais, nomeadamente as católicas.

A institucionalização do Estado de Segurança Nacional promovera aquilo que Alceu Amoroso Lima denominou de "vazio cultural", decorrente não apenas da prisão, da tortura e do assassinato daqueles real ou supostamente vinculados a organizações de esquerda, como também da censura a imprensa e editoras, da mutilação de bibliotecas, da aposentadoria compulsória de professores e da expulsão de alunos. Ao mesmo tempo que se expandia a universidade pública, em decorrência da política, implementada pelo governo militar, de criação de novos *campi* e ampliação do ingresso de alunos, crescia nessas instituições a burocratização e o controle sobre o exercício administrativo e docente.

O recrudescimento da violência despertara, entretanto, a ação de organizações da sociedade civil, dentre elas, inegavelmente, a Igreja Católica, em defesa dos direitos humanos. O movimento denunciava a nova atitude assumida pela Igreja, expressa nas manifestações da Conferência Nacional dos Bispos do Brasil (CNBB), das Comunidades Eclesiais de Base (CEB) e do Conselho Episcopal Latino-Americano (CELAM), em prol da população ameaçada política e economicamente. Nesse quadro, a PUC-SP, que tinha como grão-chanceler Dom Paulo Evaristo Arns, cardeal arcebispo de São Paulo, viu-se transformada em referência nacional no combate ao regime militar (Yamamoto, 1996, p. 27).

Foi nesse contexto que Dermeval Saviani chegou à PUC-SP, primeiramente como aluno, entre 1964 e 1966, e depois como professor, entre 1967 e 1989. Na qualidade de aluno, engajou-se na militância estudantil. Como professor, presenciou o movimento de virada que marcou a mudança do lema de "desenvolvimento", expresso pelo CELAM (Conselho Episcopal Latino-Americano) ainda em 1966, para "libertação", na Conferência de Medellín, em 1968 e, depois, na Conferência de Puebla (1979). Nas duas situações, acompanhou a difusão das ideias marxistas e marxianas no meio universitário e católico, com repercussões tanto no nascimento do Mestrado em Filosofia da Educação, no ano de 1971, quanto na criação do Doutorado em Filosofia da Educação, em 1978.

Conduzido por Saviani, o doutorado "constituiu-se em um verdadeiro divisor de águas dentro da produção educacional marxista no Brasil", transformando-se no centro do debate educacional da época (Yamamoto, 1996, p. 87). O programa iniciava seu funcionamento nos primórdios da abertura política e colhia os frutos do papel de resistência à ditadura assumido pela PUC-SP nos anos anteriores. O recrutamento de profissionais de prestígio que retornavam do exílio, como Paulo Freire, ou haviam sido compulsoriamente aposentados, como Florestan Fernandes e Octávio Ianni, e a garantia da liberdade intelectual tornaram o ambiente atrativo a educadores de renome na arena educativa que ainda não dispunham de formação em nível de doutorado.

O primeiro grupo de doutorandos do Programa de Educação da PUC-SP compunha-se por Antonio Chizzotti, Betty Antunes de Oliveira, Bruno Pucci, Carlos Roberto Jamil Cury, Fernando José de Almeida, Guiomar Namo de Mello, Luiz Antonio Cunha, Mirian Jorge Warde, Neidson Rodrigues, Osmar Fávero e Paolo Nosella. José Carlos Libâneo, Gaudêncio Frigotto, Maria Elizabete Prado Xavier, Sandino Hoff e Paulo Ghiraldelli Jr., dentre outros, viriam a eles se somar em grupos subsequentes. Dermeval foi orientador de quase todos eles. Na primeira turma, dirigiu as teses de Oliveira, Namo de Mello, Cunha, Warde, Nosella, Fávero, Rodrigues e Cury. Foi responsável também pela orientação de Frigotto, Xavier, Ghiraldelli e Libâneo.

Apesar de constituída pelo clima contestatório que grassava na academia no final dos anos 1970, a produção desse grupo dirigia-se a, ultrapassando a fase de denúncia, propor soluções concretas para a educação a partir do Estado. O referencial teórico marxista conferia-lhes sustentação no propósito de oferecer uma alternativa que superasse a teoria e prática pedagógicas então vigentes (Saviani, 2005, p. 94). Exibindo clara preocupação com a intervenção, esse grupo inicial de doutorandos manifestou interesse pela leitura da obra de Antonio Gramsci, em estudos conduzidos por Dermeval Saviani, responsável pela disciplina Teoria da Educação. A inflexão teve impacto considerável no campo acadêmico-educacional e tornou-se referência bibliográfica fundamental para parcela significativa dos trabalhos de mestrado e doutorado defendidos na época e nos anos posteriores, como assevera Mirian Warde (1990).

O lugar de proeminência assumido pelo Doutorado em Educação na PUC-SP nesse final dos anos 1970 revelava-se ainda no engajamento dos intelectuais a ele associados na reorganização do campo educacional. Em 1977, era fundada a Associação Nacional de Pesquisa e Pós-Graduação em Educação (ANPEd). Em 1978, surgia o Centro de Estudos "Educação e Sociedade" (CEDES), cuja fundação foi formalizada na ata da reunião realizada em 5 de março de 1979, ano em que foi criada a Associação Nacional de Educação (ANDE). Emergiam como fóruns de debate, intervenção e disseminação de opinião, criaram veículos próprios de expressão, como as revistas *Ande* e *Educação & Sociedade* e organizaram conjuntamente as Conferências Brasileiras de Educação. Dermeval Saviani figurou como sócio fundador nas três entidades, forjadas no processo de combate à política educacional do regime militar e dispostas a articular a discussão teórica presente nas universidades ao trabalho pedagógico das escolas.

É no âmago desse movimento de reconfiguração do campo educacional, do engajamento político dos intelectuais com a escola pública e do adensamento dos referenciais marxistas e marxianos na produção acadêmica que se podem localizar as publicações de Saviani, notadamente *Educação: do senso comum à consciência filosófica* (1980) e *Escola e democracia* (1983). Elas indiciam a ampliação das demandas acadêmicas de participação de Dermeval em variados tipos de eventos, com apresentação de palestras, simpósios e conferências, uma vez que foram compostas pela reunião dos textos utilizados nessas intervenções. E, por certo, sugerem o calor dos debates, o que tem implicações para o estilo de escrita e para a argumentação mobilizada.

No primeiro livro, Dermeval postulava que toda a educação era um ato político e, portanto, não se divorciava das características básicas da sociedade. Ou seja, servia às forças que lutam para perpetuar ou para transformar o social. A afirmação simultaneamente conferia grande importância à educação escolar e reconhecia o papel do intelectual na elevação cultural das massas, o que sinalizava para o influxo do pensamento gramsciano em sua reflexão. No segundo, o autor propugnava por uma teoria crítica da educação, fundada na recusa à seletividade, discriminação e rebaixamento do ensino oferecido às camadas populares. É nesse livro que Saviani, visando tornar autônomo o grupo social dos professores, lançou mão da metáfora da curvatura da vara para questionar os ideários escolanovistas. As referências às obras de Marx atravessavam a escrita do livro e fundamentavam as concepções do educador em elaborações originais.

Do trabalho individual ao exercício do grupo: mutações nas práticas de pesquisa e no ofício do historiador da educação

Nos anos 1980, a trajetória profissional de Saviani passou por uma dupla reorientação. Ao longo da década Dermeval combinou a atividade docente realizada na PUC-SP com a UNICAMP, na qual ingressou em 1980 em regime de dedicação parcial, cumulando o trabalho nas duas instituições. Essa situação se manteve até 1989, quando assumiu a dedicação exclusiva na UNICAMP, desligando-se, então, da PUC-SP. No período, também, a par de manter sua afinidade com o debate filosófico, Dermeval foi se aproximando cada vez mais da reflexão histórica. Como parte desse movimento, podem-se incluir a elaboração e defesa da tese de livre-docência, "O Congresso Nacional e a educação brasileira", em 1986, e a criação, no mesmo ano, da linha de pesquisa "História, sociedade e educação no Brasil", origem do Grupo de Estudos e Pesquisas "História, Sociedade e Educação no Brasil" (HISTEDBR), institucionalizado na FE-UNICAMP, em 1991. O momento foi qualificado por Saviani, em sua autobiografia, como de "amadurecimento e plenificação profissional" (Saviani, 1992).

A constituição do Grupo de Estudos e Pesquisas confluía para iniciativas similares emergentes no campo da história da educação. Em 1984, durante a VII Reunião Anual da ANPEd, havia sido fundado o Grupo de Trabalho História da Educação (GT2), reunindo pesquisadores e professores universitários com o intuito de "assegurar dinâmicas de discussão de temas, questões, categorias de análise e procedimentos metodológicos, com a finalidade de rever, articular e incentivar a produção historiográfica sobre educação" (Carvalho; Saviani; Vidal, 2006). Três vertentes alimentavam o exercício do grupo. A primeira dirigia-se a coletar, organizar e disponibilizar fontes para a escrita da história da educação brasileira, tomando como desafio o alargamento da concepção de documento histórico, o que supunha atentar não apenas para a documentação legislativa, mas para outras fontes como fotografia e história oral. A segunda vertente acolhia como problemática de pesquisa as relações entre gênero e educação. A terceira exibia uma aproximação aos aportes teóricos da à época denominada Nova História Cultural Francesa.

Dois anos depois surgia a célula *mater* do HISTEDBR, gestada a partir da reunião dos orientandos de Saviani vinculados ao Programa de Pós-Graduação da UNICAMP. O exercício de orientação realizado na instituição veio a permitir que Saviani participasse da condução das teses de doutorado de, dentre outros, Guacira Lopes Louro, Gilberto Luiz Alves, José Claudinei Lombardi, Maria de Fátima Félix Rosar, Maria Cristina Gomes Machado, Celina Midori Murasse, Antonio Carlos Ferreira Pinheiro e Fábia Liliã Luciano, além das pesquisadoras argentinas Nora Rut Krawczyk e Margarita Victoria Rodriguez, da uruguaia Ema Julia Massera Garayalde e da colombiana Martha Cecília Herrera Cortez. O trabalho de formação de quadros não apenas auxiliava na consolidação da reflexão historiográfica em educação, como oportunizava a disseminação da disciplina nas várias universidades brasileiras, possibilitando a organização de uma rede com cobertura cada vez maior no território nacional.

Nesse sentido, a criação do HISTEDBR exibia uma tripla preocupação. Em primeiro lugar, arregimentar novos pesquisadores para a área, estimulando o enraizamento da investigação historiográfica em grupos constituídos em diferentes universidades brasileiras, nucleados em torno do projeto "Levantamento e catalogação de fontes primárias e secundárias da educação brasileira", de iniciativa de Saviani. Os grupos se articulariam mediante a realização de seminários, encontros e de uma teia informatizada de difusão e troca de informações. A adesão se fortalecia, por fim, pelo estímulo à discussão teórico-metodológica, tendo por esteio o referencial marxista.

As duas iniciativas – GT2 da ANPEd e HISTEDBR – foram profícuas no sentido de alargar as margens da produção em História da Educação no Brasil, tanto no que concerne ao aliciamento de novos investigadores, quanto no que tange à renovação de temas e objetos de estudo. Foram profícuas também em estimular os debates no campo, na medida em que expunham entendimentos díspares sobre o ofício do historiador em educação e sobre a natureza das fontes históricas, bem como ancoravam suas análises em propostas conceituais distintas. O movimento decorrente dos encontros anuais promovidos pelos dois grupos, no âmbito da ANPEd e, nos primeiros anos, no interior da UNICAMP, frutificou e espraiou-se gerando outros fóruns nacionais e internacionais de intercâmbio.

Na década de 1990, vimos proliferar os Congressos Ibero-Americanos e Luso-Brasileiros de História da Educação que, de uma certa forma, acompanhavam a mobilização dos pesquisadores brasileiros associados a cada um desses dois grandes grupos. O primeiro Congresso Ibero-Americano de História da Educação ocorreu em Bogotá, na Colômbia, em 1992, sendo em seguida acolhido pela UNICAMP, em 1994, tendo Dermeval Saviani participado ativamente em sua organização. O primeiro Congresso Luso-Brasileiro de História da Educação foi realizado em Lisboa, em 1996, em uma promoção conjunta entre a Seção de História da Educação da Sociedade Portuguesa de Ciências da Educação e o GT2 da ANPEd. Sua segunda edição deu-se na USP, em 1998.

As disputas internas do campo por legitimar maneiras de conduzir as pesquisas e de interpretar os dados repercutiram em um adensamento da produção acadêmica em História da Educação e se operaram em conjunção à multiplicação dos programas de pós-graduação no país. A década de 1990 se encerrava contabilizando 79 programas ativos, sendo 57 mestrados e 22 doutorados apenas na área de Educação para o ano de 1999. As alterações nas condições de trabalho acadêmico também se tornaram evidentes nessa época, com apelos crescentes à publicação, à estruturação de grupos de pesquisa em instituições e organização de investigações em redes, bem como à internacionalização da produção científica. Contraditoriamente, os pesquisadores e professores universitários de História da Educação, instados a abrir várias frentes de trabalho, acompanharam a fragmentação acelerada da atividade acadêmica.

A reflexão histórica e o engajamento com as questões contemporâneas do cenário educacional brasileiro permitiram que Dermeval Saviani publicasse no período, dentre outros, os livros *Política e educação no Brasil*, *Pedagogia histórico-crítica: primeiras aproximações* e *A nova Lei da Educação (LDB): trajetória, limites e perspectivas*. O primeiro, lançado em 1987, resultou da tese de livre-docência defendida um ano antes e tratava do significado político da ação do Congresso Nacional na legislação sobre o ensino, configurando-se em uma espécie de prosseguimento dos estudos iniciados no doutorado, quando Saviani defendeu o trabalho "O conceito de sistema na Lei de Diretrizes e Bases da Educação Nacional", editado como *Educação Brasileira: estrutura e sistema*, em 1973. Revelava o amadurecimento da reflexão do autor e a ampliação do período de estudo, que abarcava de 1946 a 1971, reiterando primados da abordagem teórica e metodológica. Já na introdução, Saviani recorria a Gramsci para definir o que compreendia por Estado, sociedade civil, sociedade política, parlamento e partido. O diálogo com Marx, no entanto, organizava e sustentava a análise.

O entendimento então construído serviu de base para o envolvimento nas discussões em torno da tramitação do que viria a ser a nova Lei de Diretrizes e Bases da Educação Nacional, promulgada em 1996 (Lei 9.394). Entre 1987 e 1997, Saviani foi convidado a discorrer sobre o tema em diferentes tipos de eventos, como palestras, entrevistas, artigos, simpósios, debates, painéis, minicursos e seminários. Toda essa movimentação deu substância ao livro *A nova Lei da Educação (LDB): trajetória, limites e perspectivas,* publicado em abril de 1997. Propunha-se aos leitores como um "livro-documento": explorava os sentidos da nova lei, ao mesmo tempo que oferecia a documentação legal, reproduzida em anexo, para consulta e estudo. *Pedagogia histórico-crítica: primeiras aproximações* saiu a lume em 1991, dando desenvolvimento à "pedagogia revolucionária", esboçada em *Escola e democracia.* Pretendia esclarecer os fundamentos e precisar algumas das formulações da "pedagogia histórico-crítica", mediante a republicação de artigos, retomada de temáticas e réplica a críticas ou incompreensões. Saviani reiterava seu posicionamento fundado no materialismo histórico e afiançava que somente pela clareza dos determinantes sociais da educação, do entendimento do grau das contradições da sociedade que marcam a educação e, por conseguinte, do desvelamento da educação de visões ambíguas é que seria possível perceber claramente a direção a imprimir à questão educacional. Escrevia em um momento no qual a parcela mais radical da intelectualidade de esquerda defendia outros espaços de escolarização, como sindicatos e igreja, por considerar a escola pública uma instituição burguesa. Apesar de reconhecer que a origem da instituição remontava ao período das revoluções burguesas, Dermeval argumentava que a escola pública tinha por função transmitir o conhecimento produzido pela humanidade em seu processo histórico, beneficiando, assim, as populações mais pobres na apropriação de um saber do qual eram herdeiros. Ofereceu, dessa forma, uma contribuição efetiva na reafirmação da necessidade de manutenção do espaço escolar formalmente instituído.

O crescimento da comunidade de historiadores da educação: a polifonia de um campo

As disputas que haviam agitado os historiadores da educação no Brasil durante os anos 1990 levaram à busca de posições de consenso e de formas de diálogo que repercutiram na criação, em 1999, da Sociedade Brasileira de História da Educação (SBHE). A chapa eleita para conduzir a SBHE no primeiro biênio de existência sinalizava para esse desejo de conciliação das duas grandes vertentes que dominavam a interpretação historiográfica. Dermeval Saviani assumiu a presidência da entidade. A vice-presidência ficou a cargo de Marta Carvalho, membro histórico do GT2 da ANPEd. O desafio não era constituir canais de comunicação entre os pesquisadores nacionais do campo. De fato, ao longo da década de 1990 o trânsito entre os grupos de vário pertencimento havia permitido recomposições e identificação de convergências. O que a comunidade demandava então era a consolidação de mecanismos de intercâmbio nacional e instituição de fóruns de debate e socialização, com vistas, inclusive, à ampliação da participação brasileira em veículos e espaços internacionais.

O Congresso Brasileiro de História da Educação, realizado pela primeira vez em 2000, respondia a esse anseio de oferecer um amplo painel da investigação histórica em educação e acolher a polifonia dos métodos e das perspectivas teóricas. A circulação da *Revista Brasileira de História da Educação* visava assegurar instância de difusão das distintas tendências e dos resultados de uma pesquisa que se avolumava em razão do próprio crescimento do número de investigadores dedicados aos estudos históricos na arena educacional. Associava-se ao esforço iniciado pelos historiadores da educação sul-rio-grandenses que haviam constituído, em 1996, a Associação Sul-Rio-Grandense de História da Educação (ASPHE), com sua revista *História da Educação.*

O empenho desse primeiro mandato da diretoria da SBHE foi, assim, propiciar à comunidade brasileira de pesquisadores meios de divulgação das investigações concluídas e em andamento e alargar as oportunidades de troca. Nesse espectro incluía-se fomentar também a discussão sobre a história comparada da educação, não apenas entendida na relação do Brasil com os demais países latino-americanos e a comunidade lusófona, meta que vinha sendo perseguida pelos congressos internacionais já citados, mas ampliava-se no contato com outras nações europeias. Entende-se, assim, a iniciativa de filiação da SBHE à International Standing Conference on the History of Education (ISCHE), em 2000, com a consequente proposta de sediar o XXV Congresso da ISCHE em São Paulo em julho de 2003. O interesse pelo fomento à comparação foi reforçado com a organização pela SBHE para publicação pela Editora Autores Associados, com o apoio do INEP, da coleção "Documentos da Educação Brasileira", que tinha por propósito fazer circular uma base comum documental, alimentando a identificação de similaridades e diferenças na constituição e reforma dos sistemas educativos provinciais e estaduais. Esta última linha de ação repunha e dava nova orientação ao trabalho iniciado por Saviani junto ao HISTEDBR.

O final do mandato de Dermeval Saviani como presidente da SBHE coincidiu com o início de sua aposentadoria na UNICAMP. O movimento não implicou a sua ausência do campo. Ao contrário, manteve-se em atividade, liderando o HISTEDBR, atuando como orientador de teses e pós-doutorados e dando prosseguimento a projetos de pesquisa financiados pelo CNPq. Até 2003, desenvolveu a investigação "História das ideias pedagógicas no Brasil". De 2002 a 2007, envolveu-se com o projeto "O espaço acadêmico da pedagogia no Brasil: perspectiva histórica e teórica", realizado em parte como decorrência do trabalho como professor titular colaborador na FFCLRP-USP, entre 2002 e 2004. As duas investidas forneceram a Saviani o material necessário à elaboração dos livros *História das ideias pedagógicas no Brasil* e *A pedagogia no Brasil: história e teoria*.

O primeiro traz os resultados do projeto com o mesmo título e foi agraciado com o Prêmio Jabuti em 2008. Nele, o autor procurou estabelecer uma periodização original para a história das ideias pedagógicas, organizada em torno de quatro blocos: a) monopólio da vertente religiosa da pedagogia tradicional (1549-1759); b) coexistência entre as vertentes religiosa e leiga da pedagogia tradicional (1759-1932); c) predomínio da pedagogia nova (1932-1969); d) configuração da concepção pedagógica produtivista (1969-2001). Reconhecendo a grande vitalidade do campo da história da educação no Brasil e a proliferação das pesquisas que têm tematizado o passado educacional brasileiro, Dermeval propôs-se a oferecer um estudo sintético que pudesse ser integrado aos programas escolares. A interpretação em longa duração reforçava a opção pela síntese, mais que pela análise, do objeto definido como "a compreensão da evolução do pensamento pedagógico brasileiro a partir da identificação, classificação e periodização das principais concepções educacionais". O livro organizava várias das proposições já expressas por Saviani anteriormente em seus escritos, mobilizando autores recorrentes sob sua pena como Gramsci e Marx, aos quais se associam referências novas, tomadas em parte dos canteiros da História, como Braudel, Burke e Vainfas.

A pedagogia no Brasil: história e teoria saiu a lume apenas um ano depois, em 2008. O livro está dividido em três partes. Na primeira aborda, do ponto de vista histórico, a constituição do espaço acadêmico da pedagogia no Brasil. A análise recua ao ano de 1931 e à proposta de Francisco Campos de criação da Faculdade de Educação, Ciências e Letras. Mobiliza uma bibliografia recente, demonstrando o diálogo que estabelece com o campo. Estrutura a narrativa de forma cronológica. Na segunda parte, o autor almeja situar a pedagogia como teoria da educação no âmbito das concepções educativas, discorrendo sobre o dilema teoria e prática e a via de sua superação. Para tanto, organiza o texto a partir da identificação de cinco tendências: humanista tradicional (vertentes religiosa e leiga), humanista moderna, analítica, crítico-reprodutivista e dialética ou histórico-crítica. Reitera ênfases presentes em outros escritos e, de certa forma, expressas na discussão incluída em *História das ideias pedagógicas no Brasil*. Na parte 3 apresenta um glossário pedagógico. Como anexo, incorpora documentação relativa às Novas Diretrizes Curriculares Nacionais do Curso de Pedagogia.

O título publicado por Saviani, em 2009, *PDE - Plano de Desenvolvimento da Educação*, apresenta um perfil diferente das duas obras anteriores. Insere-se em um debate atual sobre as políticas públicas em educação, como admite o autor na Introdução, e retoma preocupações evidenciadas em outras obras. Nele, reencontra-se o interesse pela intervenção presente desde seus primeiros escritos. Discorre sobre as ações previstas pelo Plano de Desenvolvimento da Educação lançado pelo MEC para aumentar a qualidade na educação nacional. Dentre suas ações, destacam-se os programas – Compromisso Todos pela Educação, a Provinha Brasil, a criação de piso salarial para os professores, a realização da Olimpíada de Língua Portuguesa, o aumento de escolas em áreas rurais e estabelecimento de metas para diminuir a evasão das escolas e o número de analfabetos. Foi concebido como complementação a *Da nova LDB ao FUNDEB*, editado em 2007 e ampliado e revisto em 2008 que, por sua vez, constituiu-se em uma reformulação do livro *Da nova LDB ao novo Plano Nacional de Educação*, de 1998. A interpretação sobre a política educacional brasileira, ali encetada, apoiava-se na leitura das medidas regulamentadoras e da legislação complementar à LDBEN, com destaque para o Plano Nacional de Educação. Também esses foram estruturados como livros-documento reproduzindo, nos anexos, toda a legislação analisada.

Considerando o grande número de entrevistas concedidas ao longo de sua trajetória, Saviani decidiu socializar as análises e reflexões desenvolvidas publicando os livros *Interlocuções pedagógicas: conversa com Paulo Freire e Adriano Nogueira e 30 entrevistas sobre educação* (2010) e *Educação em diálogo* (2011).

A importância do trabalho de Saviani é inegável, como o é sua contribuição na consolidação de uma produção educacional influenciada pelo pensamento marxista, tanto pela elaboração de uma reflexão pautada na tradição marxista, quanto pela formação de quadros e irradiação para todo o Brasil dessa tradição, graças aos programas de pós-graduação (Yamamoto, 1996, p. 125). No que concerne ao campo da História da Educação no Brasil é preciso acrescentar, ainda, a posição de liderança que o educador ocupou e ainda ocupa junto à comunidade, não apenas pela sua participação como primeiro presidente da Sociedade Brasileira de História da Educação, mas também pela lembrança reiterada de seu nome para assumir postos de prestígio em vários fóruns acadêmicos.

Os textos republicados neste livro pretendem dar uma mostra da diversidade e profundidade da reflexão de Saviani. A entrevista e a biobibliografia incluídas visam oferecer mais elementos para o entendimento de sua trajetória pessoal e profissional. Esta breve introdução almejou apenas servir de convite à leitura do trabalho desse educador brasileiro reconhecido nacional e internacionalmente por seu mérito científico e seu engajamento político com a educação no Brasil.

Referências

CARVALHO, Marta; SAVIANI, Dermeval; VIDAL, Diana. Sociedade Brasileira de História da Educação: constituição, organização e realizações. Junho de 2006. Disponível em: <http://sbhe.org.br/>. Acesso em: 5 abr. 2010.

ORY, Pascal; SIRINELLI, Jean-François. *Les intellectuels en France (de l'affaire Dreyfuss à nos jours)*. 2. ed. Paris: Armand Colin, 1992.

SAVIANI, Dermeval. Autobiografia. 1992. Disponível em: <http://www.fae.unicamp.br/dermeval/auto.html>. Acesso em: 6 abr. 2010.

SAVIANI, Dermeval. *Política e educação no Brasil*. 3. ed. Campinas: Autores Associados, 1996.

SAVIANI, Dermeval. *Educação: do senso comum à consciência filosófica*. 12. ed. Campinas: Autores Associados, 1996.

SAVIANI, Dermeval. *Pedagogia histórico-crítica*. 6. ed. Campinas: Autores Associados, 1997.

SAVIANI, Dermeval. *A nova lei da educação: trajetória, limites e perspectivas*. 1. ed. Campinas: Autores Associados, 1997.

SAVIANI, Dermeval. Ensino, pesquisa e organização na formação do campo da história da educação brasileira. In: MONARCHA, Carlos (Org.). *História da educação brasileira: formação do campo*. Ijuí: Ed.Unijuí, 2005. p. 47-114.

SAVIANI, Dermeval. *História das ideias pedagógicas no Brasil*. 1. ed. Campinas: Autores Associados, 2007.

SAVIANI, Dermeval. *A pedagogia no Brasil: história e teoria*. 1. ed. Campinas: Autores Associados, 2008.

SAVIANI, Dermeval. *Escola e democracia: edição comemorativa*. 1. ed. Campinas: Autores Associados, 2008.

SAVIANI, Dermeval. *PDE - Plano de Desenvolvimento da Educação*. 1. ed. Campinas: Autores Associados, 2009.

SAVIANI, Dermeval. *Interlocuções pedagógicas: conversa com Paulo Freire e Adriano Nogueira e 30 entrevistas sobre educação*. 1. ed. Campinas: Autores Associados, 2010.

SAVIANI, Dermeval. *Educação em diálogo*. 1. ed. Campinas: Autores Associados, 2011.

SIRINELLI, Jean-François. Os intelectuais. In: RÉMOND, R. (Org.). *Por uma história política*. 2. ed. Rio de Janeiro: Ed. UFRJ/FGV, 2003. p. 231-269.

WARDE, Mirian. O papel da pesquisa na pós-graduação em educação. *Cadernos de Pesquisa*, São Paulo, Fundação Carlos Chagas, n. 83, 1990.

YAMAMOTO, Oswaldo H. *A educação brasileira e a tradição marxista (1970-1990)*. Natal: EDUFRN, 1996.

Entrevista[1]

Memórias construídas em diálogo

Ao longo de sua trajetória acadêmica, História e Filosofia da Educação se viram enlaçadas de várias formas. Sua formação inicial, mestrado e doutorado se deram em Filosofia e Filosofia da Educação. O início da atividade de orientação também esteve ligado a essa disciplina. No entanto, participou intensamente da criação da Sociedade Brasileira de História da Educação, assumindo sua primeira presidência. Como o Sr. percebe a relação entre essas duas disciplinas na sua constituição como docente e pesquisador?

Preliminarmente, cabe um esclarecimento. Na verdade, não fiz mestrado. Formei-me em Filosofia em 1966. No final de 1965, quando eu concluía o terceiro ano do curso, fui convidado pelo Prof. Joel Martins a me especializar em Filosofia da Educação. Joel era professor de Psicologia da Educação no curso de Pedagogia e estava preocupado com a vacância da cadeira de Filosofia da Educação, cujo professor, o americano Stanley Krauss, regressaria para os Estados Unidos em julho de 1966. Sua ideia era, então, que eu me preparasse para assumir a referida cadeira.

De fato, minha opção pelo curso de Filosofia envolvia, desde o início do segundo ano, o projeto de me especializar em uma área determinada à qual pretendia me dedicar profissionalmente. Ao longo do terceiro ano foram se ampliando as evidências de que a referida área seria a educação. Tanto assim que, no início do segundo semestre, recebi uma proposta de participar de um curso de Educação Internacional que estava sendo cogitado num possível convênio entre a PUC-SP e a Universidade Católica de Washington. A ideia era um curso com a duração de dois anos, sendo o primeiro nos Estados Unidos e o segundo no Brasil, que seria frequentado por dez alunos, cinco americanos e cinco brasileiros, escolhidos a partir das cinco áreas fundamentais das

[1] Entrevista concedida em 15 de maio de 2009.

Ciências Humanas: Filosofia, Sociologia, Economia, Psicologia e Pedagogia. E eu fui cogitado para participar do curso pela área de Filosofia.

Enquanto eu amadurecia essa ideia sobreveio-me, no final daquele ano de 1965, o convite do Prof. Joel Martins. O curso de Educação Internacional acabou não acontecendo. Mas, em razão do convite do Joel, dei início à minha especialização em Filosofia da Educação. Para tanto, concomitantemente ao quarto ano do curso de Filosofia, inscrevi-me numa opção do quarto ano do curso de Pedagogia denominada "Questões Especiais de Educação", constituída pelas seguintes disciplinas: Metodologia da Pesquisa; Problemas Psicológicos da Educação; Problemas Sociológicos; Problemas Econômicos; Problemas de Saúde Pública e Educação; Problemas de Política Educacional e Estatística Aplicada à Educação.

A partir de 1967, concluída a graduação, colocou-se o problema da pós-graduação. Diante da informação de que a USP iria abrir mestrado em Filosofia da Educação, Prof. Joel redigiu uma carta me apresentando ao Prof. Roque Spencer Maciel de Barros, que seria o responsável pelo referido mestrado na USP. Dirigi-me a essa universidade, mas fui informado, na secretaria, de que havia o projeto de instalação do curso que, entretanto, não tinha ainda data para começar a funcionar. Retornando com essa informação ao Prof. Joel, ele me sugeriu, então, que me inscrevesse diretamente para fazer o doutorado na própria PUC de São Paulo, o que fiz em fevereiro de 1968.

Essa possibilidade estava contemplada nos regimentos das universidades, aliás, como se fazia na Europa, cujas universidades também não tinham cursos regulares de pós-graduação, mas conferiam o título de doutor mediante inscrição e defesa pública de tese perante uma Comissão Julgadora constituída pela instituição.

De fato, no momento em que se deu minha inscrição ainda não havia sido regulamentada a implantação dos programas de pós-graduação, o que veio a acontecer em 1969 com a aprovação do Parecer CFE 77/69, relatado por Newton Sucupira. Com a regulamentação, as inscrições anteriores foram mantidas, mas entramos num regime de transição, tendo de cumprir créditos em disciplinas, além de elaborar a tese e submetê-la à defesa pública. Cursei, então, as disciplinas Lógica do Conhecimento Científico, ministrada pelo Prof. Leônidas Hegenberg, Seminário sobre Martin Buber e Seminário sobre Emmanuel Mounier, ambos coordenados pelo Prof. Newton Aquiles Von Zuben. Paralelamente fui desenvolvendo a pesquisa que resultou na tese *O conceito de sistema na Lei de Diretrizes e Bases da Educação Nacional*, que, submetida à defesa pública, foi aprovada em 18 de novembro de 1971.

Minha relação com a História, à parte o fato de que foi uma das disciplinas que mais me atraía desde os tempos do ginásio e do colégio (além da História propriamente dita, estudávamos Latim sobre a base da história romana, explorando clássicos como o "De bello gallico", de Júlio César), logo que me formei fui instado por circunstâncias fortuitas a ministrar disciplinas da área de História. Assim, em 1967, ao assumir a cadeira de Filosofia no Colégio Estadual de São João Clímaco, na periferia da capital de São Paulo, deparei-me com a existência de uma aula semanal da disciplina História da Arte nas turmas vespertina e noturna do primeiro ano clássico. Além da raridade de licenciados nessa área, o Colégio não conseguia que um professor se deslocasse até aquele bairro periférico para lecionar apenas uma aula por semana. A direção da escola recorreu, então, a mim. Argumentei que essa não era minha formação específica, mas minha argumentação foi demovida pela necessidade premente posta por aquela situação concreta. Assumi, então, a disciplina.

No mesmo ano fui convidado a assumir, no segundo semestre, a disciplina História e Filosofia da Educação no Curso Normal do Colégio Sion. E, em 1968, após preenchida a carga horária da professora de História, sobraram três aulas dessa disciplina no segundo ano clássico do mesmo Colégio Estadual de São João Clímaco. Novamente veio o pedido para eu ministrar essas aulas. Novamente argumentei com minha formação específica e novamente fui dissuadido e convencido a assumir a disciplina.

Mas o fator decisivo que me levou a enveredar pelos caminhos da História e da Historiografia foi a minha concepção de Filosofia. Como rapidamente evoluí em minha formação filosófica para a concepção dialética e, em seguida, mais especificamente para o materialismo histórico, a História se impôs como o território onde eu tinha de me mover necessariamente. Minha tese de doutorado foi em Filosofia da Educação, na qual elaborei uma fundamentação para a compreensão do conceito de sistema em Educação. Mas, tratando desse conceito na Lei de Diretrizes e Bases da Educação Nacional, trabalhei com fontes primárias, o que levou o Prof. Leônidas Hegenberg, que participou da banca examinadora na condição de lógico da ciência, ter destacado que um dos méritos do trabalho era de ordem historiográfica por lidar com fontes primárias de forma cuidadosa.

A interlocução com a História da Educação se expressa, pois, desde os primeiros trabalhos que orientei na pós-graduação, como se pode ver pelas dissertações de Maria Luísa Ribeiro, *O método dialético na investigação histórica da educação brasileira*, defendida na PUC-SP em 1975; Ester Buffa, *Crítica histórica das ideologias subjacentes ao conflito escola particular-escola pública (1956-1961)*, defendida também em 1975 no Instituto Educacional Piracicabano, hoje UNIMEP; Gersolina Antonia de Avelar, *O pensamento educacional de lubienska e sua influência na educação brasileira*, defendida na PUC-SP em 1977; Maria Elizabete Sampaio Prado Xavier, *Crítica da autonomia do pensamento pedagógico brasileiro (1822-1834)*, defendida na PUC-SP em 1978; Renata Cláudia Steur, *Júlio de Mesquita Filho: formação e evolução de um liberal*, defendida na PUC-SP em 1982.

O entrelaçamento entre Filosofia e História da Educação parecia ter encontrado condições ideais para se consolidar quando, a partir de 1980, passei a trabalhar também na UNICAMP, no Departamento de Filosofia e História da Educação. Considerando que minha concepção de filosofia se encontrava profundamente enraizada na história, eu tinha a sensação de que adentrava em meu "habitat natural" ao trabalhar num departamento que articulava, institucionalmente, essas duas áreas do conhecimento. De fato, porém, as duas áreas referidas viviam uma situação de desequilíbrio no interior do departamento. A Filosofia contava com sete docentes doutores em RDIDP (Regime de Dedicação Integral à Docência e à Pesquisa), além de um doutor em RTC (Regime de Turno Completo, isto é, 24 horas semanais) e um mestre em RDIDP. Diferentemente, a equipe de História era pequena, constituída por dois doutores em RTC e uma mestra em RDIDP. Tendo sido contratado também em RTC, coube-me a tarefa de reforçar a equipe de História da Educação.

Nessas circunstâncias, meu trabalho passou a se desenvolver dominantemente no campo da História da Educação.

■ Nas duas disciplinas, percebe-se o compromisso com a Educação. Que aspectos de sua vida familiar e escolar considera determinantes em sua escolha pela militância educacional? Considera que a realização de estudos secundários em seminários de congregações religiosas teve interferência em suas opções?

Tanto meu pai como minha mãe não tiveram oportunidade de estudar. Ambos jamais frequentaram os bancos escolares. Mas meu pai conseguiu se alfabetizar praticamente sozinho e adquiriu grande gosto pela leitura: lia tudo o que conseguia encontrar, como folhetins, jornais, almanaques e partituras, pois era também sanfoneiro que animava os bailes de fim de semana nos arraiais dos locais e das circunvizinhanças por onde morou.

Meus três irmãos mais velhos só estudaram até o terceiro ano primário, pois as classes multisseriadas do interior não ultrapassavam esse nível. Quanto a mim, quando minha família se mudou para a capital de São Paulo, eu ainda não tinha cinco anos, o que me permitiu, a partir dos sete, ingressar no curso primário e concluir a quarta série num grupo escolar de madeira, na periferia, que hoje não mais existe.

Assim, no horizonte de minha família não se colocava a perspectiva de se ascender nos estudos e desempenhar funções intelectuais. Tanto assim que, quando estudava no seminário e me ocorria de pensar sobre o que eu iria fazer caso saísse do seminário, eu não me imaginava prosseguindo nos estudos. Sonhava em levantar de manhã cedo, pegar a marmita e ir para a fábrica para trabalhar, regressando apenas no início da noite, como faziam meus irmãos mais velhos.

Mas quando decidi deixar o seminário eu já havia cursado um ano de faculdade. E nesse momento impus-me a tarefa de demonstrar que pobre também podia, sim, ter formação universitária e vencer esse desafio. E decidi ir para a universidade e concluir meu curso de Filosofia. Penso, pois, que a vivência do ambiente de estudos no seminário em contraste com a ausência desse ambiente no âmbito familiar terá contribuído, ainda que indiretamente, para que eu assimilasse a importância da educação. Penso, ainda, que a disciplina de estudos adquirida no seminário contribuiu instrumentalmente para a valorização da educação e para o meu progresso nos estudos. Não creio, porém, que tenha havido uma influência substantiva, isto é, no que se refere ao sentido da mencionada valorização, pois os rumos que imprimi em minha trajetória educacional se distanciaram significativamente daqueles que caracterizam as instituições religiosas.

■ **Sua formação superior (graduação e pós-graduação) deu-se na Pontifícia Universidade Católica de São Paulo, em um período em que setores da Igreja, como aqueles reunidos no Congresso da Confederação Latino-Americana de Religião (CLAR), ocorrido no Rio de Janeiro, em 1966, debatiam a noção de desenvolvimento e advogavam a necessidade de uma mudança radical de orientação da Igreja Católica no combate à pobreza: questões que emergiriam com maior contundência, posteriormente, nas Conferências do Conselho Episcopal Latino-Americano de Medellín (1969) e Puebla (1979). Na mesma época, o Brasil sofria os efeitos de um governo ditatorial imposto por meio de golpe militar com supressão dos direitos individuais. É possível identificar marcas desses anos nas suas escolhas intelectuais, profissionais e de vida?**

Efetivamente, algumas marcas podem ser identificadas. Quando iniciei meus estudos de Filosofia no Seminário Central Filosófico de Aparecida do Norte, acompanhávamos com atenção e interesse a efervescência política pela qual o país passava. Particularmente, líamos regularmente o semanário *Brasil, Urgente* dirigido pelo dominicano Frei Josaphat, cujas posições se alinhavam em torno das reformas de base e da orientação nacionalista-desenvolvimentista. Na PUC-SP, em 1964, quando cursava o segundo ano de Filosofia participei, como convidado, de uma ou duas reuniões da JUC (Juventude Universitária Católica), mas entendi que não era o caso de integrar essa entidade. Contudo, a militância no Movimento Estudantil me conduziu a uma curta passagem pela AP (Ação Popular), movimento político organizado a partir da Ação Católica, principalmente a JUC. Esse movimento havia sido criado em 1962, como uma estratégia para atuar politicamente de forma autônoma em relação à hierarquia da Igreja, à qual se subordinavam diretamente os organismos de Ação Católica como a JUC.

A partir de 1964, em decorrência do golpe militar, a AP passou a atuar na clandestinidade. Em 1966 participei da AP, que fazia a opção pelo socialismo e que já se colocava o problema da relação com o marxismo. Mas, concluído o curso de graduação, me desliguei da organização, informando à sua liderança que, na minha avaliação, o movimento marcava passo por falta de embasamento teórico que lhe permitisse um conhecimento mais claro da realidade brasileira sobre a qual pretendia atuar. Então, ao iniciar a carreira universitária, eu entendia que minha contribuição deveria se situar na busca dessa fundamentação. Esse foi, pois, um aspecto importante em minha decisão de me dedicar ao estudo da problemática da educação brasileira e, especificamente, à História da Educação.

■ Poderia discorrer um pouco sobre seus principais mentores, leituras marcantes, encontros e personagens? Como se foi consolidando, em sua trajetória intelectual, a adesão ao marxismo? E de que maneira seu percurso acadêmico foi sendo pontuado pelas opções teórico-metodológicas?

Um momento marcante em meu curso de Filosofia foi a disciplina Teoria do Conhecimento, ministrada pelo padre belga Michel Schoyans, que reproduziu a abordagem desenvolvida por Van Riet a partir da análise da estrutura do homem em seu curso na Universidade Católica de Louvain. Nessa instituição o neotomismo se apresentava "aggiornado" pelo diálogo com as correntes contemporâneas, em especial a fenomenologia. Impressionou-me nessa análise da estrutura do homem a contraposição entre os aspectos empírico (situação), pessoal (liberdade) e intelectual (consciência), tendo em vista a contraposição de seus significados, o que conferia ao homem um caráter marcadamente paradoxal. O paradoxo se me apresentou, então, como uma categoria central. E, na sequência de meus estudos, o paradoxo foi se firmando como um conceito cujo significado correspondia a uma contradição que permanecia em suspenso, que não se resolvia, requerendo, pois, uma via de superação.

Em minha tese de doutoramento tomei a análise fenomenológica da estrutura do homem como ponto de partida para esclarecer a noção de sistema tendo em vista a explicitação do conceito de sistema educacional. Mas nesse trabalho indiquei a via de superação do paradoxo pela contradição dialética. A essa altura eu já havia iniciado os estudos da concepção dialética, como se pode ver pelas obras *Dialética e cultura*, de Lucien Goldmann, *Dialética do concreto*, de Karel Kosik, *Materialismo histórico e existência*, de Herbert Marcuse, *Crítica da razão dialética*, de Jean-Paul Sartre e *Filosofia da práxis*, de Adolfo Sánchez Vázquez, citadas na tese.

Quando comecei a lecionar, em 1967, o Prof. Casemiro dos Reis Filho foi contratado para a cadeira de Filosofia da Educação. Eu já me encontrava inserido nessa cadeira por ter sido monitor no segundo semestre de 1966, quando cursava o quarto ano de Filosofia. A partir de 1967 a cadeira foi desdobrada em duas: Fundamentos Filosóficos da Educação, no segundo ano de Pedagogia, e Filosofia da Educação, no terceiro ano. Assumi a primeira, e a segunda ficou com o Prof. Casemiro, sendo que a partir de 1968 as duas disciplinas ficaram sob minha responsabilidade, deslocando-se o Prof. Casemiro para a História da Educação. Nessa condição, interagi muito fortemente com ele. Tínhamos contatos quase diários, inclusive tomando o mesmo ônibus entre o bairro das Perdizes, onde estava a sede da PUC-SP, e o Ipiranga, onde ele morava. Daí eu tomava um segundo ônibus para São João Clímaco, onde ficava o colégio em que eu lecionava.

Nessas conversas eu lhe contava meus projetos, minhas ideias, minhas reflexões sobre Educação e Filosofia, com o entusiasmo próprio de quem estava iniciando com muita garra a carreira docente. Num desses momentos ele me disse: "Pois é; se você pretende, mesmo, seguir por esse caminho, você terá de enfrentar o estudo de Marx". E eu lhe respondi, de imediato: "E qual é o problema?". Claro que eu já tinha alguns conhecimentos de Marx; mas, a partir daí, procurei fazer leituras mais sistemáticas, começando pelos "Manuscritos econômico-filosóficos". Depois, a partir do final da década de 1970 e do início dos anos 1980, inclusive por solicitação dos alunos do doutorado, fiz uma leitura sistemática bastante completa de Gramsci e refiz a leitura de Marx desde os primeiros escritos até *O capital*.

A discussão das opções teórico-metodológicas se pôs em vários níveis, desde o magistério na graduação, passando pelo mestrado e chegando ao doutorado. Em Fundamentos Filosóficos da Educação, na Pedagogia, organizei o programa centrado nas correntes da Filosofia contemporânea, tendo organizado textos sobre idealismo, vitalismo, pragmatismo, historicismo, neopositivismo, fenomenologia e existencialismo. No mestrado, ao assumir, a partir de 1972, a disciplina Problemas da Educação, organizei o curso centrado em seis problemas, sendo que o de número 4 era assim enunciado: "Como unificar teoria e prática? Em busca de um método". E o problema de número 5 tratava da superação da lógica formal pela lógica dialética como caminho para se chegar à articulação entre teoria e prática. Na UNICAMP colaborei, ainda no mestrado, no desenvolvimento da disciplina Metodologia da História, que era ministrada de forma coletiva. E, no doutorado, assumi disciplinas como Questões Teóricas de História da Educação e Seminário Avançado de História da Educação, nas quais as opções teórico-metodológicas eram submetidas a exame.

■ Durante seus mais de 30 anos dedicados a docência, investigação e orientação universitária, o Sr. acumulou experiências e lembranças. Quais lhe parecem as mais significativas?

As experiências e lembranças são várias e seria difícil contemplá-las no pequeno espaço da resposta a esta pergunta. Meu primeiro ano de magistério foi particularmente rico, pois além de trabalhar como bancário na parte da manhã, nas segundas e terças à tarde eu lecionava na universidade; nas quartas, quintas e sextas à tarde e à noite lecionava no Colégio Estadual da periferia; e aos sábados lecionava no Colégio Sion, em Higienópolis, bairro de classe alta de São Paulo. O trabalho no nível médio funcionava como uma espécie de laboratório para as elaborações que eu vinha desenvolvendo em meu trabalho no curso de Pedagogia na universidade. Lecionando ao mesmo tempo para as meninas bem-nascidas do Sion, para adolescentes filhos de trabalhadores da turma vespertina do Colégio Estadual e para alunos da turma do noturno do mesmo colégio que trabalhavam durante todo o dia, tive oportunidade de comparar suas diferentes reações à minha proposta pedagógica. Registrei, depois, em meu memorial, que minha primeira contestação a Dewey decorreu dessa experiência.

Outro momento significativo foi entre junho e dezembro de 1968, quando a universidade foi tomada pelos alunos. Como professor participei intensamente desse processo, estando na universidade, da segunda quinzena de junho até o final de julho, das 7 horas da manhã à meia-noite acompanhando todas as discussões, analisando e refletindo sobre a situação, o que me permitiu elaborar categorias teóricas como ferramentas para compreender o que se passava. Como registrei no memorial para o concurso de professor titular da UNICAMP, os conceitos de filosofia de vida, ideologia e filosofia em suas diferenças e relações, que integram o texto "A filosofia na formação do educador", resultaram das reflexões sobre a mencionada situação concreta.

Há outras recordações marcantes, que não cabem nesta entrevista, como: a forma como reagi, em 1967, às alunas do Sion que, ao entrarem em classe, me surpreenderam com o pedido para discutir o Festival de Música Popular, encerrado na noite anterior; o texto "Esboço de formulação de uma ideologia educacional para o Brasil", redigido de uma semana para outra como conclusão da programação da disciplina Filosofia da Educação, em 1969; a criação do Programa de Pós-Graduação em Educação da UFSCar, quando, em 1975, até desenhei as mesinhas a serem fabricadas e adquiridas para uso dos alunos nas salas de aula; as discussões para a fundação da ANPEd em 1977 e a Primeira Reunião Anual em Fortaleza, de 21 a 23 de agosto de 1978, quando apresentei o trabalho "Concepção de mestrado em educação" e elaborei a síntese crítica da Reunião; a fundação da ANDE e, especialmente, da *Revista da ANDE* em 1979; as gestões para a organização da I Conferência Brasileira de Educação (CBE) em 1980; a obtenção do apoio dos físicos para a criação do Comitê de Educação do CNPq, em 1984; o desencadeamento do debate sobre a elaboração da nova LDB, em 1988, quando formulei um anteprojeto que deu origem ao primeiro projeto da lei; etc.

■ Em todos esses anos, sua participação na arena educativa não ficou restrita à atuação universitária. Ao contrário, o Sr. participou de ações da Secretaria Estadual de Educação de São Paulo, da Fundação Carlos Chagas, do Conselho Estadual de Educação de São Paulo, entre outros. Como vê esses trabalhos? E como os relaciona a seu interesse pela História da Educação?

Minha participação nos contextos mencionados decorreu, simplesmente, de minha inserção ativa no campo educacional pela via da docência e da pesquisa. No caso da Secretaria da Educação do Estado de São Paulo, tendo prestado concurso público, assumi, como efetivo, a cadeira de Filosofia em agosto de 1970. E, ao final desse ano, fui designado para atuar na Equipe Técnica do Livro e Material Didático, com a função de analisar e dar parecer sobre as obras publicadas relacionadas com o ensino de Filosofia nas escolas de nível médio. Permaneci nesse órgão por dois anos, de dezembro de 1970 até fevereiro de 1973, quando me afastei para assumir tempo integral na PUC-SP.

Depois disso, já como resultado de meus estudos e pesquisas na universidade, colaborei eventualmente com a CENP (Coordenação de Estudos e Normas Pedagógicas). Em relação à Fundação Carlos Chagas, participei eventualmente de uma ou outra atividade, como ocorreu com diversas outras instituições, a exemplo do MEC, do Inep, da CAPES e do CNPq. Neste último caso integrei, como representante da área de Educação, o Comitê Assessor de Psicologia, Filosofia, Educação, Letras e Linguística, por dois mandatos consecutivos, abrangendo o período compreendido entre 02/01/1981 e 31/12/1984. Nessa ocasião tive oportunidade de colaborar na criação do Comitê Específico de Educação, que foi instalado imediatamente após a conclusão de meu mandato.

A participação como membro do Conselho Estadual de Educação de São Paulo, de agosto de 1984 a julho de 1987, se deveu ao contexto de abertura democrática que conduziu às eleições diretas para governadores de estados em 1982 e decorreu de minha presença destacada no movimento dos educadores em defesa da educação pública.

A ligação dessas atividades com meu interesse pela História da Educação pode ser vista na forma de relação recíproca: por um lado, meus estudos de História da Educação concorreram para minha projeção no movimento dos educadores, o que influenciou na convocação para que eu viesse a integrar ou colaborar com os referidos organismos educacionais; por outro, os referidos estudos respaldaram minhas posições e propostas no âmbito dos referidos órgãos, inserindo-me, também, no próprio processo objetivo de construção da História da Educação em nosso país.

■ A criação do Grupo de Estudos e Pesquisas "História, Sociedade e Educação no Brasil" (HISTEDBR), em 1986, e a amplitude do trabalho realizado, unindo investigadores de 22 estados brasileiros até os dias de hoje em torno do projeto de levantamento de fontes sobre a educação brasileira, congressos locais e nacionais, publicações eletrônicas e em papel, além do portal <http://www.histedbr.fau.unicamp.br/>, constituíram-se em iniciativas importantes para a produção de conhecimento no campo da História da Educação brasileira. Como se deu a organização desse grupo que se mantém em funcionamento há mais de duas décadas? Quais os obstáculos enfrentados e os sucessos alcançados?

O ponto de partida da criação do HISTEDBR foi a preocupação em sistematizar as atividades de orientação das pesquisas dos alunos da pós-graduação. Quando iniciei o processo de orientação regular de dissertações e teses na UNICAMP, com afluxo maior de alunos do doutorado, eu já vinha de uma experiência prévia, bastante bem-sucedida, na PUC-SP. Lá inaugurei o processo de orientação coletiva ao lançar mão do componente curricular "Atividades Programadas" com 12 créditos, o que equivalia a quatro disciplinas, que fora introduzido no regulamento do doutorado.

A partir do segundo semestre de 1978 comecei a trabalhar nessa sistemática com os 11 alunos da primeira turma do doutorado que haviam ingressado no segundo semestre de 1977 e dei prosseguimento à experiência com as turmas subsequentes. O procedimento se revelou tão estimulante, que os alunos lamentavam a dissolução desse espaço de produção acadêmica quando concluíam as respectivas teses e tinham de retornar às suas instituições e aos seus estados de origem. Em consequência, me indagavam sobre a possibilidade de criar uma estrutura mais permanente, que possibilitasse a manutenção do vínculo mesmo após a conclusão das teses.

Esse tipo de demanda se tornou mais incisivo na UNICAMP, o que me conduziu a propor a linha de pesquisa "História, Sociedade e Educação no Brasil" que, em 1986, deu origem ao Grupo de Estudos e Pesquisas que começou a funcionar mesmo sem encaminhar sua formalização oficial. Minha ideia era dar efetividade ao grupo para, uma vez configurada sua existência de fato, encaminhar à Congregação a sua oficialização. Tal procedimento decorria da constatação de que não era infrequente que fosse proposta a criação de determinado grupo junto à Congregação e, depois, o grupo não conseguia se implantar efetivamente, possuindo existência apenas no papel.

Na medida em que o Grupo de Estudos e Pesquisas "História, Sociedade e Educação no Brasil" foi organizado, acentuou-se o clamor dos alunos no sentido de que fosse proposto um projeto coletivo que permitisse a vinculação permanente dos que dele participavam, mesmo após a conclusão das teses de doutorado. Foi assim que decidimos, em 1990, elaborar o projeto "Levantamento e catalogação de fontes primárias e secundárias da educação brasileira (para uso de historiadores da educação e outros pesquisadores)".

O ano de 1991 foi dedicado à formulação e à discussão desse projeto, para o que organizei um seminário sobre "Perspectivas Metodológicas da Investigação em História da Educação", realizado em duas etapas: a primeira em maio, e a segunda em setembro. Também nesse ano foi providenciada, junto à Congregação da Faculdade de Educação da UNICAMP, a formalização do grupo, e se abriu o projeto "Levantamento e catalogação..." para a participação de pesquisadores de diferentes instituições do país. Surgiram, assim, Grupos de Trabalho (GTs) em diferentes instituições de ensino superior de diversos estados do país.

Na medida em que os Grupos de Trabalho foram realizando o levantamento e a catalogação de fontes, passaram a desenvolver projetos temáticos de pesquisa a partir das fontes levantadas. E o projeto referente ao levantamento e à catalogação das fontes foi mantido como permanente em razão do seu caráter subsidiário aos projetos de pesquisa temáticos, ou seja, os projetos propriamente ditos de investigação sobre a história da educação brasileira.

Atualmente o Grupo se encontra plenamente consolidado, do que dá mostra o VII Seminário Nacional, realizado em 2006, que comemorou os 20 anos de existência e que coroou o "Projeto 20 anos de HISTEDBR: navegando na história da educação brasileira". Neste ano de 2009 será realizado, de 30 de junho a 3 de julho, o VIII Seminário Nacional, tendo como tema central "História, Educação e Transformação: Tendências e Perspectivas".

Penso que os obstáculos encontrados na trajetória do Grupo podem ser ordenados em dois tipos: os internos e os externos. No âmbito interno as dificuldades principais diziam respeito à disponibilidade de pessoas para assumir os pesados encargos relativos à organização de um grupo com a complexidade e magnitude de um coletivo de pesquisa de abrangência nacional; com grupos de trabalho em instituições e regiões com níveis bastante variados nos aspectos de capacitação para a pesquisa, de infraestrutura, de interesses temáticos e mesmo de orientações teórico-metodológicas.

No âmbito externo ao grupo, os obstáculos se manifestavam na resistência dos demais pesquisadores da área, com reflexos nas avaliações das agências financiadoras que tendiam a considerar excessivamente ambiciosa e, de certo modo, inexequível a proposta do grupo. Um exemplo que ilustra essa constatação foi o encaminhamento do primeiro projeto do grupo, aquele referente ao levantamento e à catalogação de fontes, ao CNPq, para obtenção de financiamento. Como participavam do projeto 14 Grupos de Trabalho, foram solicitadas 16 bolsas de pesquisa, assim distribuídas: uma para cada grupo de trabalho, uma para o coordenador geral do projeto e outra para um pesquisador associado.

A decisão do CNPq, baseada nos pareceres dos pares, foi pela concessão de apenas uma bolsa de pesquisa para o coordenador geral, acompanhada de oito bolsas de iniciação científica, cuja implementação estava condicionada a uma manifestação do coordenador esclarecendo aspectos levantados nos pareceres dos pares. Apresentei, então, um arrazoado em que esclarecia os pontos levantados e, no tocante ao argumento de que o pedido de 16 bolsas de pesquisa para o mesmo projeto era excessivo, fiz a seguinte ponderação: na verdade, embora o discurso que circulava entre os pesquisadores e nas próprias agências de apoio à pesquisa exaltasse o trabalho coletivo, o projeto em questão havia sido julgado com critérios de projetos individuais, não se levando em conta seu caráter coletivo. Com efeito, se tivéssemos utilizado a tática de desdobrar o projeto global em 14 subprojetos e os encaminhássemos ao CNPq como projetos autônomos, solicitando duas bolsas de pesquisa para cada um, com certeza isso não seria considerado excessivo. No entanto, estaríamos solicitando 28 bolsas, portanto, quase o dobro do que fora efetivamente solicitado.

Considerando, então, que a bolsa de pesquisa e as oito bolsas de iniciação científica concedidas não correspondiam à natureza do projeto apresentado, abri mão delas e comuniquei ao CNPq que eu estava retirando o projeto para reestudá-lo e possivelmente reapresentá-lo em outra oportunidade. E adotamos a estratégia de cada GT enviar sua própria proposta. Com isso fomos conseguindo algum financiamento, e os trabalhos do Grupo seguiram em frente.

Quanto aos sucessos alcançados creio que se expressam não apenas na consolidação do Grupo Nacional, mas também no incentivo à instalação e no respaldo à consolidação de grupos emergentes que, se fossem contar apenas com as próprias forças, provavelmente não resistiriam às dificuldades que marcam o desenvolvimento científico em nosso país. O sucesso também se traduz nas pesquisas realizadas divulgadas num expressivo número de livros publicados e de artigos em diversas revistas, além da *Revista HISTEDBR On-Line*, que, desde 2000, quando foi lançada, mantém rigorosamente a periodicidade trimestral.

Finalmente, creio que também se possa computar como um sucesso alcançado a contribuição para a consolidação do campo da História da Educação brasileira pelos grupos que fomentou, pela instauração do debate no interior da área e pela participação ativa na criação da Sociedade Brasileira de História da Educação.

■ **A consolidação da comunidade de historiadores da educação brasileiros em torno da Sociedade Brasileira de História da Educação (SBHE) vem sendo um exercício tecido a muitas mãos, harmonizando diferenças e estimulando encontros. Sua eleição como primeiro presidente da SBHE evidenciou a liderança que possui no campo e, simultaneamente, envolveu-o no desafio de organizar uma associação nacional. Como o Sr. compreende esse movimento?**

Efetivamente a criação da SBHE constituiu um momento central no processo de consolidação do campo da História da Educação no Brasil. Sua fundação resultou da confluência de duas circunstâncias: a ampliação do quadro de pesquisadores, com o consequente adensamento da produção nacional, e a intensificação do intercâmbio internacional materializada especialmente nos Congressos Ibero-Americanos de História da Educação Latino-Americana e nos Congressos Luso-Brasileiros de História da Educação.

Essas circunstâncias foram deixando clara a necessidade de criação de uma entidade que articulasse nacionalmente a área de História da Educação e a representasse internacionalmente. Assim, no III Congresso Ibero-Americano de História da Educação Latino-Americana, realizado em Caracas (Venezuela), em 1996, foi constituída uma comissão encarregada de coordenar o processo de organização da entidade representativa dos historiadores brasileiros da educação. A referida comissão coordenadora trabalhou na elaboração dos estatutos da futura entidade, fazendo amplas consultas a todos os pesquisadores via Internet e enviando pelo correio versões preliminares do texto. Esse processo se estendeu por cerca de quatro anos e culminou, em outubro de 1999, com a fundação da Sociedade Brasileira de História da Educação (SBHE).

O surgimento da SBHE representou, sem dúvida, um significativo amadurecimento da área. Ao longo do processo os integrantes da comunidade dos historiadores da educação no Brasil compreenderam a natureza da instituição a ser criada com seu caráter aglutinador, o que a colocava acima das diferenças de interesses dos vários grupos. Em consequência, todos se uniram em torno de uma única chapa eleita por aclamação para dirigir a sociedade.

Participei de todo o processo na condição de membro ativo da comunidade de historiadores da educação, evitando assumir qualquer papel de liderança, razão pela qual declinei de integrar a comissão coordenadora. Por isso, foi com grande surpresa que me vi instado pelos colegas a encabeçar a chapa da primeira diretoria. Tentei, até a última hora, demovê-los desse intento. Mas, persistindo a insistência e verificando que todas as consultas confluíam para o meu nome, não me restou outra atitude, já em plena assembleia de fundação da entidade, senão aceitar a indicação dos colegas.

À honra insigne de ter sido guindado à posição de primeiro presidente da entidade representativa dos historiadores da Educação no Brasil se aliava a enorme responsabilidade de organizar e pôr em pleno funcionamento a recém-criada sociedade. Felizmente, nessa tarefa pude contar com a colaboração irrestrita, a competência e capacidade de trabalho da secretária Diana Vidal. Jamais havíamos trabalhado juntos anteriormente. No entanto, nossa sintonia foi total. Formamos uma dupla ágil, que conseguiu responder imediatamente a todas as demandas postas pelas tarefas de organização da entidade. Assim conseguimos montar toda a estrutura da nova sociedade e pôr em funcionamento dois instrumentos básicos para a sua existência: os Congressos Brasileiros de História da Educação, cuja primeira edição aconteceu já na primeira gestão; e a *Revista Brasileira de História da Educação*, cujo primeiro número foi também lançado nessa mesma gestão.

Assim, se a surpresa da indicação de meu nome para presidir a entidade me assustou em função do peso da responsabilidade daí decorrente, a segunda surpresa constituída pela imediata sintonia entre a presidência e a secretaria representou para mim enorme alívio. Tendo concluído com êxito nossa gestão, transferimos a direção da entidade à nova chapa eleita, evitando lançar mão do dispositivo estatutário que permitia uma recondução, numa clara sinalização de que julgávamos relevante para a sociedade a alternância de seus dirigentes.

■ As suas obras têm por característica se inserirem no âmbito do debate acadêmico, polemizando posições no campo. Talvez o exemplo mais cabal seja *Escola e democracia*, que chegou à 40ª edição em 2008, 25 anos após a publicação original. Que razões o levaram a escrever este livro e por que ele permanece atual em sua concepção? Esse também foi seu primeiro livro vertido ao espanhol. Que circunstâncias motivaram a edição espanhola?

O ponto de partida do livro *Escola e democracia* foi minha fala no Simpósio "Abordagem política do funcionamento interno da escola de primeiro grau", realizado no dia 31 de março de 1980, no âmbito da I Conferência Brasileira de Educação. Na verdade, para tratar do tema eu tinha umas três chaves temáticas, e a decisão pelo uso da metáfora "teoria da curvatura da vara" se deu no instante mesmo em que me vi diante da imensa plateia de mais de mil pessoas.

O simpósio estava previsto para um auditório de 250 lugares. Quando ficou evidente a impossibilidade de acomodar todos os interessados, a organização do evento providenciou a transferência para o Teatro da Universidade Católica, a PUC-SP, que sediava o evento. Com isso, o início do simpósio sofreu grande atraso. A mesa estava composta por três expositores, dos quais eu era o último. Olhando para a plateia ocorreu-me estar diante de cerca de mil cabeças escolanovistas. Isso porque aqueles professores, em sua maioria, tinham sido formados nas décadas de 1950 e 1960, auge da influência escolanovista no Brasil. Então, formulei a estratégia de minha exposição centrada na metáfora da "curvatura da vara".

A ideia foi contestar as crenças que acabaram por tomar conta das cabeças dos educadores. Se o senso comum dominante entre os professores tendia a considerar a pedagogia nova como portadora de todas as virtudes e de nenhum vício e a pedagogia tradicional como portadora de todos os vícios e de nenhuma virtude, busquei demonstrar exatamente o contrário, enunciando três teses polêmicas. Estas, na verdade, mais do que teses, funcionaram como antíteses por referência à concepção dominante.

Esse sentido de negação frontal das teses correntes se traduziu na metáfora "teoria da curvatura da vara", isto é: se a vara está torta, para endireitá-la não basta colocá-la na posição correta; é necessário curvá-la do lado oposto. Assim, no debate das ideias, não basta enunciar a concepção correta para que os desvios sejam corrigidos; é necessário abalar as certezas, desautorizar o senso comum. Daí a estratégia de demonstrar a falsidade daquilo que é tido como obviamente verdadeiro, demonstrando, ao mesmo tempo, a verdade daquilo que é tido como obviamente falso.

Em suma, em minha exposição, o que estava em causa naquela conjuntura da virada da década de 1970 para os anos 1980 era tornar o grupo social dos professores autônomo em relação a um ideário que ele havia acolhido sem crítica e sem "benefício de inventário", para usar uma fórmula gramsciana. Isso me parecia necessário para limpar o terreno e aplainar o caminho à formulação e à difusão de uma concepção que se propunha a superar tanto a visão escolanovista como a tradicional, sem incidir nos limites da concepção que chamei de crítico-reprodutivista.

A referida exposição não foi baseada em texto escrito. Uma vez gravada, foi transcrita e publicada no número 1 da *Revista da Associação Nacional de Educação*, lançada em 1981, com o título "Escola e democracia ou a 'teoria da curvatura da vara'". Em 1982 redigi, para um número especial da revista *Cadernos de Pesquisa*, da Fundação Carlos Chagas, um artigo denominado "As teorias da educação e o problema da marginalidade na América Latina". Aí sintetizei as principais teorias da educação. Em seguida, à vista da repercussão do artigo "Escola e democracia ou a teoria da curvatura da vara", elaborei o texto "Escola e democracia: para além da teoria da curvatura da vara", no qual adiantei os elementos básicos de uma nova proposta pedagógica que, a partir de 1984, passei a denominar de "pedagogia histórico-crítica". Esse texto foi publicado, em 1982, no número 3 da *Revista da ANDE*.

Considerando a repercussão desses artigos, surgiu a ideia de reuni-los em livro, o que foi feito em 1983, momento em que redigi, especialmente para integrar o livro, o texto "Onze teses sobre educação e política".

Você pergunta: por que esse livro permanece atual? Vale dizer, qual a razão de suas sucessivas edições?

Realmente, esse fato é até certo ponto surpreendente, haja vista que a 40ª edição, lançada em junho de 2008, se esgotou em março deste ano, e a editora acabou de lançar a 41ª edição, que recebi ontem, dia 14 de maio de 2009, agora não mais com uma tiragem de 5.000, mas de 10.000 exemplares. Duas hipóteses me ocorrem para tentar explicar essa acolhida:

a) A síntese das principais teorias da educação, apresentada no primeiro capítulo, acompanhada do debate sobre a Escola Nova e de uma alternativa superadora, tem sido um instrumento útil ao trabalho dos professores nos cursos de Pedagogia e das diversas licenciaturas. Com efeito, tenho recebido frequentemente e-mails de alunos de diferentes cursos que me pedem subsídios para os trabalhos e seminários programados por seus professores sobre o referido livro.

b) A discussão e a crítica das inovações em educação, em articulação com a busca da superação de seus limites, mantêm-se, acredito, bastante

> atuais à vista das várias propostas que vêm circulando sem conseguir equacionar satisfatoriamente os problemas da educação escolar. E a proposta que apresento no terceiro capítulo do livro não perde sua atualidade, seja porque situa a educação como mediação no interior da prática social global, que se apresenta ao mesmo tempo como seu ponto de partida e seu ponto de chegada, seja porque, como explicitei no livro *Pedagogia histórico-crítica*, ela procura reter a característica própria da escola ligada à centralidade do saber elaborado, o que me levou a constituir a noção de "clássico" como critério de estruturação dos currículos escolares. Ora, como sabemos, o "clássico" é tal exatamente porque jamais perde a atualidade.

Quanto à tradução para o espanhol cabe lembrar que a *Revista Argentina de Educación* tomou a iniciativa de publicar, em 1983, o artigo "Las teorias de la educación y el problema de la marginalidad en América Latina" e, em 1987, "Escuela y democracia o la teoría de la curvatura de la vara". E, quando estive em Montevidéu em fevereiro de 1987, a convite da Universidad de la República, fiquei sabendo que a *Revista de la Educación del Pueblo* havia publicado, em 1986, os artigos "Las teorias de la educación y el problema de la marginalidad en América Latina" (n. 32) e "La teoria de la curvatura de la vara" (n. 34); e, em 1987, publicou também "Más allá de la curvatura de la vara" (n. 36). Nessas circunstâncias fui informado do interesse na tradução do livro *Escola e democracia*, o que de fato aconteceu em 1988 pela Editora Monte Sexto, de Montevidéu. Nesse ínterim recebi uma proposta de uma editora argentina, a Damian C. Hernandez, datada de 8 de julho de 1987, interessada na publicação desse livro, a qual não pôde ser aceita, pois os direitos de publicação em língua espanhola para a América do Sul já haviam sido cedidos pela editora brasileira à Editora Monte Sexto. Esta, porém, lançou uma edição de apenas 500 exemplares, que se esgotou em seis meses e, em seguida, cessou suas atividades sem nem sequer prestar contas da edição publicada.

■ O livro *História das ideias pedagógicas no Brasil*, publicado em 2007, foi agraciado com o Prêmio Jabuti, uma das mais tradicionais comendas brasileiras, iniciativa da Câmara Brasileira do Livro. Em sua opinião, quais os motivos que levaram a obra a receber tal distinção?

É difícil conjecturar com segurança sobre a escolha desse livro como a melhor obra publicada em 2007 na categoria "Educação, Psicologia e Psicanálise" porque não tenho informação sobre a composição do júri nem sobre os critérios adotados na análise e na classificação dos livros publicados.

No entanto, me ocorrem os seguintes motivos: a) o livro representa um esforço sem similar em abordar as ideias pedagógicas no Brasil, globalmente cobrindo toda a sua história, desde as origens até o momento atual; b) sua estruturação buscou articular numa mesma obra três características que normalmente aparecem em publicações distintas. Trata-se de um trabalho científico cuidadosamente fundado em fontes primárias e secundárias que, entretanto, se põe como um instrumento útil ao trabalho dos professores em sala de aula, além de se constituir numa obra de divulgação da história das ideias pedagógicas no Brasil; c) o tratamento esmerado que lhe foi conferido no que se refere aos aspectos editorial e gráfico.

■ Associado a seu percurso acadêmico no Brasil, o Sr. ganhou projeção internacional pela participação em congressos, versão de livros ao espanhol, convites para atuar como professor visitante em países da América Latina, como o Uruguai e a Argentina, e mesmo pela realização de seu pós-doutoramento na Itália. Como se deu a construção dessa trajetória?

Toda a minha trajetória decorreu, simplesmente, de eu ter assumido em plenitude, radicalmente e com extremo senso de responsabilidade minha condição de professor. Tudo o mais veio por consequência e como que por acréscimo, sem que eu jamais o tivesse intencionalmente buscado. Talvez seja essa uma característica que me tenha sido legada pela formação que tive no seminário: um alto senso de dever e de responsabilidade. Se há uma marca forte em minha personalidade é a ausência total de atração pelo poder, por ocupar postos, galgar posições e conseguir projeção. Nunca quis assumir cargos e nunca tomei a iniciativa de me candidatar a qualquer posto.

Quando fui para a Universidade Federal de São Carlos como professor titular, em agosto de 1975, o reitor assinou um convênio com a Fundação Carlos Chagas e constituiu uma comissão com seis membros, três da universidade e três da FCC, para elaborar o projeto de pós-graduação em Educação a ser implantado no ano seguinte. Eu era o único doutor em tempo integral na instituição. Assim, não pude me recusar a presidir a comissão e, instalado o programa, a assumir a coordenação.

Em março de 1978 deixei a UFSCar para reassumir contrato de tempo integral na PUC-SP. O Prof. Casemiro dos Reis Filho, que era vice-reitor acadêmico, me disse: "Que bom que você volta ao tempo integral. Assim você pode assumir a coordenação da pós-graduação e reorganizar o programa". Eu lhe respondi: "Casemiro, se for para exercer cargos administrativos prefiro não assumir tempo integral; fico com o contrato de 10 horas". Ele, com aquela sabedoria que o caracterizava, retrucou: "Você não vai fazer o que não quiser; meu entendimento é que, para a instituição, seria muito bom que você assumisse a coordenação. Mas, se você não quer, não há problema. Não é por isso que você vai deixar de reassumir tempo integral".

Retomei meu contrato, e, em julho, o Prof. Antonio Joaquim Severino, que vinha acumulando a coordenação com a direção do Centro de Educação, me chamou e disse: "Estou deixando a coordenação e propondo seu nome". Eu lhe disse: "Severino, não faça isso comigo". Ele respondeu: "Vou indicar seu nome; cabe a você aceitar ou não". Obviamente, avaliei que seria até um tanto egoísta de minha parte recusar a indicação, pois naquele momento eu era o único em tempo integral vinculado apenas ao Programa de Estudos Pós-Graduados em Filosofia da Educação. Assumi, então, a coordenação e promovi a reestruturação curricular e a reorganização da forma de funcionamento do programa. Daí em diante não tive mais como não estar quase que continuamente à testa do programa.

Após ser aprovado no concurso de livre-docência na UNICAMP, fui convidado a assumir o contrato em RDIDP (Regime de Dedicação Integral à Docência e à Pesquisa). Vislumbrei nesse convite a possibilidade de me liberar de cargos administrativos, pois o Programa de Pós-Graduação da UNICAMP, diferentemente daquele da PUC-SP, contava com mais de 90 doutores, não sendo, pois, necessário que eu assumisse funções de direção. Ledo engano. Mesmo antes de assinar o contrato em RDIDP, surgiram pressões para que eu me candidatasse à coordenação do programa, argumentando-se com a experiência que eu havia adquirido na UFSCar e na PUC-SP. Avaliei que eu não teria como resistir às pressões. Assim, apliquei a mim mesmo a máxima de Maquiavel: o bem, faça-o aos poucos; o mal, faça tudo de uma vez. Como considerava que para mim era um grande mal assumir funções administrativas, resolvi dar logo minha cota e aceitei a coordenação.

Algo semelhante ocorreu com a presidência da SBHE, que não busquei, mas à qual fui conduzido pelas circunstâncias da mobilização dos pesquisadores da área, como já relatei.

Foi assim também que as publicações foram se avolumando como decorrência de minhas funções docentes, seguindo-se os convites para palestras, cursos, apresentação de trabalhos no Brasil e no exterior.

Quando decidi realizar estágio de pesquisa na Itália, pensava em ficar ali apenas pesquisando nos arquivos e bibliotecas, tendo como único compromisso a redação do relatório final, com os resultados das pesquisas. No entanto, ao adentrar as instituições e travar contato com os docentes, compromissos se firmavam, e o resultado foi que, nos oito meses em que lá fiquei, publiquei seis artigos em cinco diferentes revistas italianas, apresentei três seminários na Universidade de Pádua e um na Universidade de Bolonha e encaminhei um trabalho para um Congresso de História da Educação nas Ilhas Canárias, além do relatório da pesquisa, que resultou no texto "O problema da formação dos professores na Itália", publicado no livro que organizei juntamente com o Prof. Pedro Goergen, denominado *Formação de professores: a experiência internacional sob o olhar brasileiro*, publicado em 1998.

Eis, em suma, a forma como se deu a construção de minha trajetória ao longo dos últimos 43 anos, desde que concluí o curso de Filosofia em 1966.

Textos selecionados

Esboço de formulação de uma ideologia educacional para o Brasil[1]

O problema dos objetivos da educação brasileira

Introdução

Partindo de uma visão sincrética do homem, nós chegamos, pela mediação da análise, a uma visão sintética da estrutura dialética da existência humana. Para isso foi-nos útil a abordagem fenomenológica que adotamos, privilegiando o fenômeno, ou seja, a práxis, coerentes com o nosso ponto de vista segundo o qual o filosofar se constitui num refletir sobre os problemas da existência, isto é, sobre o homem atuando dialeticamente no mundo num processo de transformação. Familiarizados com esse método, captada a estrutura existencial-dialética do homem, preocupamo-nos em esclarecê-la nos aspectos específicos que comporta no caso do homem brasileiro. Isso permitiu aos alunos assumir uma posição crítica em relação à realidade brasileira. É claro que isso não quer dizer que não se tivesse antes uma posição crítica. Sabe-se que já há alguns anos os estudantes brasileiros vêm exercendo mais e mais um poder de contestação diante da realidade nacional. Entretanto, tal posição apresentava-se com características fragmentárias, às vezes emocionais, frequentemente inconsistentes, carentes de fundamentação, sustentando-se num sincretismo vacilante. Dessa visão sincrética nós partimos. E através de uma reflexão analítica, buscamos identificar os vários fatores, as diversas facetas, os múltiplos problemas com que nos defrontamos na nossa realidade existencial. No decorrer da análise, já no início, os alunos pressentiram a estrutura dialética com que estávamos lidando. Assim, já ao abordarmos os problemas do meio físico, verificou-se a sua relação de dependência com outros setores, de modo especial, o político, envolvendo questões de decisão, o que trazia à baila o aspecto da liberdade

[1] Texto inédito, redigido em novembro de 1969 para a atividade final da disciplina Filosofia da Educação ministrada para o 3º ano do curso de Pedagogia da PUC-SP.

e mesmo o da consciência. Foi preciso então que eu interviesse procurando garantir que a análise fosse levada a cabo, até suas últimas consequências. Daí o ter eu insistido em que se mantivesse a atitude fenomenológica, isto é, que se praticasse as devidas reduções, caminhando progressivamente, etapa por etapa, no esclarecimento das relações existenciais em que nos achamos envolvidos. Sem isso, acredito que correríamos o risco de nos perdermos no emaranhado das contradições, sem conseguirmos superá-las na dialética. Esta, embora pressentida, não seria atingida. Com efeito, acreditava e continuo acreditando que, sem a mediação da análise, ser-nos-ia impossível passarmos da síncrese à síntese dialética. Percorridos os vários passos, estamos agora em condição de adotarmos uma visão sintética do processo em que nos encontramos. E esta visão é necessariamente crítica; e, creio, mais agudamente crítica do que antes, mais consistente, pois apresenta-se agora, o quanto possível, fundamentada, sustentada por uma série de razões que conseguimos enunciar e explicar, de forma coerente e demonstrativa.

Entretanto, é preciso notar que o nosso trabalho não termina aí. Com efeito, se procuramos ser fiéis ao nosso método que confere prioridade à realidade como critério de análise, eliminando de nosso procedimento qualquer hipótese idealista; se fomos coerentes com o nosso ponto de partida que considera a reflexão posterior à ação operada em consequência das exigências da ação, temos de convir que a reflexão por si mesma, pelo simples gosto de efetuá-la, não nos levaria a nada. A reflexão parte da ação e redunda em ação. Uma reflexão que partisse da ação e que não levasse à ação seria tão incongruente como aquela que não partisse da ação. Cumpre-nos, pois, prosseguir na nossa tarefa, tentando delinear, agora, os rumos da nossa atuação na realidade. Na verdade, se parássemos aqui, a atitude crítica poderia resultar destrutiva. Pois a reflexão não deveria levar-nos apenas a identificar as incongruências, as contradições, as carências da realidade. Se ela não resultar fecunda em termos de práxis, ou seja, se ela não nos conduzir à manipulação da realidade que apreendemos criticamente, permitindo-nos modificá-la, sua tarefa estará incompleta. Não é outro o sentido que exprimimos ao afirmar que o filosofar se constitui num refletir sobre o homem atuando dialeticamente no mundo, num processo de transformação. Se é verdade que não pretendemos formar pessoas acomodadas, ajustadas à situação, alimentando ilusões, numa visão ingênua do mundo, mas pretendemos levar até às últimas consequências um processo de desmistificação em que as contradições, as carências e, mesmo, a dramaticidade da realidade seja patenteada, desvelada, por outro lado, não pretendemos também alimentar um derrotismo estéril, lançar os alunos num beco sem saída, provocar ansiedades que atingem, por vezes, as raias do neurótico. Parece-me que, no momento atual, os alunos sentem estar diante de uma espécie de beco sem saída; há um sentimento de vazio, a constatação de uma lacuna que precisa ser preenchida com algo novo: daí, a necessidade de ideias novas. Se não avançarmos além desse ponto, é possível que esta situação acabe resultando fecunda, na medida em que a insatisfação poderá estimular uma busca de caminhos próprios que completará o processo iniciado. Entretanto, é possível também que ocorram alguns desvios: seja no sentido da "racionalização", o que levaria a uma atitude de justificação da acomodação, uma vez que a complexidade do real e o fato de não participarmos diretamente da estrutura de poder nos impediria de assumir uma posição transformadora; seja no sentido da negação verbal, que acabaria por tornar-nos peritos no apontar as falhas, os distorces, as incoerências, sem nos decidirmos a intervir no processo, manipulando os elementos em questão numa direção transformadora. Para evitar esses desvios é que nos propomos, neste texto, lançar algumas proposições que ultrapassam o nível até agora atingido de visão crítica da realidade.

Em suma, com estas considerações, gostaríamos de mostrar que a reflexão filosófica encaminha-se para uma formulação ideológica: a ideologia parece-nos ser o complemento natural da filosofia. Esta, embora distinta daquela, relaciona-se dialeticamente com ela. Com efeito, se na filosofia nós refletimos sobre os problemas da ação examinando amplamente as suas implicações, isso só é feito objetivando a organização coerente da ação; ora, essa organização da ação é precisamente a ideologia. A filosofia é a garantia de que o horizonte nunca se fecha; a ideologia, enquanto fechamento provisório do horizonte, é a garantia de que não ficamos no mesmo lugar. No texto da "Análise da estrutura do homem", dissemos ser nossa tentativa estabelecer "um ponto de partida para a formulação de uma ideologia educacional destinada à educação efetiva do povo brasileiro". Com essas notas, pretendemos ir um pouco além do ponto de partida; pretendemos fixar já alguns pontos da ideologia a que aludimos.

O exame da realidade mostrou-nos uma série de necessidades que precisam ser atendidas. Daí a exigência da ação. Entretanto, para agir e ao fazê-lo, nós precisamos saber para que agimos. Do contrário, corremos o risco de atuar num sentido que não é aquele exigido pela situação que nos solicita. Defrontamo-nos, pois, com o problema dos objetivos da ação e, no caso específico, dos objetivos educacionais. A educação brasileira não teria, então, objetivos? Sabemos, também como fruto da análise anterior, que, em termos práticos, ela parece mesmo não ter objetivos. Quer dizer, seus agentes frequentemente não sabem para que estão educando; atuam de modo não intencional, ou seja, tornam-se agentes *no* processo e não agentes *do* processo. Em termos teóricos, já não poderíamos dizer que a educação brasileira não tem objetivos. No entanto, constatamos também que os objetivos definidos nas leis e nos planos e projetos educacionais, desde que amplos e vagos, não são suficientemente existenciais a ponto de se prestarem para orientar efetivamente a ação. Precisamos, pois, repensar a questão dos objetivos da educação brasileira. Como poderemos fazê-lo? Decidir quais os objetivos da educação significa tomar posição em termos de valores; daí porque essa decisão se liga à opção ideológica. E quanto a nós, qual seria a nossa posição? O que é que achamos válido conseguir com a nossa ação educacional no Brasil? Para responder a essa questão, nós necessitamos retomar o nosso procedimento metodológico. Aqui também, o critério que irá nos orientar será a realidade existencial-dialética na qual nos encontramos em processo de transformação. Aqui também, ser-nos-á útil a abordagem fenomenológica: colocaremos entre parênteses todos os objetivos já definidos para a educação brasileira e procuraremos partir dos dados existenciais. Assim, é da análise da estrutura do homem brasileiro, atentos às suas exigências, que iremos retirar a definição dos objetivos da educação brasileira. Com efeito, a nossa reflexão sobre a situação não tinha outra razão senão orientar a nossa ação. Esta é agora a nossa tarefa.

Novos objetivos para a educação brasileira

Educação para a subsistência

Ao analisarmos o aspecto empírico da estrutura do homem brasileiro, ou seja, a sua situação, verificamos que ela comporta múltiplas e variadas facetas. Todas elas, porém, representam o meio no qual e através do qual o homem existe. Entenda-se aqui por existir não apenas o estar presente no mundo, mas o projetar do homem em sua constante autossuperação. Com efeito, vimos anteriormente que o homem é um projeto que deve ser realizado; e este projeto, sempre inacabado, realiza as suas possibilidades *na* e *a partir* da situação. A existência humana é, então, uma relação de transformação que o homem exerce sobre o meio. A situação fornece, pois, as possibilidades de subsistência do homem. Este necessita garantir essas possibilidades e saber manipulá-las em função do projeto que constitui a sua existência. Ora, no caso brasileiro, notamos que não só o homem não sabe manipular as possibilidades do seu meio, como por desconhecê-las sequer as consegue garantir. Assim, vimos como o brasileiro não apenas não sabe tirar proveito do meio físico, como acaba por destruí-lo: as queimadas, o desflorestamento são apenas dois exemplos desse fenômeno. Constatou-se o mesmo em relação aos demais setores do aspecto empírico. Essa realidade nos levou a afirmar, como primeiro objetivo da educação brasileira como decorrência da análise da estrutura do homem brasileiro no seu aspecto empírico, a *subsistência*. Educar para a subsistência. Educar para garantir as potencialidades da situação e possibilitar a sua manipulação no sentido da promoção do homem.

Este objetivo nos coloca diante de um dos temas mais debatidos hoje em dia. Trata-se do problema da relação entre educação e desenvolvimento. Poderá haver, pois, alguém que prefira falar em educação para o desenvolvimento, ao invés de educação para a subsistência, como enunciamos. Acontece, porém, que a palavra desenvolvimento nos parece ampla demais e bastante desgastada pelo uso excessivo no plano teórico, o que a fez perder o seu conteúdo existencial. Por exemplo, a corrente pedagógica do pragmatismo, ao afirmar a educação como vida, diz que vida é desenvolvimento e que o objetivo do desenvolvimento é sempre mais desenvolvimento. Mas de que desenvolvimento se trata? Trata-se do desenvolvimento das potencialidades do educando, de seus impulsos, interesses, desejos, experiências, etc. Como se vê, isso permite que tudo continue como está, pois o educador, por mais tradicional que seja, sempre acredita estar operando esse tipo de desenvolvimento. Além disso, a amplidão de sentido da palavra desenvolvimento extrapola aquilo que gostaríamos de fixar em consequência do aspecto empírico do homem brasileiro. Daí a nossa preferência pela expressão: educação para a subsistência. Educar para sobreviver. Com isso queremos salientar o caráter prático da educação. Queremos frisar que nos países subdesenvolvidos a educação não pode ser um luxo, um instrumento destinado a preencher o ócio. Ela precisa responder a um apelo dramático; sim, educar para sobreviver, para subsistir, eis a primeira exigência que a análise da estrutura do homem brasileiro nos impõe. É um imperativo primário e elementar. Sem se voltar para esse homem concreto que se debate com o problema de sua própria sobrevivência diante de um meio às vezes adverso, às vezes favorável, mas que ele acaba tornando também adverso por não saber manipulá-lo, a educação jamais será uma promoção do homem.

Para efetuar essa tarefa, os educadores contam com o desenvolvimento das ciências que não são outra coisa senão o esforço do homem para esclarecer o aspecto empírico. E sobre as duas grandes faces da situação (natureza e cultura) se estruturam os dois grandes ramos das ciências (as ciências naturais e as ciências culturais). E a inclusão das ciências nos currículos (excetuados, é claro, os currículos destinados à formação específica do cientista) não deveria ter outra função senão a de instrumentos destinados a permitir ao homem o conhecimento e a manipulação dos elementos de sua situação concreta, num sentido transformador.

Esta maneira de colocar a questão poderia levantar uma objeção: não estaríamos, com isso, adotando uma posição excessivamente utilitarista no que diz respeito à função da educação? Em primeiro lugar, gostaríamos de lembrar que a educação deve ser sempre útil. Não se concebe educação que não tenha utilidade. É preciso não esquecer que a educação não é um bem em si mesma, mas um instrumento a serviço do homem. E como todo instrumento ela necessariamente se reveste do caráter de utilidade. E a verdade é que ela sempre foi útil; por paradoxal que pareça, mesmo quando inútil, ela foi útil. Útil, porém, para alguns, exatamente os que menos necessitavam dela; daí o seu caráter de inutilidade. Inutilidade que servia (era útil) e ainda serve aos interesses dos poucos que a desfrutavam. (A palavra escola etimologicamente significa ócio, lazer; surgiu, pois, em função da sociedade escravista.) Trata-se, contudo, de estendê-la àqueles que realmente dela necessitam. Atendendo a necessidades reais, inevitavelmente ela será útil. E sendo útil a todos, de modo algum poder-se-á falar de utilitarismo (o sufixo ismo implica unilateralidade). Com isso eu gostaria de mostrar que geralmente as invectivas contra o caráter utilitário da educação se baseiam, consciente ou inconscientemente, em motivações classistas. Em outros termos: quer-se que a educação seja inútil, para que seja útil só a determinada classe; porque se ela for simplesmente útil, tenderá a eliminar privilégios, superando as estratificações de classes. Em segundo lugar, lembraria também que neste primeiro objetivo nós nos referimos mesmo à função diretamente utilitária da educação. Não é verdade, porém, que estejamos reduzindo a educação a esse aspecto. Nos objetivos seguintes enunciaremos outras funções não diretamente utilitárias (embora, é claro, também sejam úteis). Por isso, não acreditamos que se nos possa acusar de utilitarismo.

Educação para a subsistência, eis, pois, o primeiro objetivo, a primeira exigência, o primeiro imperativo que se impõe ao planejamento da educação brasileira. Gostaria que os alunos tomassem consciência bem nítida do que isso significa e que, ao exercerem seu papel de educadores, em qualquer função que seja, estivessem atentos para esse objetivo. Que pensassem até que ponto estão atingindo esse objetivo, como é possível atingi-lo, como ele se traduz nesta situação concreta com a qual estou lidando aqui e agora.

Propositalmente reunimos as diversas facetas do aspecto empírico num só objetivo. Queremos com isso garantir a sua unidade na interdependência e interpenetração que caracterizam os seus setores. No entanto, queremos também que esse objetivo exprima uma visão sintética da situação do homem brasileiro; não uma visão sincrética. Se os reunimos num só objetivo não é porque vemos os diversos aspectos confusa ou unilateralmente; mas é porque, através da análise, captamos a complexidade da situação nas suas várias facetas, capacitando-nos a considerá-la num conjunto significativo. Em termos da práxis, ou seja, da nossa ação transformadora na atual fase do desenvolvimento brasileiro, esse conjunto se traduz, para nós, no objetivo da subsistência. Subsistência essa que exige de nós uma atenção constante para todos aqueles fatores que examinamos por ocasião da análise do aspecto empírico da estrutura do homem brasileiro. Sem se atingir esse estágio básico, acreditamos ser inútil e utópica qualquer tentativa de determinação de metas ulteriores. Como visão ideológica esta nossa proposição é provisória, isto é: é uma exigência resultante de uma leitura das condições atuais; e por isso mesmo é superável, ou seja, tende a ser superada. E oxalá o seja o quanto antes. Com efeito, seria lamentável que um objetivo como esse pudesse ser considerado permanente na educação brasileira. Isso equivaleria a condenar-nos eternamente ao subdesenvolvimento. Atualmente, dadas as condições que nos caracterizam, ele se impõe.

Educação para a libertação

Do aspecto empírico derivamos a exigência de uma educação que se volte para as necessidades primárias do homem brasileiro; e dissemos ser essa uma exigência básica, sem a qual qualquer tentativa resultará infrutífera. Entretanto, a realização daquele objetivo supõe a capacidade de intervenção do homem visando modificar a situação. Que nós temos essa capacidade, mostrou-nos a análise do aspecto pessoal da estrutura do homem. Com efeito, nós vimos, por este aspecto, que o homem não está totalmente condicionado, totalmente determinado; ele é também capaz de intervir pessoalmente na situação para aceitar, rejeitar ou transformar. Ele é capaz de criar, de se portar com originalidade; ele é livre, ou seja, é capaz de tomar decisões, fazer opções e engajar-se por elas. Este aspecto é, pois, o aspecto do engajamento. O homem assume pessoalmente o processo de sua existência e se engaja responsavelmente nela. É evidente que a liberdade humana não anula as condições do seu meio. Ao contrário, o homem exerce a sua liberdade *na* e *pela* situação. Há uma dependência intrínseca entre o primeiro e o segundo aspecto (para ser livre, é necessário criar certos automatismos). A situação é, pois, o ponto de partida indispensável para a realização de qualquer projeto. Portanto, no caso brasileiro, é só a partir daquela situação, daqueles condicionamentos que apontamos que poderemos tentar realizar alguma coisa que venha ao encontro das necessidades do homem brasileiro. Com efeito, o aspecto situacional, ao mesmo tempo que nos indica as limitações, nos indica as necessidades que precisam ser satisfeitas orientando-nos, pois, a respeito da direção que a nossa ação, o nosso engajamento deve tomar; ao mesmo tempo que nos indica o que nos falta, indica também o que temos a partir do que nos lançaremos à conquista de metas inadiáveis; ao mesmo tempo que nos indica as nossas carências, fornece-nos os critérios para a definição das prioridades no planejamento. Cabe-nos, portanto, indagar agora quais as condições que tem o homem brasileiro de engajar-se responsavelmente, assumindo perante a situação aquela atitude transformadora exigida pelo objetivo anterior. Aqui, a análise que efetuamos com o auxílio de Paulo Freire mostrou-nos, no que diz respeito ao aspecto pessoal, que o brasileiro está marcado por uma já longa inexperiência democrática, incapacidade de decisões, ausência de diálogo, impossibilitado de fazer opções. Com isso parece que chegamos a um verdadeiro impasse. Com efeito, se toda liberdade se exerce na e pela situação, se o ato de liberdade depende de condições prévias sem as quais ele não pode ser efetuado, como se coloca o problema da liberdade para o homem brasileiro? A análise da situação nos revelou condições muito precárias que conservam o brasileiro como que manietado, impedido de atuar, de tomar decisões, de engajar-se pelo desenvolvimento. Teríamos chegado então ao tão temido círculo vicioso? Para se desenvolver é necessário espírito de iniciativa, criatividade, engajamento responsável em direção às metas do desenvolvimento; por outro lado, o subdesenvolvimento impede o espírito de iniciativa, a criatividade, etc. Daí a barreira do subdesenvolvimento resulta intransponível. Gostaria de frisar que este não é apenas um jogo de palavras, mas a expressão de uma atitude bastante comum nos meios nacionais. Por ocasião da análise do "a priori" psicológico, já tivemos oportunidade de mencionar este estado de espírito ao fazer referência à concepção que colocava o subdesenvolvimento como consequência da psicologia do homem brasileiro. Não é outro o sentido da expressão: cada povo tem o governo que merece.

Não resta dúvida que existe aí um certo impasse, o que exige um esforço muito maior de superação. Entretanto, sou de opinião que não existe o propalado círculo vicioso. Isso porque o círculo vicioso é uma categoria lógico-formal. Se colocarmos o problema em termos lógico-formais, então será inevitável o círculo vicioso. Porque entre os dois polos (situação-engajamento), se não podemos estabelecer prioridade cronológica, é evidente também que não podemos estabelecer prioridade lógica. Com efeito, se esta prioridade for concedida à situação ela não se modificará, pois o engajamento torna-se impossível; se ao engajamento, este não se efetivará, pois falta apoio situacional; e o círculo vicioso resulta inevitável. O problema só pode ser abordado dialeticamente. Isso significa que o binômio situação-engajamento não pode ser encarado como dois polos que contraditoriamente se excluem (na lógica formal os termos contraditórios excluem-se mutuamente), mas como dois polos que contraditoriamente se incluem (é esta a visão dialética). Cumpre-nos, enquanto educadores, efetivar a relação dialética situação-engajamento de modo a torná-la fecunda em termos da promoção do homem brasileiro. Neste sentido, a análise do aspecto pessoal exige de nós a definição de um segundo objetivo para a educação brasileira; esta, se efetivamente pretende atender às necessidades reais do povo brasileiro, terá que ser uma *educação para a liberdade*. Terá que ser uma educação que leve o homem a tomar decisões, a fazer opções corajosas; que lhe possibilite inserir-se ativamente na vida de sua comunidade, do seu país; que lhe permita participar intensamente dos problemas do seu contexto; em suma, que o torne capaz de intervir pessoalmente na situação para transformá-la – este é, com efeito, o homem livre.

Por tudo o que foi dito, percebe-se claramente como estamos bem longe da chamada educação liberal ou do liberalismo pedagógico. Na verdade a educação liberal é um tipo de educação "descomprometida", suficientemente geral para permitir ao indivíduo manipular em proveito próprio as mais diversas situações, às vezes incompatíveis entre si, adaptando-se, amoldando-se às diferentes circunstâncias com que se defronta. Justifica desse modo, por vezes, atitudes arbitrárias e mesmo aviltantes do ponto de vista humano. Ao contrário, nós promovemos o comprometimento, as opções decisivas, as definições claras, o engajamento coerente. Já tivemos a oportunidade de mostrar, em outro momento, o fundamento do conceito de liberdade, a nosso ver falso, do liberalismo. Considerando o homem como um mero poder-ser, o liberalismo chega a um conceito de liberdade que exclui a responsabilidade, submetendo o homem a um jogo de forças que leva a um processo de franca competição em que a pessoa humana, sendo uma possibilidade, pode ser interpretada como meio, como instrumento a serviço de determinados fins que interessam aos mais fortes, ou seja, os vencedores da competição. Para nós, porém, o homem não é mero poder-ser, mas dever-ser. E por ser tal jamais ele poderá ser meio; ele é sempre fim. Daí porque a liberdade não só não exclui como implica responsabilidade. Ambas estão em razão direta, isto é: quanto maior a liberdade, maior a responsabilidade e vice-versa. Educar para a liberdade significa, pois, educar para a responsabilidade. Para a responsabilidade social; política; econômica; administrativa; etc. Eis porque o aspecto pessoal nos leva a salientar o caráter moral da educação. Sim, nós precisamos de educação moral. Esta, vilipendiada, ridicularizada em virtude de ter sido confundida com o "moralismo" ou com a chamada "educação moral e cívica" é, no entanto, de uma importância decisiva no contexto do Brasil atual. Aliás, todo povo subdesenvolvido que realmente pretenda superar essa condição tenderá inevitavelmente a salientar a importância da educação moral. As sociedades revolucionárias, como mostra Wallace, colocam em primeiro plano a educação moral. Com efeito, como nos mostrou Hélio Jaguaribe, não se pode pensar, hoje, o desenvolvimento senão como um processo social global que pressupõe, além de um quadro nacional, um propósito deliberado e coerente. Ora, como criar o clima propício para o propósito deliberado do desenvolvimento senão através de uma educação que leve ao compromisso, ao engajamento consciente e responsável? Portanto, para atingir o objetivo básico definido anteriormente com o termo subsistência, nós necessitamos de uma educação para a liberdade. Esta é uma exigência do aspecto pessoal da estrutura do homem brasileiro. Para superar a nossa inexperiência democrática, a incapacidade de decisões, a ausência de diálogo, precisamos de uma educação para a libertação. Este objetivo converge com o primeiro e o complementa. Gostaria que os alunos tivessem isso em mente ao exercerem a ação concreta. A educação terá que ser, por parte de educandos e educadores, um exercício de liberdade, um convite ao comprometimento, ao engajamento responsável e transformador da realidade. Sem isso, a educação jamais será um instrumento a serviço da promoção do homem.

Educação para a comunicação

Tendo definido o objetivo primário exigido pela situação brasileira, fomos levados a postular, a partir daí e em função do aspecto pessoal do homem brasileiro, o engajamento. Entretanto, defrontamo-nos agora com outro problema. Como será possível o engajamento? Como será possível a libertação do homem brasileiro? Tal libertação não se efetivará sem que o homem seja capaz de emergir dos seus condicionamentos, tornando-se apto a identificá-los e distingui-los, analisando-os objetivamente; em outros termos, a libertação só será possível a partir da tomada de consciência da situação, quero dizer, é preciso assumir uma consciência crítica perante a situação. Que essa consciência crítica é possível foi-nos revelado pela análise do aspecto intelectual da estrutura do homem. E no caso brasileiro nós verificamos, também com o auxílio de Paulo Freire, que este aspecto se caracterizou longamente por uma consciência mágica. Nos últimos anos o povo já vinha emergindo da consciência mágica passando à consciência ingênua, o que o tornou presa fácil de irracionalismos gerando, por vezes, uma espécie de consciência fanática. Segundo Paulo Freire, como vimos, competia à educação contribuir para a passagem da consciência ingênua à consciência crítica, superando o clima emocional característico da consciência fanática. Isso porque, sem essa consciência crítica, seria impossível um engajamento eficaz, capaz de transformar a situação. Aqui poderia surgir o mesmo impasse referido no objetivo anterior. E o círculo vicioso apenas se ampliaria. Com efeito, se o desenvolvimento não é possível sem o engajamento e se o engajamento não é possível sem a consciência crítica, os problemas brasileiros parecem mesmo insolúveis. Porque nos três níveis a estrutura do homem brasileiro apresenta-se extremamente carente. No entanto, a saída que encontramos lá se aplica aqui também. Trata-se de relações dialéticas, e não lógicas. Diríamos, pois, que o trinômio situação-liberdade-consciência não se compõe de termos que contraditoriamente se excluem, mas que contraditoriamente se implicam. E porque se implicam é que temos um único processo, o mesmo homem; não são processos separados, mas um todo que se desenvolve dialeticamente nas suas partes. A separação das partes e a sua contraposição em termos exclusivos é uma abstração lógica. E justamente porque é um todo que os problemas repercutem nos três níveis. Portanto, não é nada estranho que o conjunto se evidencie como problemático. Isso não faz mais do que ressaltar a estrutura dialética. Ao contrário; estranho seria se essa convergência não se delineasse. Na verdade não poderíamos conceber uma consciência agudamente crítica a par de uma situação subdesenvolvida aceita passivamente. Isso é que seria incompreensível.

Do que foi dito, concluímos que a análise do aspecto intelectual do homem brasileiro impõe-nos um terceiro objetivo para a educação brasileira. É preciso que o homem brasileiro desperte. É preciso que assuma uma consciência crítica. É preciso que ele seja capaz de identificar com precisão os seus problemas para que possa engajar-se resolutamente pela sua superação. Como, porém, se efetivará essa tomada de consciência? Pela comunicação. É comunicando-se com o seu mundo e comunicando-se entre si que os homens se aperceberão da trama de relações em que se desenrola a sua existência. Ora, quais as condições de comunicação do homem brasileiro? Nossa análise revelou-nos o quanto elas são precárias. Vimos como a experiência brasileira se caracteriza pela transmissão de comunicados e não pela comunicação. Daí a necessidade de educar para a comunicação. Se quisermos organizar uma educação destinada a promover o homem brasileiro, ela terá que ser também uma *educação para a comunicação*. Eis o terceiro objetivo a que chegamos.

Para se atingir esse objetivo há necessidade de se prover aos meios, de se ter acesso aos canais de comunicação. O analfabetismo, por exemplo, é um obstáculo sério à comunicação. Entre o pensamento e a linguagem existe uma relação muito íntima. Nós pensamos com palavras. E quanto maior for o nosso vocabulário mais condições nós temos de pensar melhor; maior é a possibilidade de chegarmos a novas ideias, mais claras, mais precisas, que traduzem uma visão exata da realidade; e consequentemente, mais chances nós temos de comunicá-las, proporcionando um enriquecimento mútuo da existência humana. Se é verdade que não existe analfabetismo oral – e por isso os analfabetos também podem pensar – no entanto, que mundo imenso (o da linguagem escrita) está fechado para metade dos brasileiros.

Contudo, é preciso notar que não é suficiente o acesso aos canais de comunicação para que ela se efetive. Por isso o objetivo a que estamos nos referindo atinge diretamente os próprios educadores. Eles precisam aprender a comunicar – na verdade, educação é comunicação. E para isso não basta dominar as formas de comunicação, estar de posse dos canais adequados, ser dono de amplo vocabulário. É necessário de modo especial aquilo que chamaremos de inserção cultural. Sem isso jamais haverá comunicação. Com efeito, a comunicação, como o nome indica, supõe uma estrutura comum na qual vem se encaixar algo que não era comum. Daí porque atividades tais como o projeto Rondon não têm a mínima chance de realizar uma obra verdadeiramente educativa. Daí porque a televisão, canal por excelência de comunicação, pode nada comunicar. Com efeito, aqueles estudantes que durante 20, 30 ou 60 dias se dirigem a uma região distante promovendo uma justaposição de dois universos diferentes, sem inserir-se na cultura, sem participar dos problemas daquela população, sem sentir com ela, jamais poderão comunicar-se com ela. Há uma distância, uma barreira que torna a comunicação impossível: é a barreira cultural. Cultural entendido aqui, de acordo com o que vimos, como os modos de sentir, de pensar e de agir de uma comunidade. Sem essa base de apoio, não se pode verificar a comunicação. Portanto, o educador, para comunicar, terá que se tornar comum com os educandos, terá que inserir-se na sua problemática. Só através da comunicação, assim entendida, nós poderemos promover a integração cultural do povo brasileiro e possibilitar o emergir da consciência crítica que permitirá um engajamento coerente e responsável através do qual será possível superar a barreira do subdesenvolvimento.

Gostaria, então, que ao educar, se tivesse sempre diante de si a importância desse objetivo. Em qualquer função que eu desempenhe no progresso educativo, preciso lembrar que minha tarefa é realizar a comunicação e possibilitar aos educandos exercê-la sempre mais intensa e eficientemente. Portanto, além de ser um exercício de liberdade, por sê-lo e para sê-lo, o ato educativo será também um exercício de comunicação.

Assim, da análise do aspecto intelectual nós derivamos o terceiro objetivo da educação brasileira: educação para a comunicação. Na verdade, a comunicação supõe uma certa transcendência da situação e opções pessoais, a fim de que possamos nos colocar sob o ponto de vista do outro compreendendo-o e permitindo-lhe compreender-nos. E esta transcendência opera-a a consciência.

Educação para a transformação

Definimos anteriormente a existência humana como uma relação de transformação que o homem exerce sobre o meio. Além disso, é fácil perceber nos três objetivos acima definidos que eles se destinam a operar uma transformação radical no quadro brasileiro. A esta altura, perguntar-se-á então: por que acrescentar um quarto objetivo destinado à transformação? Não estaria este implícito nos demais? Realmente está. Entretanto, acreditamos ser necessário torná-lo explícito. Por quê? A nosso ver, há várias razões que justificam esta atitude. Em primeiro lugar, referimo-nos ao contexto global da nossa época que extrapola os limites brasileiros e dentro do qual o Brasil se acha inserido. Vivemos uma época de mudanças profundas e rápidas em todos os setores da vida humana. Não podemos perder de vista este fenômeno que inevitavelmente nos atinge. Não podemos fechar-nos em nossas fronteiras e ignorarmos influências as mais diversas e mesmo divergentes que nos chegam de todos os lados. Tais influências poderiam desmoronar e pôr a perder todos os nossos planos, desde que não previstas. Na verdade, seus efeitos são inevitáveis, uma vez que, quer queiramos ou não, caminhamos inelutavelmente para uma visão planetária dos problemas humanos. Em segundo lugar, porque nós vivemos numa época que tende a substituir uma visão espacial do Universo por uma visão temporal. Se a respeito de épocas passadas poderíamos dizer que havia uma espacialização do tempo, hoje nós só podemos inserir-nos adequadamente no mundo se partirmos para uma temporalização do espaço. Isso quer dizer que precisamos nos colocar numa perspectiva de mudança constante, de um espaço cujos contornos não são fixos, de um devir indefinido. Na visão espacial nós éramos espectadores e nos adaptávamos ao meio como objetos que também tinham um lugar no espaço. Na visão temporal nós somos atores, sujeitos que transformam o meio, modificando a sua face. Em terceiro lugar, não podemos nos esquecer de que a noção de sociedade estática está sendo totalmente superada pela de sociedade dinâmica. E não gostaríamos que os objetivos que enunciamos fossem encarados estaticamente. Eles devem ser apreendidos dinamicamente e inseridos no processo concreto da educação. Em quarto lugar, o questionamento cada vez mais intenso dos valores vigentes exigindo a sua substituição impõe-nos encarar de frente as transformações, visando intencionalmente descobrir um caminho que conduza à real promoção do homem.

Além dessas razões de ordem ampla que nos pedem um tratamento especial e específico para o problema das mudanças, motivos de ordem propriamente educacionais impeliram-nos a propor a educação para a transformação. Como já foi dito, a visão que estamos esboçando da educação brasileira implica mudanças radicais na realidade existente. Não podemos, portanto, implantá-la de imediato. Há a necessidade de se criar o clima adequado para as mudanças. Inúmeras resistências terão que ser vencidas. A mentalidade nem sempre maleável de muitos educadores, as expectativas do povo em relação ao papel da educação, os hábitos já arraigados e antieducativos de educadores e educandos; as condições adversas em que se desenvolveu a organização escolar, os compromissos da estrutura educacional com uma ordem sociopolítico-econômica que muito pouco tem a ver com a promoção do homem, etc. Diante desse estado de coisas impõe-se ao educador ter consciência do papel transformador de sua ação verificando constante e criticamente em que medida está promovendo uma transformação na sociedade. Na verdade, frequentemente ouvimos falar na necessidade de se criar uma mentalidade nova, de se provocar uma mudança de mentalidade. Esse objetivo visa não apenas uma mudança de mentalidade, mas uma mudança de atitudes, o que é evidentemente urgente na nossa sociedade.

Este quarto objetivo se destina, pois, a garantir que os três primeiros sejam vistos como um processo integrado que se desenvolve conjuntamente na relação dialética em que foram apresentados. Na verdade, não podemos dissociá-los em momento algum; não podemos pensar agora no primeiro, depois no segundo, em seguida no terceiro ou inversamente. Tendo consciente a função transformadora, o educador assegurará uma visão sintética do processo educacional. *Educação para a transformação* será, pois, a síntese que implica dialeticamente os três momentos antes referidos.

Com esses quatro objetivos acreditamos poder traduzir, na práxis, a visão crítica que obtivemos ao operarmos uma reflexão analítica sobre a estrutura do homem brasileiro. Desse modo, aquela reflexão que partira da ação volta-se agora para a ação, permitindo-nos, esperamos, torná-la mais coerente, mais justa, mais humana enfim. Assim estaremos realizando a sequência própria da existência humana autêntica: ação-reflexão-ideologia-ação. Volto, porém, a lembrar; não se trata de uma sequência lógica ou cronológica; é uma sequência dialética. Portanto, não se age primeiro, depois se organiza a ação e, por fim, age-se novamente. Trata-se dum processo em que esses quatro momentos se interpenetram desenrolando o fio da vida humana na sua totalidade. E a educação, enquanto promoção do homem, não pode deixar de voltar-se para essa vida vivida dramaticamente no contexto situação-liberdade-consciência. Foi o que tentamos fazer.

Conclusão

Após o caminho percorrido até aqui nos cumpre parar um pouco e pensar sobre os resultados conseguidos. Façamos, pois, uma espécie de paralelo com a situação atual e vejamos se conseguimos alguma vantagem. Será que valeu a pena todo esse esforço em torno de uma nova formulação de objetivos para a educação brasileira? Será que esses objetivos terão mais condições de nos guiar e orientar em termos fecundos a nossa ação?

Imaginemos o problema de modo mais concreto. Para mim que enfrento a tarefa de educar esta criança, este adolescente, este jovem, este analfabeto, faz alguma diferença saber que estou educando para assegurar:

a) a compreensão dos direitos e deveres da pessoa humana, do cidadão, do Estado, bem como da família e demais grupos que compõem a comunidade;
b) o respeito à dignidade e às liberdades fundamentais do homem;
c) o fortalecimento da unidade nacional e da solidariedade internacional;
d) o desenvolvimento integral da personalidade humana e a sua participação na obra do bem comum;
e) o preparo do indivíduo e da sociedade para o domínio dos recursos científicos e tecnológicos, que lhes permitam utilizar as possibilidades e vencer as dificuldades do meio;
f) a preservação do patrimônio cultural,

como propôs a Lei de Diretrizes e Bases da Educação Nacional (Lei n. 4.024/61), ou saber que estou educando para a subsistência, para a libertação, para a comunicação, para a transformação, entendidas estas expressões tal como acabamos de formular?

Ou (embora os objetivos aqui fixados não se refiram especificamente a determinado grau de ensino): para mim, que trabalho numa escola de 1° grau, faz diferença saber que a minha ação tem por fim a "autorrealização do educando, a qualificação para o trabalho e o preparo para o exercício consciente da cidadania", ou que estou educando para a subsistência, para a libertação, para a comunicação, para a transformação?

Acredito que os alunos, por si mesmos, poderiam responder a essas perguntas e tirar algumas conclusões. Parece claro que a formulação aqui proposta assenta numa base ideológica definida, clara, vinculada à realidade brasileira, ou seja, extraída dela e destinada a ela, apresentando, portanto, um caráter eminentemente existencial, capaz, em consequência, de motivar a ação, de orientá-la, de impulsioná-la, de vigiá-la criticamente. Em contrapartida, a formulação contida na legislação mencionada carece de uma ideologia definida, é tão geral que pode ser adotada por qualquer país do mundo, sendo, portanto, desvinculada da realidade brasileira e destituída de conteúdo existencial, permitindo que a ação se desenvolva acriticamente, descontroladamente. Além disso, acrescento que a ideologia educacional aqui desenvolvida fundamenta-se numa ideologia mais ampla em que se delineia o homem (ser-que-deve-ser) no conjunto do Universo em suas relações com a natureza (ser-que-pode-ser), com o absoluto (ser-que-é) e com os demais homens. Tal ideologia permitiu-nos extrair um conceito de valor que desmistifica uma série de arquétipos e dogmatismos escondidos sob esse nome e que substitui o conceito de hierarquia, por demais estático e abstrato, pelo de prioridade dos valores, mais dinâmico e existencial. Assim pudemos estabelecer o homem como um fim em si mesmo solapando criticamente as bases de teorias e práticas que justificavam direta ou indiretamente, de direito ou de fato, a redução do homem a simples meio a serviço de fins exclusivistas. Com isso pudemos passar para uma ideologia educacional que parte, fundamentalmente, do princípio que considera a educação como promoção do homem.

Entretanto, tudo isso pode não passar de uma bela construção intelectual como tantas outras que já surgiram, se pararmos aqui. Para que o nosso trabalho não se limite a uma apenas bem bolada construção mental, é mister indagarmos sobre as possibilidades concretas que temos de encarná-la em termos de sistema educacional. O passo seguinte será, pois, o exame dos meios que podem levar-nos à consecução dos objetivos colimados. Passemos a essa tarefa.

Os meios para se atingir os objetivos propostos

Introdução

É óbvio que as proposições anteriores exigem, como já frisamos, mudanças radicais no panorama atual da sociedade brasileira. Será que conseguiremos encetar tão grande tarefa? É hora de medir nossas forças. Com que elementos, com que instrumentos contamos para confiar no êxito? Poderíamos simplificar as coisas e tornar desnecessário o desenvolvimento do tema cuja abordagem estamos iniciando. Com efeito, já dissemos, ao tratar da educação para a libertação, que a situação "ao mesmo tempo que nos indica as necessidades que precisam ser satisfeitas orientando-nos, pois, a respeito da direção que a nossa ação, que o nosso engajamento deve tomar; ao mesmo tempo que nos indica o que nos falta, indica também o que temos e a partir do que nos lançaremos à conquista de metas inadiáveis; ao mesmo tempo que nos indica as carências, fornece-nos os critérios para a definição das prioridades no planejamento" (cf. p. 57-58). Portanto, todos os dados já estariam colocados. A análise da situação ao mesmo tempo que nos revela o *meio* sobre o qual devemos agir fornece-nos os meios através dos quais iremos agir. Realmente, a abordagem dialética que adotamos permite-nos tirar essa conclusão. Em verdade, se estamos diante de uma situação desafiadora e tomamos consciência desse desafio, nós nos engajamos na sua transformação extraindo criativamente da situação adversa os instrumentos de sua própria superação; é a negação da negação. Entretanto, além dessas potencialidades contidas na situação, queríamos examinar aqui, do ponto de vista da organização social, quais as instituições que se ligam à nossa tarefa. Como o nosso trabalho irá se desenvolver em grande parte nessas instituições, vejamos como poderemos manipular as condições de seu funcionamento em função dos objetivos que nos preocupam. Para isso veremos inicialmente as chamadas agências educativas, em seguida o problema metodológico e depois o aspecto dos currículos, abordando o plano macro e microeducacional; em conclusão, faremos uma referência ao planejamento em educação.

As agências educativas

Entre as chamadas agências educativas, costuma-se citar tradicionalmente a família, a igreja, o Estado e a escola. Não nos interessa aqui analisar a estrutura e o funcionamento de cada uma dessas instituições, problema da alçada da Sociologia. Também não iremos discutir os seus fundamentos, sua necessidade ou superfluidade; nem mesmo iremos contrapô-las entre si, tentando determinar qual delas está mais apta ou qual delas pode reclamar para si com maior propriedade o direito de educar. Essas instituições interessam-nos, aqui, como meios que podem ajudar ou dificultar a consecução dos objetivos propostos.

Quanto à *família*, em que pese o seu aparecimento constante nos discursos políticos e apesar da sua influência relevante, coloca-se num plano subalterno, uma vez que se constitui numa das instituições mais condicionadas da sociedade. É verdade que ela exerce uma função educativa importante, qual seja, a iniciação da prole nos rudimentos da língua bem como no difícil e longo aprendizado da vida social. Entretanto, como ela poderia colaborar no novo esforço educacional que está sendo proposto? Como os educadores poderiam integrá-la nesse novo esforço? Diretamente, cremos que muito pouco se pode fazer nesse campo. É verdade que, uma vez desencadeado o processo a partir de outras instituições, a família, dado o seu condicionamento em relação à sociedade global, poderá se tornar uma força colaboradora eficiente. No entanto, os educadores não poderão se esquecer de que, exatamente pelos seus condicionamentos, na situação atual da sociedade brasileira, apresentar-se-á como uma força de resistência considerável. Esta resistência não será consciente, ou seja, ideológica, mas em termos de filosofia de vida – ela possui implicitamente uma visão da educação e determinadas aspirações em torno dela que trazem a marca da nossa inexperiência democrática, da ausência de diálogo, das motivações classistas, do caráter beletrista e formalista. Não vemos, pois, uma possibilidade compensadora de se colocar os educadores num trabalho direto com a instituição familiar. Sabemos, entretanto, e a experiência de P. Freire demonstrou isso – como um processo de alfabetização que não seja um mero adestramento no mecanismo da leitura, mas que leve o alfabetizando à tomada de consciência de seus problemas numa inserção cultural autêntica poderá exercer uma influência positiva nos membros da família, transformando-a numa força capaz de colaborar eficientemente com a nova orientação.

No que diz respeito à *Igreja*, todos sabemos a grande influência que ela exerce no Brasil; tanto mais que o seu império não é apenas externo, mas interno, exercendo-se sobre o domínio da consciência. É pena que em geral ela ignora a sua força deixando de usá-la, por conformismo ou por insuficiência ideológica, no sentido real da promoção humana do povo brasileiro, redundando, frequentemente, num verdadeiro desperdício de energias preciosas. Aqui já os educadores poderão atuar num sentido mais direto, mesmo porque a Igreja mantém instituições escolares e reivindica para si com certa virulência o direito de educar. É verdade que suas escolas assentam normalmente em tradições mais ou menos longas que se quer preservar a todo preço; assim elas acabam por despir-se de qualquer sentido renovador, contribuindo largamente para a estratificação social. Entretanto, percebemos, por exemplo, no momento atual, que talvez em virtude da expansão da rede estadual do ensino médio, vários colégios confessionais, principalmente entre os de maior tradição, percebem o risco que correm de esvaziar-se e sentem a necessidade de redefinir os seus objetivos e reorganizar-se totalmente. Se tivéssemos um bom número de educadores imbuídos de uma ideologia educacional voltada para os nossos problemas reais tal como a que estamos propondo, tais educadores fariam sentir a marca de sua influência nesse desejo de renovação; e na verdade está havendo uma solicitação nesse sentido.

Entretanto, o instrumento mais poderoso que teríamos para levar-nos a alcançar os objetivos ideologicamente definidos seria, indubitavelmente, o *Estado*. Sem uma política educacional traçada lucidamente com base numa ideologia definida e coerente não é possível desenvolver nenhum projeto educacional; jamais será viável qualquer planejamento de educação. Talvez esteja aqui a razão do fracasso das nossas políticas de educação. Geralmente tais políticas se fundamentam não numa ideologia, mas na filosofia de vida subjacente às camadas que ascendem ao poder. Desse modo, a educação e os recursos educacionais ficam ao sabor de impulsos pessoais, de circunstâncias momentâneas, de visões restritas e disposições irracionais. E nas raras vezes em que se tentou traçar uma política educacional fundada numa ideologia, esta não foi definida a partir e em função das necessidades reais da nação, mas à margem dela e, até mesmo, contra ela. E como os educadores, em geral, não detêm o poder político, mas, de acordo com o que já vimos, são forçados, pelas condições de sua ação, a subordinar-se ao poder político, eis-nos privados do instrumento mais eficaz para a realização dos nossos objetivos. Todavia, é preciso reconhecer que a falta de visão ideológica por parte dos educadores tem colaborado com esse estado de coisas. Se eles tivessem uma visão consciente da realidade em que atuam sabendo, em consequência, o porquê e o para quê da sua ação, eles exerceriam uma força de pressão e mesmo de atuação no poder político, que tenderia a diminuir e eliminar as incongruências atuais.

E chegamos, finalmente, àquela agência educativa que é considerada o "habitat" natural do educador: a *escola*. Com efeito, a grande maioria dos alunos, terminado o curso, acabam se fixando nas instituições escolares; quer no plano macroeducacional (administração de sistemas escolares), quer no plano microeducacional (unidades escolares). Em que medida os sistemas escolares e as unidades escolares podem ser integradas no novo esforço educacional? Aqui surge novamente o problema: as escolas são instituições-meios que estão a serviço dos grupos que as sustentam, seja o Estado, a Igreja ou organizações particulares. Os educadores, portanto, não representam um poder de decisão, mas apenas de execução. Assim, mesmo que eles tenham objetivos claramente definidos, eles não poderão atuar nas escolas, a menos que se ponham a serviço dos objetivos da organização mantenedora, abrindo mão dos seus. Com efeito, ouvimos frequentemente queixas por parte de educadores justificando as suas limitações, dizendo que tudo o que deve ser feito vem imposto de cima através de leis, decretos, portarias. Entretanto, isso não é totalmente verdade. Vários dos alunos egressos dos cursos de pedagogia ocupam postos de direção nas escolas (e poderiam ser em muito maior número se tivessem despertado para essa possibilidade). Ora, o diretor é alguém que precisa tomar decisões e as toma diariamente. O próprio professor tem uma certa margem de decisões que lhe compete tomar. Vejamos a questão mais de perto. O diretor, numa escola, ao tomar conhecimento de uma portaria, deve providenciar a forma de execução da mesma. Pergunto então: será que não faz nenhuma diferença o fato de ele ter ou não ter uma ideologia educacional definida ao decidir sobre a forma de execução da referida portaria? Parece-nos evidente a grande diferença que se estabelece. Se ele tem uma ideologia educacional definida, isso significa que ele está consciente das exigências que a realidade em que atua está lhe apresentando; e a forma de aplicação da portaria será decidida em função dessas exigências; caso contrário, ele decidirá em função de uma filosofia de vida, sujeito, portanto, às mais diferentes e por vezes contraditórias influências, sem nenhuma possibilidade de controle dos resultados da ação. Em suma, no primeiro caso, ele terá condições de manipular a realidade num sentido transformador. É isso o que objetivamos com a insistência que vimos fazendo durante esses dois anos sobre a importância e necessidade da reflexão filosófica acrescida da formulação ideológica. E acreditamos que os alunos que estiveram em contato conosco, ao exercerem a função de diretor, professor, orientador ou qualquer outra, não deixarão de colocar-se nessa perspectiva, sabendo como orientar a sua ação de forma definida, consequente e controlada.

Gostaria, porém, de chamar atenção para um outro aspecto: embora tenda-se a considerar a escola como o "habitat" natural do educador; embora os educadores encaminhem-se via de regra para as instituições escolares, é preciso convir que esta interpretação não é tão natural como parece e menos ainda necessária. Ela é fruto de um condicionamento e, pior do que isso, de um condicionamento provocado por uma visão falsa da nossa realidade. Nós nos habituamos, provavelmente devido à formação das nossas elites, a ver o Brasil sob uma ótica de país desenvolvido. A Lei de Diretrizes e Bases é um exemplo típico dessa maneira míope de se encarar os nossos problemas. Tal lei como que legislou para um país dotado de um sistema educacional amplo, tranquilo, funcionando em perfeitas condições, atendendo às necessidades da realidade em que está inserido. Assim, ao invés de encarar de frente o nosso subdesenvolvimento, estabelecendo de modo consciente e coerente as diretrizes e as bases de uma educação destinada a um país com 50% de analfabetos, com mão de obra precária e não qualificada, sem tecnologia, com um povo subjugado, sem experiência democrática, etc., ela transformou-se numa espécie de regulamento, preocupada com currículos e horários e outras tantas minúcias, pressupondo um sistema já organizado e funcionando em condições adequadas; limitou-se, pois, a regulamentar aquele funcionamento do sistema. E as tão esperadas diretrizes e bases da educação nacional foram uma verdadeira decepção. Até hoje nós estamos esperando por elas. Ora, quando nós limitamos a função dos educadores às instituições escolares e, o que é pior, às unidades escolares, também estamos pressupondo um sistema educacional amplo, funcionando em condições adequadas dentro do qual irá se desenrolar a tarefa dos educadores. Sabemos, entretanto, que a realidade não é essa. As escolas, além de não se constituírem num instrumento útil aos reais objetivos que deveriam orientar a educação brasileira, pelos seus condicionamentos, frequentemente são mesmo obstáculos à realização daqueles objetivos. Poderíamos, assim, falar na ação deseducativa das escolas (as escolas que deformam). Já tivemos oportunidade de mostrar como a própria palavra escola, pelo tipo de relação professor-aluno que ela implica, já dificulta a renovação educacional. Portanto, não acreditamos que os educadores devam se limitar exclusivamente e sequer principalmente às escolas. Ao contrário; a situação brasileira é tal que exige uma verdadeira revolução educacional. Isso quer dizer que temos que partir para formas totalmente novas, superando o quanto possível as formas tradicionais. Num primeiro estágio, inclusive, talvez não houvesse outra saída senão uma solução de emergência em que fosse mobilizada toda a nação num esforço educacional destinado a romper de uma vez por todas com o nosso subdesenvolvimento. Para isso seriam utilizados os canais de comunicação e há quem tenha sugerido o aproveitamento integral de todo espaço ocioso, de modo especial o das igrejas que permanecem a semana toda fechadas (fora dos horários das funções religiosas elas seriam transformadas em salões de alfabetização de adultos, círculos de cultura, etc.). Poder-se-á dizer que esta seria uma solução utópica, inviável. Embora não a considere impossível e possa considerá-la até bastante viável, devo reconhecer que nas condições atuais do país, principalmente tendo em vista o aspecto político, ela se torna impraticável. Estaríamos então de mãos e pés atados? Assim estaremos se deixarmos de refletir sobre os problemas concretos, enfrentando a situação em toda a sua dramaticidade, com suas contradições, seus impasses, e pensarmos apenas em termos ideais. Talvez uma das primeiras medidas, urgente e necessária, e além disso, possível de ser tomada seria a reformulação dos cursos de Pedagogia, desvinculando-os da condição de cursos preparatórios de agentes das unidades escolares (microeducação), voltando-os para o problema da fundamentação, organização, implantação e administração de sistemas educacionais (macroeducação – é mesmo uma situação curiosa esta em que os especialistas em educação se dirigem para cargos de execução, deixando à mercê de aventureiros os cargos de organização e decisão). Assim deixaríamos de pressupor um sistema, trabalhando em função de algo que na realidade não existe e passaríamos a pensar o problema do próprio sistema, o que exigiria uma referência constante e crítica à situação em que se pretende implantá-lo. Com uma atuação séria, coerente, acompanhada por uma reflexão crítica, pensamos ser possível, até mesmo a partir das instituições existentes, realizar o esforço educacional que estamos propondo.

O problema metodológico

Acabamos de dizer da possibilidade (e mesmo da necessidade) de se colocar as instituições educacionais a serviço dos novos objetivos da educação brasileira. Isso quer dizer que, ao trabalhar nas escolas, eu preciso manipular os elementos da situação num sentido transformador visando à promoção efetiva do homem brasileiro. Como, porém, isso poderá ser feito? A formulação desta pergunta nos coloca defronte do problema metodológico.

A palavra método nos dá, a partir da sua etimologia, a ideia de caminho. É, pois, um caminho que se percorre para se chegar a algum ponto determinado. Métodos seriam, pois, as maneiras, os procedimentos que adotamos em virtude de julgarmos os mais acertados para chegarmos a determinados fins. É, portanto, o fim que determina o método. Já vimos que fim, só fim e sempre fim é o homem. Tudo o mais está em função dele. Assim, mostramos anteriormente como a própria educação é um instrumento a serviço do homem – a serviço da promoção do homem. E as instituições escolares são maneiras julgadas corretas para realizar essa promoção. É por isso que toda educação é organizada de acordo com a concepção que se tem do homem. Ora, nesse sentido nós percebemos como as instituições são meios e não fins. Desse modo, nós teremos escolas ou não teremos; teremos esta escola e não aquela, de acordo com os objetivos educacionais definidos por e para uma determinada sociedade. Assim, o lógico seria reorganizarmos todas as instituições em função dos novos objetivos. De fato, isso aconteceria se a vida humana fosse um processo lógico, isto é, se todas as ações fossem resultados da reflexão. Acontece, porém, que a consciência refletida pressupõe a consciência irrefletida ou espontânea; isso quer dizer que se não podemos agir sem pensar, a verdade é que podemos agir sem refletir; e normalmente assim fazemos. A vida humana não é, pois, um processo lógico, mas dialético, implicando, por conseguinte, contradições. Por isso nós temos que nos defrontar com o problema de atuar em determinadas instituições, guiando-nos por objetivos que requereriam, em princípio, outro tipo de instituição. Dentro dessas instituições, porém, se estivermos conscientes dos objetivos que norteiam nossa ação, o nosso procedimento terá que se ajustar a esses objetivos. Assim, os novos objetivos exigirão novos métodos. Como diretor, professor, orientador numa escola, se eu tenho em mira educar para a subsistência, para a libertação, para a comunicação e para a transformação, é evidente que o meu procedimento não será o tradicional; na verdade, como poderei educar para a comunicação se eu não me comunico com os alunos, mas lhes transmito comunicados; como poderei educá-los para a libertação se eu os quero submissos. Ao aplicar uma portaria baixada de cima, é evidente, pois, que eu não irei comunicá-la *aos* alunos, mas irei comunicar-me *com* os alunos a respeito dela. Poderiam ser multiplicados os exemplos de como novos objetivos exigem novos métodos sob pena de incoerência e contradição. Como não podemos nos alongar, gostaria que os alunos pensassem seriamente nisso e submetessem à reflexão os métodos que utilizam bem como os métodos que estão aprendendo nos cursos de metodologia, didática e técnicas educacionais. Lembraria ainda que as implicações método-objetivo são recíprocas. Se é verdade que a escolha dos métodos depende da definição de objetivos, por outro lado também é verdade que a consecução dos objetivos depende da escolha e, mais do que isso, do uso dos métodos. Em outras palavras: se eu defino *este* objetivo, eu devo usar *este* ou estes métodos; em contrapartida, se eu uso *aquele* ou aqueles métodos, eu vou chegar *àquele* objetivo. Portanto, de nada adianta definir corretamente os objetivos se usarmos métodos que não levam a eles. Isso vale tanto no plano da macro quanto da microeducação.

Adequação dos currículos à realidade existencial

Currículo é um conceito bastante discutido hoje em dia. Tradicionalmente ele pode ser entendido como a relação das disciplinas que compõem um curso ou a relação dos assuntos que constituem uma disciplina, no que ele coincide com o termo programa. Entretanto, existe atualmente uma tendência a se considerar o currículo como sendo o conjunto das atividades (incluindo o material físico e humano a elas destinado) que se cumprem com vistas a um determinado fim. Este é um conceito muito mais amplo, pois abrange todos os elementos relacionados com a escola. Poderíamos dizer que, assim como o método procura responder à pergunta como se deve fazer para atingir determinado objetivo, o currículo procura responder à pergunta o que se deve fazer para se atingir determinado objetivo. Trata, portanto, do conteúdo da educação e de sua distribuição no tempo a ela destinado (entenda-se o termo conteúdo num sentido bem amplo). É claro que os novos objetivos exigirão novos conteúdos. Entretanto, também aqui nós nos defrontamos com aquele problema dialético referido no item anterior: teremos que lidar com conteúdos velhos e manipulá-los em função dos objetivos novos. Por conteúdos velhos, entendamos: terei que utilizar esta sala cuja construção é inadequada, estas carteiras não muito funcionais, este quadro-negro que exige uma disposição antidialogal das carteiras, terei que contar com professores não qualificados ou mal remunerados, terei que me sujeitar a uma relação de disciplinas obrigatórias, a uma seriação inadequada, etc., etc. No entanto, não adianta pensarmos em condições ideais. Precisamos manter os pés na terra e reconhecer que o nosso ponto de partida tem que ser essa situação adversa. Cumpre-nos, a partir daí, a responsabilidade de adequar os currículos à realidade existencial. Por exemplo: educação para a subsistência implica se utilizarem as conquistas das ciências que permitirão ao homem compreender a situação para dominá-la. Ora, isso exige, como já vimos, que a ciência não seja incluída no currículo por si mesma, mas instrumentalmente. Então não poderemos ter a relação das ciências como disciplinas separadas desenvolvendo formalmente um conteúdo desligado dos problemas reais. Eu terei que recolher as contribuições das diversas ciências e colocá-las em função da educação para a subsistência. Ora, se eu sou diretor de uma escola, apesar da relação das disciplinas obrigatórias, eu posso planejá-las de modo a integrá-las no esforço exigido pelo novo objetivo. Esse é um exemplo do que denominamos manipular os elementos da situação num sentido transformador, em função da promoção efetiva do homem brasileiro. Também neste caso, é-nos impossível alongar essas considerações sobre o problema da adequação dos currículos. Gostaria, contudo, que os alunos pensassem seriamente na linha de reflexão aqui sugerida, ampliando-a para outras áreas afetas ao problema do currículo, de acordo com suas experiências. Aqui também é preciso lembrar que as responsabilidades atingem não apenas o nível da microeducação, mas talvez principalmente a macroeducação; com efeito, o problema da determinação de disciplinas obrigatórias, da destinação de recursos, das construções escolares e tantos outros são questões ligadas diretamente à macroeducação. E enquanto os educadores não se preparam para atuar também nesse plano, será difícil progredirmos nesse terreno.

Conclusão: filosofia e planejamento educacional

Gostaríamos de concluir com uma palavrinha sobre o planejamento. Isso porque é através do planejamento que as nossas propostas poderão se tornar realidade. Os alunos devem ter percebido ao longo de todas as considerações feitas neste texto que a ideia de planejamento estava pressuposta implicitamente. Na verdade, se eu sou levado a refletir porque a minha ação é problemática; e se eu reflito visando organizar a ação a fim de torná-la mais coerente e mais justa, é evidente que a minha ação terá que ser planejada. Daí porque o planejamento não é possível sem uma opção ideológica. Ao planejar eu tenho que ter bem claros os objetivos que devo atingir; do contrário, será impossível um planejamento eficaz. Portanto, são condições de possibilidade do planejamento: a reflexão, sem a qual eu serei incapaz de compreender as exigências da minha ação; e a definição ideológica, através da qual eu determino objetivos claros. A partir daí podem-se organizar os recursos disponíveis planificadamente. O levantamento dos recursos é, pois, a terceira condição de possibilidade do planejamento. Preenchidas essas condições prévias, passa-se à elaboração do plano propriamente dito. Nesta etapa uma série de requisitos devem ser levados em conta. Entretanto, não é aqui o momento para se examinarem os princípios, métodos e técnicas do planejamento. Mas eu não poderia deixar de lembrar aos alunos que o planejamento na nossa época tornou-se uma necessidade. Eu diria mesmo que duas notas deverão caracterizar a ação educacional contemporânea: o planejamento e a flexibilidade. Isto é, os métodos, as técnicas são diversas e maleáveis, mas deverão ser sempre utilizadas de acordo com uma programação geral mais ou menos rigorosa. Como já dissemos em outra ocasião, o planejamento é a objetivação da utopia. É uma utopia porque ainda não realizada; entretanto, não é um desejo individual, condicionado pela imaginação subjetiva. É traçado em termos objetivos, portanto, realizável. Daí porque se constitui num instrumento eficaz de transformação. E o educador que quiser ser coerente com a sua missão transformadora não poderá dispensar-se desse instrumento. Chamaria atenção, porém, para um problema: normalmente o planejador não se identifica com o executor. O professor, por exemplo, geralmente tem que executar programas dentro de um planejamento mais amplo no qual esse se insere e que não foi feito por ele. Assim, frequentemente ele pode pôr a perder todo o trabalho de planificação. Há, pois, a necessidade de se aprender a trabalhar planificadamente. Além disso, o planejamento nas suas diversas etapas jamais pode ser um trabalho individual. Ele será sempre um trabalho de equipe. Sem isso, ele será inviável. O especialista em planejamento vê os problemas sob uma ótica diferente daquela de quem tem que executar o planejamento. Por isso, há a necessidade de um trabalho de equipe que preveja, refletidamente, os problemas do planejamento, a fim de que ele seja realizável. Talvez esteja aí uma explicação para a dificuldade que temos em agir planificadamente. Raramente nós refletimos, motivo pelo qual não podemos chegar a uma definição ideológica precisa; além disso, dificilmente nós agimos em conjunto refletidamente. Daí a importância da filosofia no planejamento educacional. Cabe-lhe promover a indispensável reflexão de conjunto.

Nota final

As notas presentes encerram os nossos trabalhos ao longo desses dois anos na área de filosofia da educação. Do ponto de vista da forma literária elas apresentam impropriedades (p. ex., o uso do plural majestático e do singular indistintamente). Além disso, a redação também foi feita às pressas sem a possibilidade sequer de uma revisão superficial [dada a urgência de colocá-las nas mãos dos alunos de uma semana para a outra, o texto foi datilografado diretamente no estêncil para ser reproduzido no mimeógrafo]. Entretanto, gostaria que os alunos dedicassem à leitura do texto mais do que o mero tempo necessário para percorrê-lo da primeira à última página. As ideias aqui expostas me parecem passíveis de um maior aprofundamento, merecendo dos alunos uma meditação mais demorada. Espero críticas e sugestões. a) Dermeval – S.P., 16.11.69.

"Trabalho e palavra"[1]

Identificação do texto, através dos seus parágrafos

A) *Introdução*

§ 1º: Colocação da questão:

A vinculação entre palavra e trabalho como atestado das tensões tanto ao nível da existência pessoal como das civilizações;

Essa vinculação é:

a) articulação fundamental de nossa condição (pode ser verificada por uma análise fenomenológica do <u>dizer</u> e do <u>fazer</u>):
b) produto muito sutil das culturas e das técnicas na História (pode ser retomada nos problemas propostos em nossos dias);

Plano do artigo: daí, dois ângulos de reflexão:

a) exame das raízes do trabalho e da palavra;
b) exame das tarefas contemporâneas duma civilização do trabalho e da palavra;
- os dois pontos anteriores serão mediados por uma meditação sobre o poderio da palavra.

§ 2º : Razão da escolha do tema:

Procede este estudo:

a) de uma decepção diante dos filósofos contemporâneos do trabalho (marxista, existencialista ou cristão);

---

[1] Do livro de Paul Ricœur, *História e Verdade*, p. 201-224. Rio de Janeiro: Companhia Editora Forense, 1968. Texto inédito resultante do trabalho realizado no 1º semestre de 1971, na disciplina Seminário sobre Martin Buber para cumprimento dos créditos do doutoramento em Filosofia da Educação na PUC-SP.

b) de uma inquietação diante da noção de civilização do trabalho.

§ 3º: Posição do autor:

Adere aos pressupostos da filosofia do trabalho e, consequentemente, às aspirações de instituir uma civilização do trabalho; a análise tende a responder à decepção e à inquietação nascida no <u>interior</u> dessa adesão.

§ 4º: Caráter e razões da decepção:

1. Caráter da decepção: a (desejada) reabilitação do trabalho triunfa no vácuo;
2. Razão da decepção: a extensão da noção de trabalho a todas as manifestações da existência humana (desde a luta contra a natureza física, até a contemplação).

§ 5º: Teologia do trabalho:

Amplia ainda mais a extensão da noção de trabalho, estendendo-a à continuação da criação divina.

§ 6º: Caráter e razão da inquietação:

1. Caráter da inquietação: a extensão da noção de trabalho acaba por permitir tanto a determinação como a indeterminação de sentido.
2. Razão da inquietação: uma noção que significa tudo não significa mais nada.

§ 7º: Razão e consequência da extensão da noção de trabalho:

1. Razão: não se trata de embuste, mas de zelo excessivo;
2. Consequência: mas o que se contata é uma parcialidade dissimulada.

§ 8º: Em que consiste o problema:

1. Em que não consiste o problema: na extensão do trabalho a toda a existência;
2. Em que consiste o problema: em acabar por misturar a extensão total do trabalho à extensão total da palavra.

§ 9º: Esclarecimento da decepção:

1. Causa do vácuo na noção de trabalho: ausência de um contrário que lhe seja proporcional e que, ao limitá-la, a determina.
2. Distorção na determinação do "contrário" referido: a oposição entre trabalho e contemplação.

Acerto na determinação do "contrário": a oposição entre trabalho e palavra ("a palavra será para nós o <u>outro</u> – esse outro no meio de outros – que justifica e que contesta a glória do trabalho").

B) *Fazer e dizer*

§10º: A realidade da palavra (diferença em relação ao trabalho):

"o homem que se exprime produz algo e se realiza, mas de modo diferente do que acontece quando trabalha."

§11: Hipótese da origem da palavra, favorável à interpretação pragmatista: de acordo com essa hipótese, a palavra não seria senão um momento (ou etapa) da práxis. Assim, todo o edifício da cultura será um grande rodeio que parte da ação e a ela retorna.

§12: Validade dessa hipótese num certo (e autêntico) sentido: daí, a justificação de uma leitura marxista da cultura.

§13: Mas, mesmo a partir dessa origem, a palavra a ultrapassa, não se reduzindo à ação, mas supervisionando-a.

§14: Não se reduz, então, ao gesto, mas permite delinear a projeção do gesto total.

§15: A expressão, colhida ao nível do gesto, acaba por adiantar-se a todo gesto, significando-o. É ela o sentido compreendido daquilo que se há de fazer.

§16: A partir daí, é sempre possível ler a história do trabalho como algo que é cruzado e conduzido por uma história da palavra. A linguagem antecipa, significa e ensaia toda transformação no imaginário, nesse vazio inventivo aberto pelo malogro e pela interrogação que este provoca.

§17: Além disso, é a palavra que opera a passagem do utensílio à máquina.

§18: A palavra como negação da práxis: a geometria exprimiu o espaço em lugar de vivê-lo e atuá-lo pela agrimensura. Mas essa negação resultou no mecanicismo moderno e todos os nossos aparelhos e todas as nossas máquinas. É preciso renunciar aqui deliberadamente ao esquema da infra e da superestrutura e afrontar um fenômeno rigorosamente circular no qual os dois termos alternativamente se incluem e se ultrapassam.

C) *Poder da palavra*

§19: A palavra como crítica do trabalho, num duplo sentido:

a) como ato de julgamento;

b) como imposição de limites.

§20: Crítica, porque suspende a preocupação do viver; reflete;

§21: Mas reassume a preocupação no plano dos sinais.

§22: A palavra imperativa (a mais próxima do trabalho): que operação nova inaugura essa palavra nos limites do trabalho?

§23: A ação da palavra exerce-se sobre outrem (2a. pessoa e não 3a.), na linha da influência e não da produção.

§24: Em segundo lugar, a palavra é também influência sobre si mesmo e não apenas sobre outrem: "se nada me digo a mim mesmo, não transponho o nevoeiro inumano do irracional. Não me ordeno, da mesma forma como, faz pouco, não se ordenava meu trabalho.

§25: Em terceiro lugar, a palavra, enquanto sinal, exerce influência sobre o sentido operado por ela: a palavra significa; e o seu significado é "compreendido" e "seguido" por outrem; daí a sua força.

§26: Significar um sentido é operar.

Indicações alusivas a essa operação:

§27: A denominação é uma atividade de discriminação, primeiro, e de articulação, depois.

§28: A atividade da palavra é, porém, um vazio de produção; mas ela indica no vácuo, pela significação, aquilo que o trabalho irá encher.

§29: Essa atividade de significação revela a "impotência" da palavra face à "potência" do trabalho; mas não deixa de ser uma operação, embora não o seja, em sentido próprio, trabalho. Essa atividade se funda, basicamente, numa suposição de sentido.

§30: Essa atividade supositiva dissimula-se na palavra quotidiana; manifesta-se, porém, em primeiro plano na linguagem matemática. "A linguagem é por natureza uma abstração no sentido de que não manifesta a realidade, mas significa na verdade."

– A expressão dubitativa:

§31: A palavra não é somente imperativa;

§32: É também dubitativa;

§33: Só existe interrogação porque existe dúvida;

§34: "A palavra não é o despertar do utensílio senão porque é o despertar da expressão 'credes'?".

§35: A palavra dubitativa dirige-se a outrem; o outrem é o "tu" que responde. Só a dúvida converte a palavra em pergunta e a interrogação em diálogo.

§36: O mundo do diálogo extravasa do mundo do trabalho:

a) distraindo no trabalho (conversas);

b) distraindo do trabalho (lazer).

§37: Isto será prolongado a propósito da civilização do trabalho.

§38: Dimensão crítica da palavra: através da reflexão surge a contestação, a rebeldia.

§39: Dimensão do possível introduzida no real pela palavra dubitativa; daí as teorias, a lei científica, a lei jurídica.

§40: Dimensão da negatividade introduzida pela palavra dubitativa: "tudo aquilo que é, é; mas a palavra pode dizer aquilo que não é."

§41: Mas negar é, em outro sentido, afirmar. Por isso os enunciados que contestam fatos são conquistas do pensamento dubitativo; "um enunciado é como uma resposta cuja questão foi omitida".

§42: Um exemplo: a lei de inércia, da qual sai todo o pensamento mecânico, não teria podido surgir diretamente da observação; é resultado do pensamento dubitativo.

– A invocação:

§43: O poderio da palavra não se encerra no imperativo e na crítica.

§44: Raízes da palavra, segundo Protágoras: 1. comando; 2. voto ou oração; 3. questão; 4. resposta.

§45: A oração permite subtrair o homem:

a) da injunção, que por fim se perde no trabalho (palavra imperativa);
b) da dúvida, que por fim dissolve o trabalhador (palavra dubitativa).

§46: Aqui já não há o "eu obreiro" ou o "eu irônico", mas o "eu orante".

§47: A palavra abre para o valor: "que significa meu trabalho, isto é, que vale ele?" E essa questão é obra da palavra.

§48: A palavra que "reza" é a língua da exclamação. A palavra como manifestação das disposições afetivas fundamentais.

§49: Oração de Agamenon: submissão e pedido de proteção a Zeus.

§50: Ainda, a oração de Agamenon: sofrer para compreender, eis a benéfica violência dos deuses.

§51: Resumo: as diversas direções da palavra:

a) palavra imperativa, pela qual me decido;
b) palavra dubitativa, pela qual me interrogo;
c) palavra indicativa, pela qual me declaro;
d) palavra lírica, pela qual canto os sentimentos.

§52: Esse intermédio sobre o poder da palavra mostra a impregnação mútua, mas também a dissociação entre trabalho e palavra.

§53: Definição de trabalho: homem (carente) vence, pelo esforço, a (resistência da) natureza, produzindo um efeito útil.

§54: O trabalho, de certo modo, envolve a palavra que é também esforço. Mas... a palavra significa, não produz; é, até certo ponto, gratuita. Pode, inclusive, falar para nada dizer, para enganar, para delirar. Daí, a vergonha infundida à palavra pelo trabalho.

§55: "Mas que seria uma civilização do trabalho sem a grandeza e a futilidade da palavra"?

D) *Em prol de uma civilização do trabalho e da palavra*

§56: Auxílio da dialética do trabalho e da palavra na orientação dos problemas atuais da civilização: adverte contra uma resolução fictícia das tensões.

§57: A forma atual dessa dialética passará; mas outras surgirão.

– "Alienação" e "objetivação" no trabalho:

§58: Os dois fatores que dominam a dialética do trabalho e da palavra na sua forma histórica atual:

§59: O primeiro fator: degradação econômico-social do trabalho; aliena-se pelo salariado.

§60: Degradação cultural do trabalho: assim, a palavra também tem culpa.

§61: O segundo fator: a forma tecnológica do trabalho, relativamente independente do regime do capital e do trabalho.

§62: Aparição da polivalência para compensar a especialização.

§63: A especialização tecnológica leva à "objetivação", pela qual o trabalho se reduz a uma tarefa limitada que, embora eficaz, arrisca-se à perda de sentido. Daí a necessidade da palavra como significando o conjunto, como vontade de compreensão total.

§64: A "objetivação" torna o trabalho uma tarefa aborrecida, em virtude do caráter parcelado e repetitivo do mesmo.

§65: Alienação = perda do homem em proveito de outro que o explora; portanto, problema social e finalmente político. Objetivação = perda do homem num outro (o mundo das coisas); portanto, problema cultural.

§66: Então, o atual mal-estar da cultura corresponderia ao mal-estar do trabalho contemporâneo. "Para além da perversão burguesa da cultura, as artes, a literatura, o ensino universitário exprimem a surda resistência de adaptação do homem ao mundo moderno."

§67: Essa resistência não está isenta de desvios; pode degenerar em tagarelice: deixar a realidade das máquinas pelas sombras do discurso.

§68: À adaptação do homem a um trabalho finito (objetivação) contrapõe-se a desadaptação da interrogação sobre a condição humana em conjunto (reflexão). "A educação, no sentido forte da expressão, não é talvez senão o justo mas difícil equilíbrio entre a exigência de objetivação – isto é, de adaptação – e a exigência de reflexão e de desadaptação; é o tenso equilíbrio que mantém de pé o homem."

– Civilização do trabalho:

§69: Definição de civilização do trabalho: "uma civilização na qual o trabalho é a categoria econômica e social dominante" (Bartoli).

§70: Características da civilização do trabalho, segundo Bartoli:

§71: 1º – economia do trabalho substitui as leis do mercado; já se realiza nos países socialistas.

§72: 2º – uma economia dos próprios trabalhadores: gerência das empresas pelos próprios trabalhadores, a fim de escaparem à dominação dos tecnocratas.

§73: 3º – democracia do trabalho: participação dos trabalhadores na estrutura do Estado.

§74: Nesse sentido não existe em parte alguma civilização do trabalho (nem mesmo nos países socialistas).

§75: 4º – formação de uma nova cultura a partir do trabalho.

§76: Duas "mistificações" nas relações entre cultura e trabalho.

A primeira: "fazer da cultura em conjunto a celebração da empresa técnica."

§77: A segunda: "confundir uma cultura inspirada pelo trabalho e nutrida pelos trabalhadores com uma cultura ideologicamente dirigida."

§78: O risco da palavra (direito ao erro como função política indispensável) é o preço que uma civilização do trabalho deve pagar pelo serviço que a palavra presta ao trabalho.

– O serviço que a palavra presta ao trabalho:

§79: Contra a "alienação" e "objetivação" do trabalho humano, eis os serviços da palavra:

§80: 1º – a palavra como corretivo da divisão do trabalho, através:

a) da distração (conversas inconsequentes, palestras, música e conferências instrutivas);

b) da visão de conjunto das operações da empresa e dos mercados do mundo;

c) da formação profissional polivalente.

§81: d) da participação política.

§82: 2º – a palavra como lazer;

§83: o lazer como forma de superação da cadência estafante da vida moderna.

§84: A palavra como forma de se evitar a deteriorização do lazer pela invasão das técnicas.

§85: 3º – outra função da palavra: a "teoria", tomada em conjunto ("não existe civilização que possa sobreviver sem uma zona lúdica deixada à especulação desinteressada, à pesquisa sem aplicação imediata ou aparente").

§86: 4º – Enfim, tem também a palavra a função de criação: a busca de um sentido do homem que nenhuma sociedade pode planificar.

§87: A condição humana finita tem necessidade tanto do trabalho quanto da palavra.

§88: Portanto, "toda civilização humana será ao mesmo tempo uma civilização do trabalho e uma civilização da palavra".

Comentário crítico

Paul Ricœur resolveu escrever este artigo preocupado que estava com o emprego da noção de trabalho: "procede este estudo, com efeito, de uma decepção e uma inquietação: de uma decepção diante dos filósofos contemporâneos do trabalho (marxista, existencialista ou cristão); e de uma inquietação em empresa da noção de civilização do trabalho."

Abordemos estes dois pontos, começando pelo segundo: "inquietação em presença da noção de civilização do trabalho".

Qual a razão dessa inquietação?

Segundo o autor, a razão estaria na ampliação da noção de trabalho, de modo a estendê-la progressivamente a todos os domínios da existência. Assim, essa "apoteose do trabalho" acabaria por anular a própria força dessa noção ("uma noção que significa tudo, não significa mais nada"). Reconhecendo a importância da noção de trabalho ("nossa aspiração de instituir uma civilização do trabalho está de perfeito acordo com os pressupostos dessa filosofia do trabalho"), o autor se propõe a corrigir o desvio resultante da "apoteose do trabalho" ("...toda a minha análise tende a responder à decepção e à inquietação nascida no interior dessa adesão e que dessa mesma adesão se nutrem").

Em que medida Ricœur atinge esse objetivo?

Para responder à questão supra, precisamos nos recordar do tipo de civilização desenvolvida pela França, cenário inspirador imediato das ideias do autor. A chamada "cultura francesa" se caracteriza por um dualismo marcante entre as atividades manuais e intelectuais. Isso se reflete de modo nítido na organização da educação francesa. O texto abaixo, transcrito da Revista *Le Français dans Le Monde*, nº 78, janvier-février, 1971, referindo-se ao ensino francês no período que vai da Segunda Guerra Mundial a nossos dias, nos dá uma ideia daquele dualismo:

> *[...] Une minorité seulement des enfants de familles populaires pouvait aller au-delà du certificat d'études primaires. Certains entraient dans des centres d'apprentissage ou des collèges techniques, d'autres dans les cours complémentaires, devenus collèges d'enseignement général, qui les menaient em quatre ans à des sections professionnelles ou leur permettaient de préparer le concours d'entrée des écoles dinstituteurs; quelques-uns suivaient la filière des lycées techniques.*
>
> *Em revanche, les enfants de familles "bourgeoises" ou cultivéss faisaient, eux, leurs études dans des établissementes secondaires, les lycées: ceux-ci avaient leurs petites classes primaires; à partir de onze ou douze ans, les éleves suivainnt des enseignements spécialisés, fondés à la fois sur un héritage culturel et sur les progrès scientifiques, qui les menaient em sept ans au baccalauréat. Dans l'enseignement supérieur, les facultés, séparées selon un plan remontant à Napoléon I*^{er}*, préparaient un nombre limité d'étudiants à l'enseigneiment (sciences et lettres) ou à des professions libérales: barreau, médecine, pharmacie, et "produisaient" un petit nombre de cherceurs* (p. 22).

A diferença entre "*familles populaires*" e "*familles bourgeoises* ou *cultivés*" (os filhos daquelas destinados aos colégios técnicos para formação profissional e os destas aos liceus para uma formação fundada na herança cultural e no progresso científico) nos dá conta da mentalidade característica dos intelectuais franceses. Ora, são esses intelectuais (Ricœur refere-se aos "filósofos do trabalho") que passam a usar (e abusar) da noção de trabalho. O autor se inquieta com esse abuso. Pretende superá-lo. E a forma de superação que descobre e que propõe é a contraposição da noção de palavra à noção de trabalho ("a grandeza do trabalho está em achar-se em debate com outras maneiras de existir e assim limitá-las e ser por elas limitado; a palavra será para nós o <u>outro</u> – esse outro no meio de outros – que justifica e que contesta a glória do trabalho").

Levando-se em conta os condicionantes das elites francesas (o que se patenteia pela organização do seu ensino), notaremos que sua "cultura" é predominantemente literária. Isso incide, inclusive, na abordagem da noção de trabalho por parte dessas elites. Essa noção é verbalizada. Não há, então, como por vezes parece temer Paul Ricœur, uma absorção da palavra na práxis, mas o contrário: a verbalização da noção de trabalho faz com que este seja absorvido na palavra, tornando-o objeto de discussões, de discursos, de dissertações, antes que de ações. O próprio autor pressente essa distorção: "estende-se ao extremo a noção de trabalho para dessa maneira acumular também as vantagens que se podem tirar da indeterminação dessa noção." No entanto, a tentativa de corrigir essa distorção através da contraposição da noção de palavra – devemos confessar – não nos satisfez. Isso porque, se o autor se propunha a manter a tensão entre os dois polos ("a vinculação entre palavra e trabalho em nossa vida atesta de maneira mais clara quais as <u>tensões</u> que mantêm a dinâmica da existência pessoal e o movimento doloroso das civilizações"), na verdade fez pender mais a balança para um dos lados. Sua preocupação se concentra em salvaguardar as prerrogativas da palavra. A própria distribuição dos parágrafos dá indício dessa preocupação. Com efeito, se a Introdução e o item "fazer e dizer" ocupam, cada um, 9 parágrafos, o tópico que trata do "Poder da palavra" ocupa 37, cabendo à "Civilização do trabalho e da palavra" 33 parágrafos, dos quais 10 destinados ao "serviço que a palavra presta ao trabalho". Não há um item que trate do "poder do trabalho" nem do "serviço que o trabalho presta à palavra". Parece, pois, haver no desequilíbrio uma insuficiência dialética, apesar de o autor enfatizar a importância de se manter a relação dialética entre os dois polos, como podemos concluir deste parágrafo: "em que essa dialética do trabalho e da palavra nos ajudaria a orientar-nos nos problemas atuais da civilização? Essencialmente nisto: ela nos adverte contra uma resolução fictícia das tensões que entretêm o movimento de nossa civilização."

Poder-se-ia dizer que o acento posto na palavra foi justamente uma exigência dialética a fim de contrabalançar o acento posto de forma generalizada na noção de trabalho. Este é, com efeito, o ponto de partida do autor: "é precisamente essa apoteose do trabalho que me inquieta". Daí o seu artigo ter resultado numa espécie de "apoteose da palavra" (embora tenha por título "Trabalho e Palavra"). Mas se não perdermos de vista os condicionantes culturais da elite francesa (à qual o autor pertence), veremos que a referida "apoteose do trabalho" é enganosa; uma vez que é predominantemente verbal (portanto, do domínio da palavra e não da práxis), essa " apoteose do trabalho" é, de fato, embora de modo dissimulado, uma "apoteose da palavra".

Em outro ângulo de análise, entretanto, notamos que o artigo de Ricœur apresenta aspectos positivos: sua análise permite perceber com maior clareza as diferenças entre as noções de trabalho e de palavra, assinalando de modo mais preciso os limites de uma e de outra; nessa direção, o autor parece ter atingido o seu objetivo. E aqui nós entramos no outro ponto que pretendíamos abordar: a decepção diante dos filósofos do trabalho (marxista, existencialista, cristão).

Qual seria essa decepção? Ricœur não deixa claro o sentido em que considera marxistas, existencialistas ou cristãos como filósofos do trabalho e nem por que eles o decepcionam. Parece-nos, contudo, que a decepção estaria no fato de que os três utilizam indiscriminadamente a noção de trabalho, acabando por projetar maiores confusões nas perspectivas que se abrem para a nossa civilização.

Com efeito, podemos perceber nas três partes em que se divide o artigo uma vinculação temática com cada uma das três correntes referidas. Assim, a análise fenomenológica do fazer e do dizer nos parece um tema muito a gosto dos existencialistas; já o "poder da palavra" se liga mais diretamente à preocupação do Personalismo Cristão ("No princípio era o verbo..."), enquanto a questão relativa à civilização do trabalho está no centro da perspectiva marxista ("cumpre transformar o mundo"). Ora, o autor, colocando-se na perspectiva do Personalismo Cristão, dá a sua contribuição para o equacionamento do problema da civilização atual, permitindo-nos concluir que a reflexão personalista se orienta, de modo especial, na linha da palavra (polo profético). Podemos inferir, daí, que a decepção em relação aos marxistas, existencialistas e cristãos consistiria no fato de se demitirem de sua contribuição específica ao fazerem incursões unilaterais na temática do trabalho.

As considerações supra permitem concluir que a desejada civilização do trabalho e da palavra não poderá ser construída sem a contribuição efetiva dessas três correntes: o projeto personalista (polo profético), o projeto marxista (polo político), fertilizados ambos pela crítica circunstancial dos existencialistas. Urge, pois, incentivar o diálogo que já se revela promissor entre essas três tentativas de se equacionar o problema do homem atual.

Paul Ricœur deu a sua contribuição na linha personalista. Não é tudo. Mas já é alguma coisa.

São Paulo, 12 de novembro, 1971

O problema metodológico: diversas maneiras de abordar a noção de sistema educacional; justificativa do ponto de vista adotado[1]

À tarefa de esclarecer a noção de *sistema educacional* vários métodos se oferecem à escolha. Um procedimento frequentemente utilizado é aquele que parte do conceito; analisa-se a estrutura do termo "sistema", a sua etimologia, sua semântica, para, a partir daí, lançar luz à expressão *sistema educacional*. Após o exame que se fez com o auxílio de diversos dicionários e enciclopédias, chegou-se à conclusão de que tal enfoque levaria a considerar a educação sistemática como uma pluralidade de setores unificados entre si harmonicamente: um conjunto de partes organicamente relacionadas entre si. Fazendo abstração dos problemas concretos e das formas específicas que determinam o relacionamento entre as partes, essa concepção denuncia o seu caráter intelectualista. A amostra seguinte é suficiente para ilustrar o caráter abstrato e formal do conceito de *sistema:*

> Um sistema é um conjunto de concepções coerentes, porém não verificadas, ou inclusive desmentidas pela experiência (Goblot, 1942).
>
> Ao sistema, entretanto, não se pode exigir mais do que aquilo que sua índole organizadora e sintética pode subministrar. Sua missão não é explicar ou demonstrar, mas coordenar e unir (*Enciclopédia Universal Ilustrada Europeo-Americana*, s./d.).
>
> Reunião de princípios, verdadeiros ou falsos, ligados uns aos outros de maneira a formar um corpo de doutrina (*Nouveau Larousse Universel*, 1949, p. 872).
>
> O *sistema* difere do *método* visto que o primeiro é uma ordem artificial fundada num curto número de caracteres, como o sistema botânico de Lineu, por exemplo, enquanto que o método repousa num conjunto de relações reais, como, por exemplo, o método de Jussieu (*Dicionário Enciclopédico Salvat*, 1950, p. 697).
>
> Conjunto de noções, de princípios verdadeiros ou falsos, coordenados e encadeados de modo a formar uma doutrina (*Dictionnaire Encyclopédique Quillet*, 1948, p. 4618).

---

[1] Tópico n. 1 do Cap. III de *Educação brasileira: estrutura e sistema*, livro publicado em 1973, atualmente na 10ª edição. Campinas: Autores Associados, 2008. p. 27-33.

> Um conjunto ou reunião de coisas ligadas, associadas, ou interdependentes, de modo a formar uma unidade complexa; um todo composto de partes num arranjo ordenado de acordo com algum esquema ou plano (*The Oxford English Dictionary*, 1933, p. 397).

Uma outra maneira de tratar o assunto seria, em vez de partir do conceito, partir do fato. Nesse caso, levar-se-ia em consideração a existência do "sistema", tal como ele se apresenta em sua organização e funcionamento. E este enfoque conduziria a considerar a educação sistemática do ponto de vista institucional: uma instituição ou conjunto de instituições em que se realiza a educação. Esta concepção tende a considerar o termo "sistema" do ponto de vista administrativo. Se ao primeiro procedimento poder-se-ia denominar método lógico-formal, uma vez que diz respeito à coerência e não à verdade, à forma e não ao conteúdo, a atitude que se atém aos dados, buscando explicá-los através da descrição de como se apresentam constituídos dentro da moldura concreta, poder-se-á chamar de método científico (no sentido empirista). Este tipo de abordagem suscita, entretanto, uma dúvida: a educação sistemática se identifica com a educação institucionalizada? Não é possível uma educação sistemática fora das instituições escolares? Ou, inversamente: a educação institucionalizada não poderá ser assistemática?

Para superar este impasse, não se pode também recorrer ao primeiro procedimento. Com efeito, por mais que se analise o conceito, nunca se poderá extrair dele a resposta a essas perguntas. Assim, fecha-se também o terceiro caminho: uma análise das instituições iluminada pelo significado da palavra "sistema". A este terceiro procedimento poder-se-ia chamar, na falta de uma denominação mais adequada, de método empírio-logístico. Com efeito, ele busca explicar os dados empíricos, referindo-os, porém, a um modelo formal prévio, escolhido de modo mais ou menos arbitrário e construído de acordo com as regras lógicas. Tal método recebeu impulso considerável com a corrente filosófica do Positivismo Lógico.

Poder-se-ia, então, ao invés de partir do conceito ou do fato (ou de ambos), partir do fenômeno. Tomar-se-ia, por conseguinte, a atitude de quem procura deixar que os dados "falem" por si, que eles se mostrem na complexidade de suas relações, sem abstraí-los num significado genérico (o conceito) nem isolá-los num produto já acabado (o fato). O exame do fenômeno revela, de início, que o sistema não se apresenta como um dado objetivo como poderia fazer crer o procedimento que focaliza o fato. O sistema, qualquer que ele seja, está sempre referido à realidade humana. Mesmo nos casos em que o termo "sistema" é empregado de modo a não suscitar discussões, como nas expressões "sistema solar" (astronomia), "sistema nervoso" (biologia), "sistema métrico" (matemática), etc., o seu uso denota uma realidade não apenas constatada pelo homem, mas criada, organizada por ele. Assim, no caso do sistema solar, têm-se vários corpos celestes que são dados objetivos, oferecidos à observação do homem, constatados por ele; o "sistema solar", porém, não é um dado objetivo, mas um meio mais ou menos arbitrário mediante o qual o homem organiza, tomando como ponto de referência o Sol, os dados constatados.

O método fenomenológico oferece, sobre os anteriores, uma grande vantagem: permite passar da questão do sistema propriamente dito para a atividade sistematizadora. Se, com efeito, o sistema é um produto humano, cumpre perguntar, então: como é possível ao homem sistematizar? Dado que a educação é também uma tarefa do homem, será mais fácil, a partir daí, compreender como o homem pode fazê-lo sistematicamente. Estarão estabelecidas as bases sobre as quais será possível esclarecer a noção de *sistema educacional*.

Esta passagem do produto ao modo como é produzido parece ser a única maneira eficaz de se esclarecer o significado do produto. Assim pensa também Karel Kosik (1969, p. 44), quando, após referir-se àquilo que considera a "*questão fundamental: que é a realidade?*", afirma:

> No que toca à realidade social, é possível responder a *tal* pergunta se ela é reduzida a *uma outra* pergunta: como se *cria* a realidade social? Nessa problemática que indaga *o que é* a realidade social, mediante a verificação de como *é criada* esta mesma realidade social, está contida uma concepção *revolucionária* da sociedade e do homem.

No entanto, este método não está isento de dificuldades. Se o fenômeno é aquilo que aparece, que se manifesta, isso significa que ele se mostra a alguém: à consciência. E esta procura assumir diante do fenômeno uma atitude contemplativa de espectador imparcial. Até que ponto isso é possível? Em que medida tal pretensão evitaria o risco da utopia? Além disso, na análise fenomenológica se "des-vela", se "des-borda", o que quer dizer que ele é dissecado, desmembrado, desarticulado, a fim de que venha à tona o complexo de seus elementos. Proporciona, portanto, uma visão analítica e estática. Como recuperar a síntese e o dinamismo do real?

Uma quinta maneira de tratar o problema seria procurar encarar o *sistema educacional* como um conjunto dinâmico, com seus elementos interagindo, incorporando contradições e se comportando, ao mesmo tempo, como condicionado e condicionante do contexto em que está inserido. Isso significa dizer que estaria sendo utilizado o método dialético. Assim, estaria garantida a visão sintética e dinâmica. Entretanto, não se pode atingir espontânea e diretamente uma visão sintética da realidade. Espontaneamente, o homem tem, sim, uma visão do todo; mas é uma visão sincrética e não sintética e – menos ainda – dialética. Com efeito, como apreender elementos que interagem e reagem, que se contrapõem e se compõem, se nem sequer se apreendeu a existência desses elementos? Como, pois, passar da síncrese (a visão natural que o homem tem da realidade) à síntese dialética? Não se delineia outra maneira de fazê-lo senão pela mediação da análise.

Desse modo, o procedimento a ser adotado resultará de uma combinação dos dois últimos. Partir-se-á do fenômeno, procurando efetuar a descrição fenomenológica de seus elementos, o que permitirá atingir uma visão dialético-sintética do problema. O método será, pois, analítico-sintético, descritivo-compreensivo, "regressivo-progressivo", ou, mais precisamente, fenomenológico-dialético.

Assim, embora não esteja excluída a possibilidade de se adotar outras formas de tratamento do problema relativo a sistema educacional, acredita-se que, para os propósitos do presente trabalho, justifica-se a atitude escolhida. Observe-se, ainda, à guisa de conclusão, que a união da abordagem fenomenológica com a dialética, tal como está sendo proposta, não é artificial. Lefebvre (1953, p. 54) já havia proposto algo semelhante, quando, a propósito de sociologia rural, referiu-se ao método seguinte:

> Um método muito simples utilizando as técnicas auxiliares e comportando vários momentos:
>
> a) *Descritivo* – Observação, porém, com um olhar informado pela experiência e por uma teoria geral.
>
> b) *Analítico-regressivo* – Análise da realidade. Esforço para *registrá-la* exatamente.
>
> c) *Histórico-genético* – Esforço para voltar a encontrar o presente, porém elucidado, compreendido, explicado.

A respeito do método proposto por Lefebvre, eis como se manifestou Sartre:

> Nada temos que acrescentar a este texto tão claro e tão rico senão que o método, com sua fase de descrição fenomenológica e seu duplo movimento de regressão primeiro e de progressão depois, nós o acreditamos válido – com as modificações que possam impor-lhe seus objetos – *em todos os domínios da antropolgia.* Só ele pode ser heurístico; só ele mostra a originalidade do ato permitindo as comparações ao mesmo tempo (p. 54).

A esta abordagem, uma vez que não pode dispensar-se a análise fenomenológica mas também não se satisfaz com ela, exigindo a complementação dialética, poder-se-ia chamar de "fenomenológico-dialética". A citação *supra* não faz senão corroborar aquela convicção, expressa acima, segundo a qual não é possível atingir a síntese dialética a não ser pela mediação da análise. A imensa riqueza que caracteriza cada um dos processos, isoladamente, se transmite mutuamente, em fecundação recíproca. Isso é confirmado também por Marcuse (1968, p. 80), que se refere expressamente a uma "fenomenologia dialética":

> Quando, por um lado, reivindicamos que a fenomenologia, começada por Heidegger em torno da existência humana, impulsione-se na direção da concreção dialética e realize-se numa fenomenologia da existência e do atual ato concreto, historicamente reivindicado, assim precisa, por outro lado, tornar-se fenomenológico o método dialético do conhecimento e fazer sua a concreção enquanto plena apreensão do seu objeto também na outra direção...

Só uma síntese de ambos os métodos – uma fenomenologia dialética – que é um firme método de extrema concreção – permite à historicidade da existência humana tornar-se adequada.

Referências

Dicionário Enciclopédico Salvat. 2ª ed., Barcelona-Madri: Salvat Editores S/A., 1950. v. 11, p. 697 (verb. *sistema*).

Dictionnaire Encyclopédique Quillet. Paris: Librairie Aristide Quillet, 1948. v. 4, p. 4.618 (verb. *système*).

Enciclopédia Universal Ilustrada Europeo-Americana. Madri: Espasa-Calpe, [s./d.]. (verb. *sistema*).

KOSIK, Karel. *Dialética do concreto.* Rio de Janeiro: Paz e Terra, 1969. p. 44 (grifos do autor).

GOBLOT, Edmond. *Vocabulário Filosófico.* 1. ed. Buenos Aires: Libraria El Ateneo, 1942. (verb. *sistema*).

LEFEBVRE, H. Perspectives de Sociologie Rurale, *Cahiers de Sociologie,* 1953, citado por SARTRE, Jean-Paul. *Crítica de la razón dialética.* Buenos Aires: Ed. Losada S.A., 1963. t. I. Livro I. p. 54.

MARCUSE, Herbert. *Materialismo histórico e existência,* Rio de Janeiro: Tempo Brasileiro, 1968. p. 80.

Nouveau Larousse Universel. Paris: Librairie Larousse, 1949. v. 2, p. 872 (verb. *système*).

The Oxford English Dictionary. Oxford at the Clarendon Press, 1933. v. 10, p. 393 (verb. *system*).

Educação: do senso comum à consciência filosófica[1]

Os textos reunidos neste volume foram escritos em diferentes oportunidades, não tendo sido pensados como capítulos de um mesmo livro. A maior parte deles foi escrita com finalidade didática, isto é, foram redigidos para servirem de instrumentos às aulas por mim ministradas ou constituem transcrições de palestras por mim proferidas. É ainda a finalidade didática a principal razão que me levou a ceder às insistentes sugestões para que esses trabalhos fossem reunidos num livro, ficando, assim, à disposição dos professores para sua utilização. Relutei durante mais de dois anos em acatar a ideia de tal publicação. Isso porque pensava que o seu uso estava estreitamente vinculado ao autor, que os ampliava e lhes dava dimensões muito precisas e concretas na atividade em sala de aula; pensava também que, enquanto instrumento de trabalho, o material produzido dependia diretamente de seu autor e não se tinha garantias de que o mesmo material, utilizado por aqueles que não o produziram, poderia gerar os resultados promissores então obtidos. Isso – é bom esclarecer – não por limitações dos professores que viessem a utilizá-lo, mas por limitações do próprio material, que eu julgava não suficientemente elaborado para ser dado a público.

Entretanto, o fato concreto é que tal material já escapou de meu controle, tendo sido amplamente utilizado por ex-alunos e colegas como instrumento de trabalho em sala de aula. Assim, vem sendo reproduzido a cada ano de forma precária através de mimeógrafos (ou outros meios) para uso particular dos professores. Alguns dos textos foram publicados em revistas que, uma vez esgotadas, provocaram também o recurso ao xerox. A precariedade dessa reprodução tem levado os professores a solicitar-me a publicação deste material, o que faço, finalmente, editando o presente livro.

Já que os diferentes ensaios aqui incluídos não foram escritos como partes de um mesmo livro, eles guardam certa independência entre si, apresentando,

---

[1] Tópico introdutório do livro *Educação: do senso comum à consciência filosófica*, publicado em 1980, atualmente na 18ª edição. Campinas: Autores Associados, 2009. p. 1-9.

em consequência, algumas inevitáveis e compreensíveis reiterações. Tais reiterações, dada a finalidade didática da obra, se revestem de conotação positiva, uma vez que, como afirma Gramsci, "a repetição é o meio didático mais eficaz para agir sobre a mentalidade popular" (Gramsci, 1977a).

Apesar da independência referida no parágrafo anterior, os textos não deixam de formar um conjunto unitário, uma vez que foram elaborados com um propósito comum: elevar a prática educativa desenvolvida pelos educadores brasileiros do nível do senso comum ao nível da consciência filosófica. Eis por que o presente volume recebe o título de *Educação: do senso comum à consciência filosófica.*

O título exige algumas observações complementares.

Passar do senso comum à consciência filosófica significa passar de uma concepção fragmentária, incoerente, desarticulada, implícita, degradada, mecânica, passiva e simplista a uma concepção unitária, coerente, articulada, explícita, original, intencional, ativa e cultivada[2].

Ora, as notas distintivas do senso comum enunciadas são intrínsecas à mentalidade popular, entendido o povo como "o conjunto das classes subalternas e instrumentais de toda forma de sociedade até agora existente" (Gramsci, 1977b, p. 268). Em contrapartida, as características da consciência filosófica constituem expressão de hegemonia. Com efeito, a concepção de mundo hegemônica é exatamente aquela que, mercê de sua expressão universalizada e seu alto grau de elaboração, logrou obter o consenso das diferentes camadas que integram a sociedade, vale dizer, logrou converter-se em senso comum. É nesta forma, isto é, de modo difuso, que a concepção dominante (hegemônica) atua sobre a mentalidade popular articulando-a em torno dos interesses dominantes e impedindo ao mesmo tempo a expressão elaborada dos interesses populares, o que concorre para inviabilizar a organização das camadas subalternas enquanto classe. O senso comum é, pois, contraditório, dado que se constitui num amálgama integrado por elementos implícitos na prática transformadora do homem de massa e por elementos superficialmente explícitos caracterizados por conceitos herdados da tradição ou veiculados pela concepção hegemônica e acolhidos sem crítica (Gramsci, 1977a, p. 13).

As considerações anteriores já permitem perceber que as relações entre senso comum e filosofia assumem a forma de uma relação de hegemonia cuja plena significação radica na estrutura da sociedade em que tal relação

---

[2] O leitor terá percebido que senso comum e consciência filosófica foram caracterizados por conceitos mutuamente contrapostos, de modo que se podem dispor os seguintes pares antinômicos: fragmentário/unitário, incoerente/coerente, desarticulado/articulado, implícito/explícito, degradado/original, mecânico/intencional, passivo/ativo, simplista/cultivado (ver, a respeito, CIRESE, 1974).

se trava. E numa formação social como a nossa, marcada pelo antagonismo de classes, as relações entre senso comum e filosofia se travam na forma de luta – a luta hegemônica. Luta hegemônica significa precisamente: processo de desarticulação-rearticulação, isto é, trata-se de desarticular dos interesses dominantes aqueles elementos que estão articulados em torno deles, mas não são inerentes à ideologia dominante, e rearticulá-los em torno dos interesses populares, dando-lhes a consistência, a coesão e a coerência de uma concepção de mundo elaborada, vale dizer, de uma filosofia.

Considerando-se que "toda relação de hegemonia é necessariamente uma relação pedagógica" (Gramsci, 1977a, p. 31), cabe entender a educação como um instrumento de luta. Luta para estabelecer uma nova relação hegemônica que permita constituir um novo bloco histórico sob a direção da classe fundamental dominada da sociedade capitalista – o proletariado. Mas o proletariado não pode erigir-se em força hegemônica sem a elevação do nível cultural das massas. Destaca-se aqui a importância fundamental da educação. A forma de inserção da educação na luta hegemônica configura dois momentos simultâneos e organicamente articulados entre si: um momento negativo que consiste na crítica da concepção dominante (a ideologia burguesa); e um momento positivo que significa: trabalhar o senso comum de modo que se extraia o seu núcleo válido (o bom senso) e lhe dê expressão elaborada com vistas à formulação de uma concepção de mundo adequada aos interesses populares.

Como realizar essa tarefa? Ora, não se elabora uma concepção sem método; e não se atinge a coerência sem lógica. Mais do que isso, se se trata de elaborar uma concepção que seja suscetível de se tornar hegemônica, isto é, que seja capaz de superar a concepção atualmente dominante, é necessário dispor de instrumentos lógico-metodológicos cuja força seja superior àqueles que garantem a força e coerência da concepção dominante. Aqui são fundamentais as indicações contidas no texto de Marx denominado "Método da economia política" (Marx, 1973, p. 228-237), o qual coloca de modo correto a distinção entre o concreto, o abstrato e o empírico. Com efeito, a lógica dialética não é outra coisa senão o processo de construção do concreto de pensamento (ela é uma lógica concreta), ao passo que a lógica formal é o processo de construção da forma de pensamento (ela é, assim, uma lógica abstrata). Por aí, pode-se compreender o que significa dizer que a lógica dialética supera por inclusão/incorporação a lógica formal (incorporação, isso quer dizer que a lógica formal já não é tal, e sim parte integrante da lógica dialética). Com efeito, o acesso ao concreto não se dá sem a mediação do abstrato (mediação da análise, como escrevi em outro lugar – Saviani, 1978, p. 28-29 –, ou o *détour* de que fala Kosik, 1969, p. 9 e 21). Assim, aquilo que é chamado de lógica formal ganha um significado novo e deixa de ser a lógica para converter-se num *momento* da lógica dialética. A construção do pensamento se daria, pois, da seguinte forma: parte-se do empírico, passa-se pelo abstrato e chega-se ao concreto. Diferentemente, pois, da crença que caracteriza o empirismo, o positivismo, etc. (que confundem o concreto com o empírico), o concreto não é o ponto de partida, mas o ponto de chegada do conhecimento. E, no entanto, o concreto é também o ponto de partida. Como entender isso? Poder-se-ia dizer que o concreto-ponto de partida é o concreto real e o concreto-ponto de chegada é o concreto pensado, isto é, a apropriação pelo pensamento do real-concreto. Mais precisamente: o pensamento parte do empírico, mas este tem como suporte o real concreto.[3] Assim, o verdadeiro ponto de partida, bem como o verdadeiro ponto de chegada, é o concreto real. Desse modo, o empírico e o abstrato são momentos do processo de conhecimento, isto é, do processo de apropriação do concreto no pensamento. Em contrapartida, o processo de conhecimento em seu conjunto é um momento do processo concreto (o real-concreto). Processo porque o concreto não é o dado (o empírico), mas uma totalidade articulada, construída e em construção. O concreto é, pois, histórico; ele dá-se e revela-se na e pela práxis. Portanto, a lógica dialética não tem por objeto as leis que governam o pensamento enquanto pensamento. Seu objeto é a expressão, no pensamento, das leis que governam o real. A lógica dialética caracteriza-se, pois, pela construção de categorias saturadas de concreto. Pode, pois, ser denominada a lógica dos conteúdos, por oposição à lógica formal, que é, como o nome indica, a lógica das formas.

A orientação metodológica indicada pode ser ilustrada pelo exemplo de uma questão lançada por mim aos alunos em sala de aula. A questão foi a seguinte: "O educador é agente (causa) ou produto (efeito) da educação?". A partir das respostas dos alunos, fui desenvolvendo com eles um raciocínio em que explorei as possibilidades da lógica formal, mediante o princípio de não contradição, conduzindo-a até seu limiar, quando o estourar de seus quadros obrigou a recorrer ao princípio da contradição. Ora, o que fiz não foi outra coisa senão partir do empírico, analisando diversas situações (a heteroeducação, a autoeducação, a educação da infância e da juventude, a

[3] O empírico, ao mesmo tempo que revela, oculta o concreto. Na linguagem de Kosik (1969), poder-se-ia substituir a dupla empírico/concreto pela dupla fenômeno/essência. Deve-se notar, porém, que essa última dupla guarda ressonâncias metafísicas e idealistas. Marx raramente a usa nas obras de maturidade. Kosik recupera-a e articula esses conceitos numa "dialética da totalidade concreta". Tal recuperação se deu, provavelmente, por influência de Husserl e Heidegger, cujos cursos Kosik teria assistido em Praga. Talvez seja por essa recuperação que certos críticos tendem a classificar Kosik como idealista.

educação de adultos, a educação permanente, a educação dos educandos, a educação dos educadores, a educação dos educandos-educadores e dos educadores-educandos, etc.) por meio de sucessivas abstrações, isto é, guiando-me pelo princípio de não contradição. Assim, examinei, primeiro, a afirmação: "O educador não pode ser agente *e* produto da educação"; depois: "O educador não pode ser agente *e* produto da educação *ao mesmo tempo*", isto é, ele pode ser agente *e* produto, não, porém, ao mesmo tempo; em seguida: "O educador não pode ser agente *e* produto da educação ao mesmo tempo *e sob o mesmo aspecto*", isto é, ele pode ser agente *e* produto da educação ao mesmo tempo, não, porém, sob o mesmo aspecto; por último, examinei a afirmação: "O educador é agente *e* produto da educação ao mesmo tempo *e* sob o mesmo aspecto". A aceitação dessa afirmação implica o rompimento do princípio de não contradição, vale dizer, a ultrapassagem dos quadros da lógica formal. Mas o que isso quer dizer senão que, pelas mediações do empírico e do abstrato, nós nos apropriamos, no plano do pensamento, do real-concreto, isto é, o processo educativo enquanto síntese de múltiplas determinações, processo este que constitui o suporte de todo o raciocínio, raciocínio este que, por sua vez, se constituiu num dos momentos do próprio processo concreto da educação?

Percebe-se com relativa facilidade que a passagem do empírico ao concreto corresponde, em termos de concepção de mundo, à passagem do senso comum à consciência filosófica. Com efeito, o exame da questão "O educador é agente ou produto da educação?" foi feito a partir das respostas verbalizadas pelos alunos, o que tornou possível efetuar simultaneamente a crítica da concepção dominante e elaborar o núcleo válido do senso comum. A crítica da concepção dominante foi feita por meio de sua expressão em diferentes teorias pedagógicas (diretivismo, não diretivismo, educação permanente etc.), cuja presença foi detectada nas respostas dos alunos, as quais foram referidas à sua matriz lógica fundamental: o princípio de não contradição. A elaboração do bom senso foi feita fazendo emergir das respostas dos alunos a educação como fenômeno concreto, vale dizer, a prática educativa como totalidade orgânica que sintetiza as múltiplas determinações características da sociedade que historicamente a produz, e cuja elaboração no plano do pensamento se torna possível por referência a um princípio superior capaz de articular forma e conteúdo: o princípio dialético da contradição.

De tudo o que foi dito, conclui-se que a passagem do senso comum à consciência filosófica é condição necessária para situar a educação numa perspectiva revolucionária. Com efeito, é essa a única maneira de convertê-la em instrumento que possibilite aos membros das camadas populares a passagem da condição de "classe em si" para a condição de "classe para si". Ora, sem a formação da consciência de classe não existe organização e sem organização não é possível a transformação revolucionária da sociedade.

Cabe frisar, por fim, que o reconhecimento da importância da educação traduz uma posição incompatível com a postura elitista. Com efeito, preocupar-se com a educação significa preocupar-se com a elevação do nível cultural das massas; significa, em consequência, admitir que a defesa de privilégios (essência mesma da postura elitista) é uma atitude insustentável. Isso porque a educação é uma atividade que supõe a heterogeneidade (diferença) no ponto de partida e a homogeneidade (igualdade) no ponto de chegada. Diante disso, a forma pela qual a classe dominante, por meio de suas elites, impede a elevação do nível de consciência das massas é manifestando uma despreocupação, um descaso e até mesmo um desprezo pela educação. Por isso, Gramsci pôde escrever:

> Nós não podemos afirmar em sã consciência que a burguesia faça uso da escola no sentido de sua dominação de classe; se ela assim o fizesse isso significaria que a classe burguesa tem um programa escolar a ser cumprido com energia e perseverança; a escola seria uma escola viva. Isso não acontece: a burguesia, classe que domina o Estado, desinteressa-se da escola, deixa que os burocratas façam dela o que quiserem, deixa que os ministros da Educação sejam escolhidos ao acaso de interesses políticos, de intrigas, de "conchavos" de partidos e arranjos de gabinetes [...] (Gramsci, 1975, p. 255-256).

Compreende-se então que as elites que controlam, seja o aparelho governamental, seja o aparelho escolar, em especial as universidades, releguem a educação a uma questão que diz respeito meramente ao senso comum (eufemisticamente chamado de bom senso). Comportam-se como o jesuitismo, cuja preocupação, segundo a crítica gramsciana, era manter as massas ao nível do sincretismo que caracteriza o senso comum. Ao jesuitismo, Gramsci contrapõe o marxismo, ao afirmar:

> A filosofia da práxis não busca manter os "simplórios" na sua filosofia primitiva do senso comum, mas busca, ao contrário, conduzi-los a uma concepção de vida superior. Se ela afirma a exigência do contato entre os intelectuais e os simplórios não é para limitar a atividade científica e para manter uma unidade ao nível inferior das massas, mas justamente para forjar um bloco intelectual-moral, que torne politicamente possível um progresso intelectual de massa e não apenas de pequenos grupos intelectuais (Gramsci, 1978, p. 20).

É este o momento para se fazer ao mesmo tempo um alerta e uma denúncia.

Um alerta àqueles intelectuais que sinceramente buscam articular o melhor de seus esforços com a defesa dos interesses populares, no sentido de que meditem sobre a seguinte questão: até que ponto o fato de não darem a devida importância para a educação não neutraliza boa parte de seus esforços, levando-os mesmo a assumirem posições que, incoerentemente com os objetivos que perseguem, redundam direta ou indiretamente em mecanismos de discriminação e defesa de privilégios?

Uma denúncia daqueles intelectuais que, a despeito de assumirem posições progressistas nas cátedras universitárias, por devotarem manifesto ou velado desprezo à educação e por lhe negarem o caráter de objeto digno de ser tratado com a seriedade acometida às ciências e à filosofia, participam, reforçam e legitimam a grande mistificação que vem caracterizando o trato das questões educacionais neste país. Nessa postura elitista, ignoram eles que sua própria prática, isto é, a prática que desenvolvem na universidade não é outra senão a prática educativa, enredando-se, com isso, na contradição de desconhecerem sua própria prática ao mesmo tempo que se arvoram em intérpretes autorizados da prática das populações que eles próprios discriminam.

A uns e a outros cabe lembrar a propósito da educação aquilo que Gramsci afirmou a respeito do folclore, que "não deve ser concebido como algo bizarro, uma coisa estranha ou um elemento pitoresco, mas como algo muito sério e que deve ser levado a sério" (Gramsci, 1977b, p. 270). Eis aí a condição para tornar o ensino mais eficiente, o que "determinará realmente o nascimento de uma nova cultura nas grandes massas populares, isto é, desaparecerá a separação entre cultura moderna e cultura popular ou folclore" (*idem, ibidem*).

Referências

CIRESE, A. M. Conceptions du monde, philosophie spontanée, folklore. *Dialectiques – especial sobre Gramsci*, n. 4-5, p. 83-100, 1976. [1. ed. em 1974.]

GRAMSCI, A. *L'ordine nuovo: 1919-1920*. 6. ed. Torino: Einaudi, 1975.

GRAMSCI, A. *Il materialismo storico*. Roma: Riuniti, 1977a.

GRAMSCI, A. *Letteratura e vita nazionale*. Roma: Riuniti, 1977b. [Tradução brasileira parcial: *Literatura e vida nacional*. 2. ed. Rio de Janeiro: Civilização Brasileira, 1978].

GRAMSCI, A. *Concepção dialética da História*. 2. ed. Rio de Janeiro: Civilização Brasileira, 1978.

KOSIK, K. *Dialética do concreto*. Rio de Janeiro: Paz e Terra, 1969.

MARX, K. *Contribuição para a crítica da economia política*. Lisboa: Estampa, 1973.

SAVIANI, D. *Educação brasileira: estrutura e sistema*. 3. ed. São Paulo: Saraiva, 1978. [9. ed., Campinas: Autores Associados, 2005.].

Além dos métodos novos e dos tradicionais[1]

Na segunda tese do texto anterior, afirmei o caráter científico do método tradicional e o caráter pseudocientífico dos métodos novos. Questionei com isso o principal argumento da crítica escolanovista ao método tradicional de ensino. Isso significa que a referida crítica é inteiramente infundada? Eu diria que não se trata disso. A crítica escolanovista atingiu não tanto o método tradicional, mas a forma como esse método se cristalizou na prática pedagógica, tornando-se mecânico, repetitivo, desvinculado das razões e finalidades que o justificavam. Essa defasagem entre a proposta original e suas aplicações subsequentes faz-me lembrar da afirmação de Goldmann (1976, p. 37) segundo a qual Durkheim foi suficientemente inteligente para não tomar ao pé da letra o seu lema "tratar os fatos sociais como coisas". Com isso, trouxe contribuições decisivas à constituição da ciência sociológica. Já os sociólogos quantitativistas, de modo especial os americanos, tomando ao pé da letra o lema de Durkheim, acabaram por desenvolver uma tendência esterilizadora da ciência sociológica.

Aplicando o mesmo raciocínio à situação educacional, cabe observar que as críticas da Escola Nova atingiram o método tradicional não em si mesmo, mas em sua aplicação mecânica cristalizada na rotina burocrática do funcionamento das escolas. A procedência das críticas decorre do fato de que uma teoria, um método, uma proposta devem ser avaliados não em si mesmos, mas nas consequências que produziram historicamente. Essa regra, porém, deve ser aplicada também à própria Escola Nova. Nesse sentido, cumpre constatar que as críticas, ainda que procedentes, tiveram, como assinalei no texto anterior, o efeito de aprimorar a educação das elites

[1] Tópico n. 2 do Cap. III de *Escola e democracia*, livro publicado em 1983, atualmente na 41ª ed. Campinas: Autores Associados, 2009. p. 59-68.

e esvaziar ainda mais a educação das massas. Isso porque, realizando-se em algumas poucas escolas, exatamente naquelas frequentadas pelas elites, a proposta escolanovista contribuiu para o aprimoramento do nível educacional da classe dominante. Entretanto, ao estender sua influência em termos de ideário pedagógico às escolas da rede oficial, que continuaram funcionando de acordo com as condições tradicionais, a Escola Nova contribuiu, pelo afrouxamento da disciplina e pela secundarização da transmissão de conhecimentos, para desorganizar o ensino nas referidas escolas. Daí, entre outros fatores, o rebaixamento do nível da educação destinada às camadas populares.

Ora, se o principal problema da pedagogia nova está no seu efeito discriminatório, surge, então, a questão: os métodos novos não seriam generalizáveis? Assim como esses métodos foram capazes de aprimorar a educação das elites, não seriam eles úteis também para aprimorar a educação das massas?

É nessa direção que surgem tentativas de constituição de uma espécie de "Escola Nova Popular". Exemplos dessas tentativas são a "Pedagogia Freinet" na França e o "Movimento Paulo Freire de Educação" no Brasil. Com efeito, de modo especial no caso de Paulo Freire, é nítida a inspiração da "concepção 'humanista' moderna de filosofia da educação", através da corrente personalista (existencialismo cristão). Na fase de constituição e implantação de sua pedagogia no Brasil (1959-1964), suas fontes de referência são principalmente Mounier, G. Marcel, Jaspers (Freire, 1967).

Parte-se da crítica à pedagogia tradicional (pedagogia bancária) caracterizada pela passividade, transmissão de conteúdos, memorização, verbalismo, etc. e advoga-se uma pedagogia ativa, centrada na iniciativa dos alunos, no diálogo (relação dialógica), na troca de conhecimentos. A diferença, entretanto, em relação à Escola Nova propriamente dita consiste no fato de que Paulo Freire se empenhou em colocar essa concepção pedagógica a serviço dos interesses populares. Seu alvo inicial foi, com efeito, os adultos analfabetos.

Esse fenômeno histórico do surgimento daquilo que chamei de "Escola Nova Popular" põe em evidência que a questão escolar na sociedade capitalista, dada a sua divisão em classes com interesses opostos, é objeto de disputa. Assim como a Escola Tradicional, proposta pela burguesia, volta-se contra seus interesses obrigando a uma recomposição de hegemonia através da Escola Nova, assim também a Escola Nova não fica imune à luta que se trava no seio da sociedade. Se o credo escolanovista se torna predominante e toma conta da cabeça dos professores, é inevitável o surgimento de pressões no sentido de que a Escola Nova se generalize. Se o escolanovismo pressupõe métodos sofisticados, escolas mais bem equipadas, menor número de alunos em classe, maior duração da jornada escolar; se se trata de uma escola mais agradável, capaz de despertar o interesse dos alunos, de estimulá-los à iniciativa, de permitir-lhes assumir ativamente o trabalho escolar, por que não implantar esse tipo de escola exatamente para as camadas populares nas quais supostamente a passividade, o desinteresse, as dificuldades de aprendizagem são maiores?

Não é por acaso que justamente quando esse tipo de questionamento vai tornando-se mais agudo, quando surgem propostas de renovação pedagógica articuladas com os interesses populares, quando aparecem críticas à Escola Nova que visam incorporar suas contribuições no esforço de formulação duma pedagogia popular, exatamente nesse momento, novos mecanismos de recomposição de hegemonia são acionados: os meios de comunicação de massa e as tecnologias de ensino. Passa-se, então, a minimizar a importância da escola e a falar em educação permanente, educação informal, etc. No limite, chega-se mesmo a defender a destruição da escola. Ora, nós sabemos que o povo não está interessado na desescolarização, ao contrário, ele reivindica o acesso às escolas. Quem defende a desescolarização são os já escolarizados, portanto, também já desescolarizados. Consequentemente, para eles a escola não tem mais importância, uma vez que eles já se beneficiaram dela. Os ainda não escolarizados, estes estão interessados na escolarização e não na desescolarização.

Uma pedagogia articulada com os interesses populares valorizará, pois, a escola; não será indiferente ao que ocorre em seu interior; estará empenhada em que a escola funcione bem; portanto, estará interessada em métodos de ensino eficazes. Tais métodos situar-se-ão para além dos métodos tradicionais e novos, superando por incorporação as contribuições de uns e de outros. Serão métodos que estimularão a atividade e iniciativa dos alunos sem abrir mão, porém, da iniciativa do professor; favorecerão o diálogo dos alunos entre si e com o professor, mas sem deixar de valorizar o diálogo com a cultura acumulada historicamente; levarão em conta os interesses dos alunos, os ritmos de aprendizagem e o desenvolvimento psicológico, mas sem perder de vista a sistematização lógica dos conhecimentos, sua ordenação e gradação para efeitos do processo de transmissão-assimilação dos conteúdos cognitivos.

Não se deve pensar, porém, que os métodos indicados terão um caráter eclético, isto é, constituirão uma somatória dos métodos tradicionais e novos. Não! Os métodos tradicionais assim como os novos implicam uma autonomização da pedagogia em relação à sociedade. Os métodos que preconizo mantêm continuamente presente a vinculação entre educação e sociedade. Enquanto no primeiro caso professor e alunos são sempre considerados em termos individuais, no segundo caso, professor e alunos são tomados como agentes sociais. Assim, se fosse possível traduzir os métodos de ensino que estou propondo na forma de passos à semelhança dos esquemas de Herbart e de Dewey, eu diria que o ponto de partida do ensino não é a *preparação* dos alunos, cuja iniciativa é do professor (pedagogia tradicional), nem a *atividade*, que é de iniciativa dos alunos (pedagogia nova). O ponto de partida seria a *prática social* (primeiro passo), que é comum a professor e alunos. Entretanto, em relação a essa prática comum, o professor assim como os alunos podem posicionar-se diferentemente enquanto agentes sociais diferenciados. E do ponto de vista pedagógico há uma diferença essencial que não pode ser perdida de vista: o professor, de um lado, e os alunos, de outro, encontram-se em níveis diferentes de compreensão (conhecimento e experiência) da prática social. Enquanto o professor tem uma compreensão que poderíamos denominar "síntese precária", a compreensão dos alunos é de caráter sincrético. A compreensão do professor é sintética porque implica uma certa articulação dos conhecimentos e das experiências que detém relativamente à prática social. Tal síntese, porém, é precária uma vez que, por mais articulados que sejam os conhecimentos e as experiências, a inserção de sua própria prática pedagógica como uma dimensão da prática social envolve uma antecipação do que lhe será possível fazer com alunos cujos níveis de compreensão ele não pode conhecer, no ponto de partida, senão de forma precária. Por seu lado, a compreensão dos alunos é sincrética uma vez que, por mais conhecimentos e experiências que detenham, sua própria condição de alunos implica uma impossibilidade, no ponto de partida, de articulação da experiência pedagógica na prática social de que participam.

O segundo passo não seria a *apresentação* de novos conhecimentos por parte do professor (pedagogia tradicional) nem o *problema* como um obstáculo que interrompe a atividade dos alunos (pedagogia nova). Caberia, nesse momento, a identificação dos principais problemas postos pela prática social. Chamemos a este segundo passo de *problematização*. Trata-se de detectar que questões precisam ser resolvidas no âmbito da prática social e, em consequência, que conhecimento é necessário dominar.

Segue-se o terceiro passo, que não coincide com a *assimilação* de conteúdos transmitidos pelo professor por comparação com conhecimentos anteriores (pedagogia tradicional) nem com a coleta de *dados* (pedagogia nova), ainda que por certo envolva transmissão e assimilação de conhecimentos, podendo, eventualmente, envolver levantamento de dados. Trata-se de apropriar-se dos instrumentos teóricos e práticos necessários ao equacionamento dos problemas detectados na prática social. Como tais instrumentos são produzidos socialmente e preservados historicamente, a sua apropriação pelos alunos está na dependência de sua transmissão direta ou indireta por parte do professor. Digo transmissão direta ou indireta porque o professor tanto pode transmiti-los diretamente como pode indicar os meios pelos quais a transmissão venha a se efetivar. Chamemos, pois, este terceiro passo de *instrumentalização*. Obviamente, não cabe entender a referida instrumentalização em sentido tecnicista. Trata-se da apropriação pelas camadas populares das ferramentas culturais necessárias à luta social que travam diuturnamente para se libertar das condições de exploração em que vivem.

O quarto passo não será a *generalização* (pedagogia tradicional) nem a *hipótese* (pedagogia nova). Adquiridos os instrumentos básicos, ainda que parcialmente, é chegado o momento da expressão elaborada da nova forma de entendimento da prática social a que se ascendeu. Chamemos este quarto passo de catarse, entendida na acepção gramsciana de "elaboração superior da estrutura em superestrutura na consciência dos homens" (Gramsci, 1978, p. 53). Trata-se da efetiva incorporação dos instrumentos culturais, transformados agora em elementos ativos de transformação social.

O quinto passo, finalmente, também não será a *aplicação* (pedagogia tradicional) nem a *experimentação* (pedagogia nova). O ponto de chegada é a própria *prática social*, compreendida agora não mais em termos sincréticos pelos alunos. Nesse ponto, ao mesmo tempo que os alunos ascendem ao nível sintético em que, por suposto, já se encontrava o professor no ponto de partida, reduz-se a precariedade da síntese do professor, cuja compreensão se torna mais e mais orgânica. Essa elevação dos alunos ao nível do professor é essencial para compreender-se a especificidade da relação pedagógica. Daí por que o momento catártico pode ser considerado o ponto culminante do processo educativo, já que é aí que se realiza, pela mediação da análise levada a cabo no processo de ensino, a passagem da síncrese à síntese; em consequência, manifesta-se nos alunos a capacidade de expressarem uma compreensão da prática em termos tão elaborados quanto era possível ao professor. É a esse fenômeno que eu me referia quando dizia em outro trabalho que a educação é uma atividade que supõe uma heterogeneidade real e uma homogeneidade possível; uma desigualdade no ponto de partida e uma igualdade no ponto de chegada (Saviani, 1980).

Ora, pelo processo indicado, a compreensão da prática social passa por uma alteração qualitativa. Consequentemente, a prática social referida no ponto de partida (primeiro passo) e no ponto de chegada (quinto passo) é e não é a mesma. É a mesma, uma vez que é ela própria que constitui ao mesmo tempo o suporte e o contexto, o pressuposto e o alvo, o fundamento e a finalidade da prática pedagógica. E não é a mesma, se considerarmos que o modo de nos situarmos em seu interior se alterou qualitativamente pela mediação da ação pedagógica; e já que somos, enquanto agentes sociais, elementos objetivamente constitutivos da prática social, é lícito concluir que a própria prática se alterou qualitativamente. É preciso, no entanto, ressalvar que a alteração objetiva da prática só pode dar-se a partir da nossa condição de agentes sociais ativos, reais. A educação, portanto, não transforma de modo direto e imediato e sim de modo indireto e mediato, isto é, agindo sobre os sujeitos da prática. Como diz Sánchez Vázquez (1968, p. 206-207):

> A teoria em si [...] não transforma o mundo. Pode contribuir para a sua transformação, mas para isso tem que sair de si mesma, e, em primeiro lugar tem que ser assimilada pelos que vão ocasionar, com seus atos reais, efetivos, tal transformação. Entre a teoria e a atividade prática transformadora se insere um trabalho de educação das consciências, de organização dos meios materiais e planos concretos de ação; tudo isso como passagem indispensável para desenvolver ações reais, efetivas. Nesse sentido, uma teoria é prática na medida em que materializa, através de uma série de mediações, o que antes só existia idealmente, como conhecimento da realidade ou antecipação ideal de sua transformação.

As reflexões acima desenvolvidas podem ser consideradas uma tentativa de aduzir elementos para a explicitação de uma definição de educação na qual venho insistindo há alguns anos.[2] Trata-se da conceituação de educação como "uma atividade mediadora no seio da prática social global" (Saviani, 1980, p. 129). Daí porque a prática social foi tomada como ponto de partida e ponto de chegada na caracterização dos momentos do método de ensino por mim preconizado. É fácil identificar aí o entendimento da educação como mediação no seio da prática social. Também é fácil perceber de onde retiro o critério de cientificidade do método proposto. Não é do esquema indutivo tal como o formulara Bacon; nem é do modelo experimentalista ao qual se filiava Dewey. É, sim, da concepção dialética de ciência tal como a explicitou Marx no "método da economia política" (Marx, 1973, p. 228-240). Isso não quer dizer, porém, que eu esteja incidindo na mesma falha que denunciara na Escola Nova: confundir o ensino com a pesquisa científica. Simplesmente estou querendo dizer que o movimento que vai da síncrese ("a visão caótica do todo") à síntese ("uma rica totalidade de determinações e de relações numerosas") pela mediação da análise ("as abstrações e determinações mais simples") constitui uma orientação segura tanto para o processo de descoberta de novos conhecimentos (o método científico) como para o processo de transmissão-assimilação de conhecimentos (o método de ensino).

---

[2] Ainda não tive tempo de elaborar por escrito a referida definição. Entretanto, minha insistência em diferentes oportunidades já produziu seus frutos. Assim, Carlos Roberto Jamil Cury tomou a si a tarefa de desenvolver o conceito de mediação como uma das categorias-chave de compreensão do fenômeno educativo (Cury, 1985). Algo semelhante ocorreu com Guiomar N. Mello, que construiu uma visão da escola a partir do conceito de mediação (Mello, 1982).

Cabe, por fim, levar em conta que o empenho em apresentar simetricamente aos cinco passos de Herbart e de Dewey as características do método pedagógico que, no meu entendimento, se situa para além dos métodos novos e tradicionais, correspondeu a um esforço heurístico e didático cuja função era facilitar aos leitores a compreensão do meu posicionamento. Em lugar de passos que se ordenam numa sequência cronológica, é mais apropriado falar aí de momentos articulados num mesmo movimento, único e orgânico. O peso e a duração de cada momento obviamente irão variar de acordo com as situações específicas em que se desenvolve a prática pedagógica. Assim, nos inícios da escolarização a problematização é diretamente dependente da instrumentalização, uma vez que a própria capacidade de problematizar depende da posse de certos instrumentos. A necessidade da alfabetização, por exemplo, é um problema posto diretamente pela prática social, não sendo necessária a mediação da escola para detectá-lo. No entanto, é fácil perceber que as crianças captam de modo sincrético, isto é, de modo confuso, caótico, a relação entre a alfabetização e a prática social; já o professor capta essa relação de modo sintético, ainda que em termos de uma "síntese precária". A instrumentalização no sentido de se passar da condição de analfabeto para alfabetizado se impõe. E aqui o momento catártico é fixado com nitidez, e, embora metaforicamente por referência ao sentido contido na frase de Gramsci, dá-se, de fato, uma "elaboração superior da estrutura em superestrutura na consciência dos homens", isto é, a assimilação subjetiva da estrutura objetiva da língua. E o alfabetizado adquire condições de expressar-se em nível tão elaborado quanto o era capaz o professor no ponto de partida, isto é, ele expressa-se agora não apenas oralmente, mas também por escrito.

Em contrapartida, se as pedagogias tradicional e nova podiam alimentar a expectativa de que os métodos por elas propostos poderiam ter aceitação universal, isso se devia ao fato de que dissociavam a educação da sociedade, concebendo esta como harmoniosa, não contraditória. Já o método que preconizo deriva de uma concepção que articula educação e sociedade e parte da consideração de que a sociedade em que vivemos é dividida em classes com interesses opostos. Consequentemente, a pedagogia proposta, uma vez que se pretende a serviço dos interesses populares, terá contra si os interesses até agora dominantes. Trata-se, portanto, de lutar também no campo pedagógico para fazer prevalecer os interesses até agora não dominantes. E essa luta não parte do consenso, mas do dissenso. O consenso é vislumbrado no ponto de chegada. Para se chegar lá, porém, é necessário, pela prática social, transformar as relações de produção que impedem a construção de uma sociedade igualitária. A pedagogia por mim denominada ao longo deste texto, na falta de uma expressão mais adequada, de “pedagogia revolucionária”, não é outra coisa senão aquela pedagogia empenhada decididamente em colocar a educação a serviço da referida transformação das relações de produção.

Referências

CURY, C. R. J. *Educação e contradição: elementos metodológicos para uma teoria crítica do fenômeno educativo.* São Paulo: Cortez/Autores Associados, 1985.

FREIRE, P. *Educação como prática da liberdade.* Rio de Janeiro: Paz e Terra, 1967.

GOLDMANN, L. *Ciências humanas e filosofia.* São Paulo: Difel, 1976.

GRAMSCI, A. *A concepção dialética da história.* 2. ed. Rio de Janeiro: Civilização Brasileira, 1978.

MARX, K. *Contribuição para a crítica da economia política.* Lisboa: Editorial Estampa, 1973.

MELLO, G. N. *Magistério de 1º grau: da competência técnica ao compromisso político.* São Paulo: Cortez/Autores Associados, 1982.

SÁNCHEZ VÁZQUEZ, A. S. *Filosofia da práxis.* Rio de Janeiro: Paz e Terra, 1968.

SAVIANI, D. *Educação: do senso comum à consciência filosófica.* São Paulo: Cortez/Autores Associados, 1980.

A questão da paridade na gestão da universidade[1]

Por que paridade?

A direção do DCE da PUC-SP encontra-se engajada numa campanha para implantar a paridade na gestão de nossa universidade. Em que se funda essa pretensão? Qual o argumento que está na base dessa campanha?

Obviamente, o argumento de fundo é a democratização da gestão da universidade. Se a universidade deve ser administrada democraticamente e se a democracia implica igualdade de participação por parte de todos os seus membros, então os estudantes devem participar em igualdade de condições com os professores nas decisões concernentes aos destinos da universidade.

O desejo de democratizar as relações de poder na sociedade e, por consequência, na universidade constitui, sem dúvida alguma, uma aspiração não apenas louvável mas legítima. Cabe, porém, indagar sobre a consistência da tradução dessa aspiração na forma da paridade. Limito-me aqui a colocar alguns pontos para discussão já que o espaço que me foi reservado não me permite desenvolvê-los e aprofundá-los.

O ponto de vista educacional

Dado que a universidade é uma instituição educacional cabe indagar, em primeiro lugar se, do ponto de vista educacional, a defesa da paridade é sustentável. Como já foi dito, a paridade implica igualdade de condições entre professores e alunos. Parte, pois, da consideração de que ambos devem ter tratamento igualitário.

Ora, a relação educativa não é, no ponto de partida, uma relação entre iguais. Ela supõe a desigualdade no ponto de partida e a igualdade no ponto de chegada. Assim sendo, a paridade, ao supor que as condições de igualdade

---

[1] Último capítulo de *Ensino público e algumas falas sobre universidade*, livro publicado em 1984. Após esgotada a 5ª edição (São Paulo: Cortez/Autores Associados), lançada em 1991, não foi reeditado.

já estariam instauradas desde o início, não estaria assumindo uma atitude de fato pseudodemocrática? Não seria, então, um engodo?

O ponto de vista político

Dir-se-ia que a questão da paridade é uma questão política já que diz respeito às relações de poder na universidade. Ela se justificaria tendo em vista as características da relação política não devendo, em consequência, ser aferida a partir dos parâmetros postos pela natureza da relação pedagógica.

Cabe, pois, indagar: do ponto de vista político é sustentável a proposta da paridade?

Ora, em termos políticos o que entra em confronto são interesses diferentes e, mesmo, antagônicos que se expressam em visões também diferentes de sociedade e, no nosso caso, de universidade. Em termos sociais mais amplos, as diferentes propostas de sociedade se organizam em partidos e disputam com outras propostas a preferência do conjunto da sociedade. No âmbito da universidade também diferentes propostas podem disputar a preferência do conjunto de seus membros e lutar para se manter, caso esteja em vigência ou, em caso contrário, para vir a prevalecer.

Obviamente, não seria admissível supor que a democratização da sociedade se daria pela participação igualitária (paritária) dos diferentes partidos na gestão da sociedade. Menos ainda faria sentido supor que essa democratização se daria pela participação paritária dos diferentes segmentos da sociedade: os operários, os patrões, os médicos, os engenheiros, os camponeses, os proprietários de terra, etc.

Ora, também na universidade parece óbvio que as diferentes propostas de universidade não se configuram em função dos diferentes segmentos. Não seria sensato imaginar que os alunos se contrapõem aos professores à base de diferentes propostas que aglutinariam, de um lado, os alunos e, de outro, os professores. À base de diferentes concepções de universidade o mais comum é que determinada parcela de alunos, professores e funcionários assuma certa perspectiva ao passo que outras parcelas se identifiquem com outras concepções.

Parece, pois, que do ponto de vista político a defesa da paridade não adquire sólida sustentação.

O ponto de vista corporativo

Resta, então, considerar que a defesa da paridade se alicerça em argumentos corporativistas. A corporação dos alunos reivindica perante a corporação dos professores um tratamento igualitário. Com efeito, o corporativismo, como o nome indica, se caracteriza pelo "esprit de corps". Supõe-se, pois, que a eventual diversidade de interesses porventura existente entre os alunos cederia em face de sua condição comum de alunos. O mesmo se aplicaria a professores e funcionários.

Entretanto, mesmo em nível corporativo, a questão não é tranquila. Isso porque, participando da gestão da universidade, os alunos estarão se comprometendo explícita, formal e diretamente com os rumos que a universidade venha a tomar, legitimando em consequência as decisões, mesmo aquelas que eventualmente contrariem seus interesses corporativos.

O problema acima levantado ficou bastante evidente quando, em face da crise financeira da PUC-SP, há cerca de três anos surgiram propostas (no âmbito dos professores) de cogestão da universidade. À época os professores tenderam a reagir com a seguinte argumentação: "não nos cabe gerir a crise da PUC. A universidade que se vire para contornar suas dificuldades. A nós professores cabe reivindicar melhores condições de trabalho e de salário. À administração da universidade cabe encontrar os meios para atender as nossas reivindicações." Entretanto, quer se admita ou não, o fato concreto é que são os professores que administram a PUC.

Ora, através da paridade os alunos estarão participando, em igualdade de condições com os professores, da gestão da PUC-SP. Estarão eles conscientes das implicações e consequências dessa tomada de posição?

Quem tem medo de paridade?

Apesar das objeções acima levantadas que pretenderam contribuir para aprofundar o debate em torno do tema, penso que não há razão para nós, professores, temermos a paridade. Entendo que só temem a paridade aqueles professores cujas posições são nitidamente conservadoras ou que se sintam inseguros no que diz respeito à sua competência profissional. Isso porque, sendo a educação uma relação de hegemonia, alicerçada, portanto, na persuasão e não na coerção, dada a desigualdade que marca o ponto de partida da relação pedagógica, os professores gozarão sempre de um maior poder de persuasão em relação aos alunos. Além do mais, os jovens tendem normalmente a assumir posições progressistas ainda que nas crises de mudança acabem por voltar às suas origens de classe.

Nesse sentido eu seria mesmo tentado a propor que se abrisse espaço para se realizar, a título experimental, a gestão paritária. Dados os obstáculos legais, talvez uma saída fosse constituir uma espécie de gestão paralela. Isso significaria que os colegiados legais continuariam existindo segundo preveem os atuais Estatutos da PUC-SP. Paralelamente seriam constituídos os colegiados paritários (possivelmente na forma do projeto dos novos Estatutos). Os colegiados paritários tomariam as decisões "ad referendum" dos colegiados legais os quais, em princípio, homologariam aquelas decisões como faz atualmente o Conselho Universitário em relação às matérias que são de competência do Conselho de Ensino e Pesquisa. Tal experiência poderia ser realizada por um período de dois anos, findo o qual talvez dispuséssemos de elementos suficientes para gerar senão um consenso total, pelo menos um consenso da maioria da comunidade universitária em torno das virtudes e defeitos da gestão paritária.

Tendo em vista a rotatividade dos alunos e o caráter transitório de sua presença na universidade, sua identificação com a instituição é tênue, diferentemente do que ocorre com os professores e funcionários. Consequentemente, é bem provável que, realizada a experiência acima sugerida, cheguemos à mesma conclusão a que Gramsci chegou a respeito das questões escolares. Após examinar algumas experiências de ensino renovado na Europa ele registrou a seguinte observação: "É útil acompanhar todas estas tentativas, que não são mais do que 'exceções', mais talvez para ver o que não se deve fazer do que por qualquer outra razão" (Gramsci, 1968, p. 151).

São Paulo, 11 de maio de 1983.

Referência

GRAMSCI, A. *Os intelectuais e a organização da cultura.* Rio de Janeiro: Civilização Brasileira, 1968, p. 151

Significado político do texto aprovado[1]

A Lei n. 5.692/71 completa o ciclo de reformas educacionais destinadas a ajustar a educação brasileira à ruptura política perpetrada pelo golpe militar de 1964. E, como já registramos no capítulo anterior, tal ruptura política constituíra uma exigência para a continuidade da ordem socioeconômica. Considerando-se essa continuidade no âmbito socioeconômico, é compreensível que haja uma continuidade também no que diz respeito à educação. E isso está refletido na legislação.

Assim, se procedermos a uma comparação entre os objetivos da Lei de Diretrizes e Bases da Educação Nacional (Lei n. 4.024/61) e os da Lei de Diretrizes e Bases do Ensino de 1º e 2º graus (Lei n. 5.692/71), veremos que eles são coincidentes na sua formulação. Com efeito, no que diz respeito aos objetivos gerais da educação, a Lei n. 5.692 não trata do assunto. Entretanto, já que não revogou o artigo 1º da Lei n. 4.024 ("Dos fins da educação"), ela, de fato, incorporou-o, sintetizando-o em termos do ensino de 1º e 2º graus através do seu artigo 1º, no qual estabelece como objetivos gerais do ensino de 1º e 2º graus os seguintes:

1. autorrealização do educando;
2. qualificação para o trabalho;
3. preparo para o exercício consciente da cidadania.

Eis porque o senador João Calmon, através da emenda n. 5 , propôs que se incluísse como parágrafo do artigo 1º do projeto de Lei n. 5.692, o disposto no artigo 1º da Lei n. 4.024. E apresentou como justificação:

> Conforme salientou em sua exposição de motivos ao Exmo. Sr. Presidente Emílio Garrastazu Médici o eminente Ministro Jarbas Passarinho, o

[1] Tópico n. 3 do Cap. IV de *Política e educação no Brasil*, livro publicado em 1987, atualmente na 6ª edição. Campinas: Autores Associados, 2006, p. 119-129.

> Projeto de Lei nº 9, de 1971, "marcará uma fase importante do desdobramento do processo histórico do Brasil".
>
> Nessas condições, afigura-se-nos de todo oportuno e mesmo necessário que em diploma de tal magnitude seja reproduzida a definição lapidar dos objetivos previstos no art. 1º da Lei n. 4.024, de 20 de dezembro de 1961, o que nada obsta do ponto de vista da técnica legislativa.
>
> Muito embora este artigo não tenha sido revogado pelo projeto em exame, a manutenção ou inserção nele daquelas finalidades parece-nos indispensável, como solene confirmação dos elevados fins que devem ter os ensinos de 1º e 2º graus [*DCN*, 13-7-71, p. 3.040].

Essa emenda, é verdade, foi rejeitada pelo relator, porém, sob a justificativa de que ela "repete desnecessariamente o artigo 1º da Lei n. 4.024, de 20-12-61, que não foi revogado" (*DCN*, 24-7-71, p. 3.173).

Quanto ao objetivo do ensino de 1º grau, a Lei n. 5.692 apenas optou por uma formulação condensada (formação da criança e do pré-adolescente) registrada no artigo 17, em lugar da redação descritiva da Lei n. 4.024, deixando as especificações para o Conselho Federal de Educação através do disposto no artigo 4º, § 1º, item I ("O Conselho Federal de Educação fixará para cada grau as matérias relativas ao núcleo comum, definindo-lhes os objetivos e amplitude"). Efetivamente, o Conselho Federal de Educação, através da Resolução n. 8, de 1º de dezembro de 1971, fixou as matérias do núcleo comum: comunicação e expressão, estudos sociais e ciências (inclusive matemática). E definiu, como objetivo da área de ciências, o desenvolvimento do pensamento lógico, além de estipular que as referidas matérias deveriam ser ministradas nas primeiras quatro séries, portanto, na etapa correspondente ao antigo curso primário, predominantemente sob a forma de atividade. Consequentemente, a formulação analítica da Lei n. 4.024 ("desenvolvimento do raciocínio e das atividades de expressão da criança e a sua integração no meio físico e social") contida no artigo 25, que definiu o objetivo do ensino primário, foi reconstituída integralmente. Em relação à inclusão do "pré-adolescente" na definição do objetivo do ensino de 1º grau, cabe observar que ela se explica pelo fato de que a Lei n. 5.692 estendeu o ensino de 1º grau para oito anos, abrangendo, em consequência, também a faixa dos 11 anos aos 14 anos.

No que diz respeito ao objetivo do ensino de 2º grau comparativamente ao do ensino médio, constata-se que as formulações contidas em ambas as leis coincidem. Assim, o artigo 35 da Lei n. 4.024 estabelece como objetivo do ensino médio a formação do adolescente; o artigo 17 da Lei n. 5.692, por sua vez, define como objetivo do ensino de 2º grau a formação integral do adolescente. Ora, cumpre lembrar que o adjetivo "integral" não constava do anteprojeto. Foi acrescentado em virtude de emenda, desta vez acatada pelo relator, do senador João Calmon, que a justificou nos seguintes termos: "A inclusão da palavra 'integral' se impõe para que se dê perfeito entrosamento com o que dispõe a Lei nº 4.024, em seu art. 1º, afirmando que a educação nacional deve visar ao desenvolvimento integral da personalidade humana" (*DCN*, 13-7-71, p. 3.061, emenda n. 124). Portanto, aquilo que à primeira vista parecia constituir uma diferença, na verdade traduz uma identidade ainda mais perfeita.

Portanto, o próprio enunciado explícito dos objetivos nas Leis 4.024 e 5.692 revela uma continuidade entre ambas, continuidade que reflete no âmbito educacional a continuidade da ordem socioeconômica de que foi avalista o golpe de 1964.

Aliás, a referida continuidade pode ser imediatamente constatada pelo simples fato de que os cinco primeiros títulos da Lei n. 4.024, que tratam dos fins da educação, do direito à educação, da liberdade do ensino, da administração do ensino e dos sistemas de ensino permanecem em vigor. Ora, são exatamente esses títulos que consubstanciam as diretrizes, isto é, a orientação fundamental da organização escolar brasileira.

Entretanto, se a proclamação dos objetivos revela continuidade entre ambas as leis, é preciso considerar que, no que diz respeito à estrutura e ao funcionamento dos sistemas de ensino, ocorreu uma ruptura. E isso é compreensível porque, se a continuidade da ordem socioeconômica só pôde ser garantida através da ruptura política, na educação a continuidade das funções dela demandadas pelas condições sociais e econômicas exigiu uma ruptura no âmbito da política educacional, ou seja, nos rumos que deveria tomar a forma de organizar e operar os serviços educacionais.

Eis porque já havíamos chamado a atenção em outro estudo (Saviani in Garcia, 1978, p. 187-188) sobre a importância de se distinguir, na legislação educacional, entre os objetivos proclamados e os objetivos reais. Com efeito, dizíamos, os objetivos proclamados indicam as finalidades gerais e amplas, as intenções últimas. Estabelecem, pois, um horizonte de possibilidades, situando-se num plano ideal em que o consenso, a identidade de aspirações e interesses, é sempre possível. Em contrapartida, os objetivos reais indicam os alvos concretos da ação, aqueles aspectos dos objetivos proclamados em que efetivamente está empenhada a sociedade; implicam, pois, a definição daquilo que se está buscando preservar ou mudar. Portanto, diferentemente dos objetivos proclamados, os objetivos reais situam-se num plano no qual se defrontam interesses divergentes e, por vezes, antagônicos, determinando o curso da ação as forças que controlam o processo. Compreende-se, então, que, enquanto os objetivos proclamados coincidem exatamente com aquilo que se explicita em termos de objetivos na letra da lei, os objetivos reais revelam-se antes na forma de funcionamento da organização escolar prevista em lei e, dialeticamente, nos meios preconizados.

É possível entender, então, por que os objetivos proclamados na Lei n. 4.024 não foram revogados pelas Leis 5.540 e 5.692. Não cabe, porém, inferir daí que os objetivos reais tenham permanecido os mesmos. Dado que a continuidade socioeconômica exigiu uma ruptura política, esta, inevitavelmente, marcou as duas últimas leis. Consequentemente, a inspiração liberalista que caracterizava a Lei n. 4.024 cedeu lugar a uma tendência tecnicista tanto na Lei n. 5.692 como na Lei n. 5.540, examinada no capítulo anterior.

Essa diferença de orientação, como assinaláramos ainda no texto referido, caracteriza-se pelo fato de que, enquanto o liberalismo põe a ênfase na qualidade em lugar da quantidade; nos fins (ideais) em detrimento dos métodos (técnicas); na autonomia em oposição à adaptação; nas aspirações individuais antes que nas necessidades sociais; e na cultura geral em detrimento da formação profissional, com o tecnicismo ocorre o inverso. E isso pode ser observado no caso das leis citadas de modo bastante claro. Com efeito, enquanto os princípios da Lei n. 4.024 acentuavam o primeiro elemento dos pares de conceitos acima enunciados, os princípios das Leis 5.540 e 5.692 inegavelmente fazem a balança pender para o segundo. Assim, os princípios de não duplicação de meios para fins idênticos com seus corolários, tais como a integração (vertical e horizontal), a racionalização-concentração, a intercomplementaridade, a flexibilidade, a continuidade-terminalidade, o aproveitamento de estudos, etc., do mesmo modo que medidas tais como a departamentalização, a matrícula por disciplina, o "sistema de créditos", a profissionalização do 2º grau, o detalhamento curricular e tantas outras indicam uma preocupação com o aprimoramento técnico, com a eficiência e produtividade em busca do máximo de resultado com o mínimo de dispêndios.

Ora, se a Lei n. 5.692 complementa a Lei n. 5.540 na ambição de haver reformado toda a organização escolar brasileira segundo as exigências de continuidade socioeconômica e ruptura política já referidas, segue-se que o significado político da Lei n. 5.692 é fundamentalmente aquele mesmo já apontado em relação à Lei n. 5.540.

Entretanto, há *nuances* que diferenciam politicamente ambas as leis que importa destacar.

Com efeito, verificamos que a tramitação da Lei n. 5.540 se deu sob o signo da estratégia política do "autoritarismo desmobilizador". Teria sido idêntico o caso da Lei n. 5.692?

Michel Debrun, ao discutir as estratégias básicas postas em ação na história da política brasileira, afirma:

> Se a "conciliação" serviu para reforçar o poder dos que já tinham poder, é lógico supor que esse potencial disponível tinha a possibilidade de se investir em outras estratégias, capazes, elas também, de promover o auto-reforço do poder, mas em moldes diferentes da "conciliação". O mesmo poder prévio, suscetível de ser utilizado para cooptar e amaciar certas categorias de dominados (ou de elites dissidentes), estava também à mão para esmagá-los. E aqui teríamos o autoritarismo "desmobilizador". Ou então para propor-lhes, a todos ou apenas aos setores potencialmente "dinâmicos" da sociedade, "projetos nacionais" – de redenção, de desenvolvimento, de "Pátria Grande" etc. – em torno dos quais deveriam congregar-se as vontades. E, desta vez, teríamos o autoritarismo "mobilizador" (Debrun, 1983, p. 15).

Ora, se a Lei n. 5.540 foi aprovada num momento de crise nacional e após manifestações veementes de protesto dos estudantes em geral e de grande parte dos professores, a Lei n. 5.692 foi promulgada em meio à euforia do governo Médici e do "milagre brasileiro". Eis porque Evaldo A. Vieira (1983, p. 213) assinala que, "na época de Médici, a preocupação governamental dirigia-se para os louvores às Reformas de Ensino, então já concretizadas". E após mencionar o caráter reiterativo dos temas educacionais, apesar das louvadas reformas, prossegue afirmando que "o Presidente da República ressaltava a modernidade e a profundidade das reformas realizadas, elogiando os princípios pedagógicos nelas introduzidos". Assim é que a Lei n. 5.692 foi saudada como uma verdadeira panaceia, como a redenção definitiva da educação brasileira. E para essa cruzada foram ruidosamente convocados todos os brasileiros, os quais acorreram entusiasticamente em grande quantidade. Não faltou, pois, a convocação de todos para participar da construção do "projeto nacional" de redenção, de desenvolvimento, de "Pátria Grande", o então chamado projeto de construção do "Brasil-Potência". Estaria, então, em ação a estratégia do "autoritarismo mobilizador"?

A possível resposta afirmativa à questão *supra* apresenta, entretanto, um complicador. Assim é que Debrun, após se referir ao "autoritarismo mobilizador", afirma:

> É verdade que, neste último caso, os projetos de auto-afirmação nacional foram em geral veiculados por elites dissidentes, e não pela elite no poder. Procuramos, aliás, mostrar que as tentativas de autoritarismo "mobilizador" foram sempre circunscritas e neutralizadas pelos donos do poder, se bem que certos dissidentes tenham sido por eles recuperados e "conciliados" (Debrun, 1983, p. 15).

Ora, no caso do período relativo à presidência Médici, os projetos "Pátria Grande" e "Brasil-Potência" foram induzidos a partir dos próprios "donos do poder". Por isso preferimos a expressão "autoritarismo triunfante" para nomear a estratégia política então posta em prática . Com efeito, naquele período o regime autoritário não apenas havia triunfado como fora acometido de uma visão triunfalista, marchando, seguro de sua força, para a consolidação da "democracia excludente" instalada na fase anterior do regime militar. De fato, o processo de exclusão havia se consumado através da censura à imprensa, proibição de greves, arrocho salarial, inúmeras cassações, fechamento das entidades que não consentiam e escalada da repressão impulsionada a partir de organismos paramilitares e paragovernamentais, como o esquadrão da morte e os serviços de inteligência da Marinha, Exército e Aeronáutica, além dos Dops dos diferentes estados.

Dir-se-ia que a partir de 1970 o regime autoritário não apenas agia na defensiva, desmantelando todas as organizações que representavam uma ameaça real ou possível, mas passara para a ofensiva, procedendo a uma ampla mobilização pelo alto, visando criar uma consciência nacional incondicionalmente favorável aos desígnios do grupo no poder. Portanto, não apenas se desmobilizou a "sociedade civil", amordaçando-a e sujeitando-a inteiramente à "sociedade política", como se tentou mobilizar amplamente a sociedade brasileira a partir da própria "sociedade política".

Nesse quadro pode-se compreender por que no processo de tramitação do projeto da Lei n. 5.692 no Congresso Nacional não apenas não se detectou manifestação alguma por parte da sociedade civil como sequer foi possível constatar os "pálidos protestos da oposição" ocorridos por ocasião da discussão e aprovação da Lei n. 5.540/68. É que a oposição estava desbaratada e silenciada, restando escassos elementos que cumpriam o papel de legitimar o regime, que assim podia manter sob disfarce formal seu caráter ditatorial insistindo em se proclamar democrático ainda que a preservação da democracia só tenha sido possível pela sua conversão em "democracia excludente".

A própria discussão (que na verdade nem houve) e aprovação da Lei n. 5.692 reflete nitidamente a situação política acima referida. Com efeito, dos 22 parlamentares designados para integrar a Comissão Mista encarregada de apreciar o projeto encaminhado pelo Poder Executivo, 18 eram da Arena e apenas quatro do MDB. O relator na Comissão Mista foi o deputado Aderbal Jurema, obviamente da Arena e, além disso, membro do Grupo de Trabalho constituído pelo Ministério da Educação para elaborar o anteprojeto da lei. Sua função como relator era, pois, nitidamente a de garantir não apenas a preservação, mas o próprio aperfeiçoamento do espírito do projeto emanado do Poder Executivo. E o exame das emendas evidencia quão diligentemente o Congresso soube corresponder a essa expectativa nele depositada pelo governo federal. Assim é que não surgiu sequer uma emenda cuja justificativa apontasse na direção da quebra da lógica do projeto original ou que revelasse algum tipo de discordância em relação a ela. Seria por demais cansativo, além de desnecessário, documentar essa afirmação através da análise de cada uma das emendas. Basta tão somente o exame das emendas relativas à questão da profissionalização do 2º grau para demonstrar cabalmente o papel de aperfeiçoamento do espírito do projeto original desempenhado pelo Congresso Nacional.

A profissionalização universal e compulsória do 2º grau, marca distintiva da reforma proposta na Lei n. 5.692, foi explícita e inequivocamente preconizada através do artigo 5º da referida lei. O anteprojeto prescrevia na alínea *a* do parágrafo 2º do artigo 5º: "A parte de formação especial do currículo terá o objetivo de sondagem de aptidões e iniciação para o trabalho, no ensino de 1º grau, e de habilitação profissional ou aprofundamento em determinadas ordens de estudos gerais, no ensino de 2º grau." É notável a diligência com que os parlamentares advertiram que a fórmula "ou aprofundamento em determinadas ordens de estudos gerais", no plural e como forma alternativa à profissionalização, poderia frustrar o objetivo principal pretendido pela reforma. Nesse sentido várias emendas foram apresentadas, como será evidenciado a seguir.

As emendas n. 38, do senador Antonio Carlos, n. 42, assinada por oito deputados da bancada federal de São Paulo, e n. 43, do senador José Lindoso, propõem que se exclua da referida alínea *a* do parágrafo 2º do artigo 5º a expressão "ou aprofundamento em determinadas ordens de estudos gerais". E apresentam as seguintes justificativas:

> A expressão, no contexto doutrinário da reforma proposta [...] é totalmente descabida.
>
> Esta oração intercalada, sutil e ardilosa, contraria toda a doutrina e abre caminho para a manutenção daquilo que, justamente, o projeto visa a extirpar: a educação descompromissada com a vida individual e com o futuro do país [*DCN*, 13-7-71, p. 3.047].

A emenda n. 42, por sua vez, é justificada da seguinte maneira:

> Parece-nos inaceitável a alternativa oferecida aos estabelecimentos de ensino quanto ao segundo objetivo. Está claro que devem eles se dedicar, como regra, à habilitação profissional e, somente como exceção, mediante dependência de autorização superior, ao aprofundamento em determinadas ordens de estudos gerais.
>
> A opção certamente estimularia a manutenção dos cursos "clássicos" e "científicos", o que haveria de representar a total frustração dos intentos do legislador [p. 3.048].

Mas a emenda que veio a prevalecer foi a de n. 39, de autoria do deputado Bezerra de Mello, que apresentou a seguinte justificativa:

> Toda a filosofia do projeto está voltada para as necessidades do desenvolvimento, que dia a dia exige mais técnicos de nível médio para a empresa privada e para a empresa pública.
>
> É necessário fechar, de uma vez por todas, a porta das escolas acostumadas ao ensino verbalístico e academizante, que não forma nem para o trabalho nem para a vida.
>
> A alternativa "ou aprofundamento em determinadas ordens de estudos gerais" seria, sem dúvida, a grande brecha por onde resvalariam as escolas e os sistemas avessos à formação profissional do jovem [*DCN*, 13-7-71, p. 3.047].

E o deputado conclui sua justificativa apoiando-se na Exposição de Motivos do ministro Jarbas Passarinho, na qual afirma que a reforma proposta "implica abandonar o ensino verbalístico e academizante, para partir vigorosamente para um sistema educativo de 1° e 2° graus, voltado para as necessidades do desenvolvimento" (p. 3.047).

A emenda em pauta, além de excluir a expressão "ou em determinadas ordens de estudos gerais", propõe o acréscimo de um parágrafo 3° ao artigo 5° nos seguintes termos:

> § 3° - Excepcionalmente a parte especial do currículo poderá assumir, no ensino de 2° grau, o caráter de aprofundamento em determinada ordem de estudos gerais, para atender à aptidão específica do estudante, em face de indicação dos professores e do serviço de orientação do estabelecimento [p. 3.047].

Observe-se que, nessa emenda, acolhida pelo relator, "aprofundamento em determinada ordem..." aparece no singular e nitidamente como exceção. Ora, essa atitude do Congresso Nacional teve o evidente sentido de preservar o espírito do anteprojeto que ele considerou ameaçado pela redação original. De fato, podemos ler no relatório do Grupo de Trabalho:

> A verdadeira terminalidade, ao longo de toda a escolarização dos 7 aos 18 anos, encontra-se de fato no ensino de 2° grau, ministrado como é no período etário em que as aptidões efetivamente existentes tendem a estiolar-se quando não são cultivadas com oportunidade (Vasconcellos, 1972, p. 20).

E, mais à frente, após referir-se à situação então vigente na qual a profissionalização constituía exceção, afirma:

> O caminho a trilhar não é outro senão o de converter a exceção em regra, fazendo que o segundo grau sempre se conclua por uma formação específica (Vasconcellos, 1972, p. 20).

E o relator, que tendo sido membro do Grupo de Trabalho conhecia muito bem o espírito que o orientou, obviamente teve o bom senso de acolher a emenda que traduzia esse espírito de forma ainda mais perfeita e acabada do que a letra do texto do anteprojeto. E não deixa de ser admirável a fidelidade com que o Congresso buscou atender a essa orientação. Aperfeiçoando o texto (a letra), os congressistas preservaram o espírito do projeto original oriundo do Poder Executivo.

Eis como os princípios que orientaram a elaboração da Lei n. 5.692 estiveram em perfeita sintonia com a estratégia do "autoritarismo triunfante", contribuindo assim para o objetivo governamental de consolidação da "democracia excludente".

Cumpre frisar que todos os princípios da referida lei expressaram a perfeita sintonia acima indicada, inclusive o de "flexibilidade", em que pesem as proclamações de liberdade e autonomia a ele frequentemente associadas. Na verdade, ousaríamos mesmo afirmar que tal princípio constituía uma faca de dois gumes, já que tanto poderia ser invocado por professores e alunos como pelas autoridades. E, no contexto descrito, o princípio de flexibilidade foi um instrumento importante para preservar no âmbito educacional o arbítrio que caracterizava o poder então exercido. Com efeito, pela flexibilidade as autoridades governamentais evitavam sujeitar-se a definições legais mais precisas que necessariamente imporiam limites à sua ação, ficando livres para impor à nação os programas educacionais de interesse dos donos do poder. E com a vantagem de facilitar a busca de adesão e apoio daqueles mesmos sobre os quais eram impostos os referidos programas.

Aliás, esse tom triunfalista pode ser detectado também nos discursos do próprio presidente Médici. Assim é que, no discurso de posse proferido em 30 de outubro de 1969, Médici afirmava: "Creio em que, passados os dias difíceis dos anos 60, amanhecerá, na década de 70, a nossa hora" (MÉDICI, 1970, p. 40). E assim concluía o referido discurso: "E , com a ajuda de Deus e dos homens, haverei de pôr na mão do povo tudo aquilo em que mais creio". Esse mesmo sentimento bonapartista é evidente também no discurso pronunciado por ocasião da convenção da Arena, de 20 de novembro de 1969: "Desejo proclamar que esta filiação partidária é um ato de comando, que não transfiro nem delego a ninguém, as responsabilidades superiores de condução dos problemas nacionais" (p. 46).

E, no mesmo discurso, definia o seu projeto: "Compreendo nacional, o que supera as ambições provincianas e as questiúnculas de campanário, para compor, na diversidade dos regionalismos e nas legítimas aspirações da gente de toda parte, um projeto integrado de Brasil potência" (p. 47).

Em suma, governando à moda do *duce*, Médici dirigiu o país utilizando-se de projetos de impacto que eram decididos autoritária e arbitrariamente em virtude da ampla flexibilidade de que desfrutava a sua administração, projetos esses que eram ufanisticamente anunciados através de rede de televisão e rádio a toda a nação, antes mesmo de serem apreciados, conforme a Constituição, pelo Congresso Nacional. É que de antemão sabia-se que o Congresso só tinha uma possibilidade: homologar o projeto do Executivo. Compreende-se agora por que Médici se vangloriava de não ter assinado nenhum decreto de cassação durante todo o seu mandato presidencial. É que sua ampla margem de flexibilidade tornava inviável o surgimento até mesmo de pretextos para eventuais cassações.

Referências

BRASIL. *Diário do Congresso Nacional.* Brasília, 1971.

DEBRUN, M. A. *A conciliação e outras estratégias.* São Paulo: Brasiliense, 1983.

GARCIA, W. (Org.). *Educação brasileira contemporânea.* 3. ed. São Paulo: MacGraw-Hill do Brasil, 1978.

MÉDICI, E. G. *O jogo da verdade.* Brasília: Departamento de Imprensa Nacional, 1970.

VASCONCELLOS, Pe. J. *Legislação fundamental: ensino de 1º e 2º graus.* São Paulo: Lisa, 1972.

Georges Snyders ou a pedagogia marxista da alegria[1]

É com grande satisfação e, por que não dizer, com muita alegria que acolho o convite feito pelos colegas de Goiânia para participar da abertura deste encontro com o professor Georges Snyders. Na impossibilidade de viajar até a capital de Goiás nessa data, deixo por escrito aquilo que gostaria de dizer pessoalmente à guisa de apresentação desse admirável educador francês aos colegas do Brasil.

Pareceu-me adequado, oportuno e atual, em nosso contexto, abordar um aspecto que vejo como central no pensamento e na prática pedagógica de Snyders: a alegria. Assim é que uma leitura possível das obras do professor da Sorbonne é aquela que vincula os temas da pedagogia e da alegria. Não, porém, qualquer pedagogia. Snyders se caracteriza e se distingue como um educador que se empenha firmemente em articular explicitamente pedagogia e marxismo, em se posicionar coerente e abertamente como marxista ao abordar a questão pedagógica. Eis porque a figura do professor que estamos ansiosos por ouvir não apenas evoca como encarna aquilo que eu chamaria de "pedagogia marxista da alegria".

Penso ser importante destacar a relação entre marxismo e alegria especialmente num momento como o que estamos vivendo quando a onda neoliberal ou pós-moderna se empenha em difundir a ideia de que marxista é sinônimo de chato, sisudo, sério, chegando mesmo a afirmar que o próprio marxismo está ultrapassado como coisa do século XIX: quantas vezes já se declarou, nessa era da pós-modernidade, a morte do marxismo? Entretanto, Snyders é um testemunho visível de que o marxismo está bem vivo a nos mostrar que sua declaração de morte por parte da burguesia não passa de um grito de desespero através do qual a sociedade capitalista procura adiar sua própria morte. Com efeito, "na condição pós-moderna, se o <u>não</u>

[1] Texto inédito redigido em outubro de 1988 por ocasião da visita do Prof. Georges Snyders ao Brasil, na Universidade Federal de Goiás.

modernista é inútil, dado o gigantismo dos sistemas, então vamos desbundar alegre e niilisticamente no zero patafísico"[2] (Santos, 1987, p. 38). Contra essa alegria cujo "resultado é quase sempre humor, ironia, mas em tom frio, pós-moderno" (p. 66) e cujo sujeito "é a glorificação do ego no instante, sem esperança alguma de futuro" (p. 105), Snyders propõe uma alegria autêntica, isto é, como ele gosta de dizer, verdadeira e cheia de esperança cuja garantia de realização histórica é dada pelo marxismo.

Como o marxismo, também a pedagogia é vista nesta era dita pós-liberal como coisa chata, desinteressante, desagradável. E eis que o nosso convidado timbra em abordar a pedagogia como fonte de alegria verdadeira, portanto, como algo atraente, interessante e agradável.

Vejamos como o tema, a pedagogia marxista da alegria, é tratado ao longo de suas obras.

Desde *Pédagogie progressiste*, melhor dizendo, desde *La Pédagogie en France aux XVIIe et XVIIIe siècles*, de 1964, a qual conhecemos através de uma versão condensada publicada no *Traité des Sciences Pédagogiques*, o tema da alegria já se manifesta. Nessa obra, ao tratar de Rousseau, afirma: "a alegria é o sinal de que um ser corresponde a seu destino" (Snyders, 1977, p. 301). E após comentar uma citação do *Emílio*, acrescenta: "Mas essa 'alegria natural' não é, tampouco, o contrário da dor; ela é o que permite afrontar a dor com energia e, até, no mais alto grau, encontrar na dor uma como garantia da alegria" (p. 301).

Em *Pédagogie progressiste*, que data de 1971, Snyders confronta a pedagogia tradicional e a pedagogia nova em termos que correspondem à metáfora de Lênin traduzida na expressão "teoria da curvatura da vara" mencionada por Althusser (1977, p. 136-138) que seria posteriormente difundida por mim no Brasil, primeiro através da palestra proferida em 1980 na Primeira Conferência Brasileira de Educação; e depois, através de artigo publicado na *Revista da ANDE* em 1981 e incluído no livro *Escola e democracia* (1983). Com efeito, nessa obra o autor se empenha, contra a opinião corrente, em mostrar "por outras vias que não apenas através dos ataques e das caricaturas dos adversários"(Snyders, 1974, p. 8) qual o significado da escola tradicional e, quanto à escola nova, se pergunta "se, em completa boa fé, o seu ardor não mascarou dificuldades e mesmo certas falências" (p. 9).

Ao tratar da educação tradicional, após defender que "o ensino tradicional é verdadeiramente um ensino" (p. 13-21), afirma que "o contato com os

[2] "Oposto às soluções sérias, a patafísica – segundo seu criador, o dadaísta Jarry – é a ciência das soluções imaginárias e ridículas" (*idem*, p. 38-39).

modelos é alegria: este confronto das crianças com os bons autores, com os modelos, em convívio com Pitágoras ou com V. Hugo, gera alegria – e é esta alegria de compreender e de sentir emoções, este tipo específico de alegria que forma o fecho de abóboda de toda a educação tradicional" (p. 22). E ao tratar da Educação Nova irá destacar como um de seus traços distintivos "a alegria do presente", isto é, a ênfase em "atividades que tenham para a criança um sentido presente: dar lugar ao atual, pôr em primeiro lugar a alegria do momento" (p. 70).

A análise das duas pedagogias é feita com o objetivo de "abrir um caminho a uma pedagogia atual, que venha a fazer a síntese do tradicional e do moderno: síntese e não confusão" (p. 9-10). E esta síntese ele irá buscar no marxismo por meio de Makarenko, afirmando textualmente: "a alegria é o tema fundamental do pensamento de Makarenko" (p. 168). E acrescenta, no parágrafo seguinte, que se trata de "uma alegria real, presente e não a toda hora prometida para mais tarde como recompensa longínqua de contrariedades bem próximas" (p. 169).

No livro seguinte, *Ou vont les pédagogies non-directives?*, de 1973, Snyders empreende uma crítica detalhada sob os pontos de vista político e pedagógico às pedagogias não diretivas, crítica que se completa com um novo esforço de superação desenvolvido no último capítulo denominado "O marxismo poderá inspirar uma pedagogia?". Compreende-se que o autor responda positivamente à pergunta que dá título ao capítulo e convictamente o fundamente de forma convincente ao longo de 50 páginas. E a argumentação se completa com a seguinte consideração: "Uma vez mais, uma última vez, é o alargamento como ruptura, embora sem perder o contato com a experiência familiar: neste caso, o alargamento é uma espécie de salto prodigioso que poderá conduzir a criança da alegria de criar um objeto com as próprias mãos, até à participação consciente nas leis da sociedade" (Snyders, 1976, p. 359).

Em *École, classe et lutte des classes*, publicada originalmente em 1976, Snyders empreende uma "nova leitura crítica de cinco autores": Bourdieu-Passeron, Baudelot-Establet e Illich. Com base no marxismo são analisados minuciosamente os autores escolhidos reconhecendo-se as suas contribuições, mas também detectando e procurando superar as suas limitações. Após exposição detalhada o autor procura resumir sua posição numa conclusão denominada "para uma escola progressista". Ali a escola progressista é conceituada nos seguintes termos:

> A escola progressista parece-nos organizar-se por um triplo movimento: a escola apóia-se no que há de positivo nas crianças da classe operária; transforma-se por essa mesma positividade, pelo impulso que terá de

> receber delas, que lhes terá extraído; enfim, essa positividade, submersa em desvantagem, é trazida por ela à superfície e elaborada: ajuda as crianças proletárias, desenvolvendo os valores que lhes são próprios, as suas atitudes próprias, a ultrapassar as suas limitações, a desembaraçar-se de tentações sempre ameaçadoras. [...] E é finalmente deste modo que ela proporciona às crianças uma vida mais intensa, uma cultura mais real (SNYDERS, 1977, p. 394).

Tal tarefa, no entanto, pressupõe uma condição:

> A escola só pode triunfar junto dos alunos do povo e fazê-los triunfar se for capaz de comunicar uma alegria atual àquilo que lhes ensina: o prazer de sentir a emoção de um poema, seja ele composto por um escritor ou por eles, de desenvolver um raciocínio coerente, de construir e de compreender os mecanismos, o sentimento de ter uma visão mais segura dos próprios problemas (p. 395).

O livro *Il n'est pas facile d'aimer ses enfants*, de 1980, constitui um empenho obstinado em explicitar as dificuldades, mas também as alegrias do amor pelos filhos. Aqui, como num interlúdio, o eixo temático desloca-se da escola para a família não se desviando, porém, da preocupação pedagógica. E, também aqui, a fonte inspiradora é a mesma como se patenteia no título do último capítulo: "O marxismo ajuda-me a justificar o amor pelo meu filho", e através dele, chega-se ao amor por todos os homens.

Num trabalho realizado em Portugal (SNYDERS, 1984) atendendo ao tema proposto pelos organizadores do evento, refere-se ao seu livro sobre as pedagogias não diretivas e depois fala sobre o livro que ele sonhava escrever. Aí ele afirmava que se tratava de uma ideia ainda pouco clara, mas cujo tema já estava bem delineado; o livro que ele queria tanto escrever iria tratar da alegria na escola. E é exatamente este livro que vem à luz em 1986: *La joie à l'école*. Finalmente, a "pedagogia marxista da alegria" se explicita de forma sistemática com toda força e clareza.

Em *La joie à l'école* Snyders começa por evocar as alegrias da cultura espontânea, depois as da cultura elaborada, passa às manifestações de alegria características da dialética continuidade-ruptura para, enfim, na última parte do livro abordar especificamente a escola sob o prisma da alegria. Mas certamente o nosso convidado gostará de falar-lhes sobre este tema que lhe é tão caro a ponto de ter se constituído no assunto central de seu último livro. Não quero, pois, desempenhar o antipático papel de "desmancha prazer" e privá-los da alegria de ouvir o próprio Snyders falar-lhes sobre "a alegria na escola".

Ao terminar desejo dar as boas-vindas ao professor Snyders não, porém, sem antes afirmar que, em que pese ser a sua primeira visita a nosso país, ele já se encontra entre nós, por meio de seus livros, desde pelo menos 1976. O professor talvez não se lembre, mas quando o visitei em Paris, em 1977, fui agraciado por ele próprio com a tradução portuguesa de seus livros *Ou vont les pédagogies non-directives* e *École, classe et lutte des classes*. Entretanto, antes mesmo de conhecer as traduções portuguesas vinha já utilizando suas obras nos cursos por mim ministrados. E desde essa época seus livros *Pedagogia progressista*, *Para onde vão as pedagogias não-diretivas?* e *Escola, classe e luta de classes* constituem leituras obrigatórias na disciplina Filosofia da Educação que eu vinha lecionando todos os anos na PUC de São Paulo.

Compreende-se então a enorme alegria com que aceitei a incumbência de dirigir-lhes estas palavras na abertura deste evento tão significativo para o Programa de Pós-Graduação em Educação da Universidade Federal de Goiás e para os educadores de todo o Brasil. Com efeito, a valorização da escola, a defesa da especificidade do trabalho pedagógico, a articulação da escola com a construção do socialismo são temas centrais da obra do nosso convidado e constituem também posições que venho insistentemente defendendo em nosso país. Snyders é, assim, uma das referências fundamentais da corrente pedagógica que venho chamando de "pedagogia histórico-crítica", uma pedagogia enraizada na História e que, inspirada no marxismo, pretende ser a síntese superadora tanto das pedagogias tradicional e nova como das teorias crítico-reprodutivistas. Como já se indicou, é esta mesma síntese que Snyders persegue constante e competentemente em todas as suas obras.

Bem-vindo, professor Snyders, a Goiânia e ao Brasil. Bom trabalho a todos.

São Paulo, 30 de outubro de 1988.
Goiânia, 07 de novembro de 1988.

Referências

ALTHUSSER, L. *Posições*. Lisboa: Livros Horizonte, 1977.

SANTOS, J. F. *O que é pós-moderno*. São Paulo: Brasiliense, 1987.

SAVIANI, D. Escola e democracia ou a teoria da curvatura da vara. *ANDE*, n. 1, p. 23-33, 1981.

SAVIANI, D., *Escola e democracia*. São Paulo: Cortez/Autores Associados, 1983.

SNYDERS, G. *La pédagogie em France aux XVIIe et XVIIIe siècles*. Presses Universitaires de France, 1964.

SNYDERS, G. Os séculos XVII e XVIII. In: DEBESSE, M.; MIALARET, G. (Org.).*Tratado das ciências pedagógicas*. São Paulo: Nacional/USP, 1977. v. 2 (História da Pedagogia), p. 269-332.

SNYDERS, G. *Pédagogie progressiste*. Paris: PUF, 1971 (*Pedagogia progressista*. Coimbra: Livraria Almedina, 1974).

SNYDERS, G. *Où vont les pédagogies non-directives?* Paris: PUF, 1973 (*Para onde vão as pedagogias não-diretivas?* Lisboa: Moraes, 1976).

SNYDERS, G. *École, classe et lutte des classes*. Paris: PUF, 1976 (*Escola, classe e luta de classes*. Lisboa: Moraes, 1977).

SNYDERS, G. *Il n'est pas facile d'aimer ses enfants*. Paris: PUF, 1980 (*Não é fácil amar os nossos filhos*. Lisboa: Publicações Dom Quixote, 1984).

SNYDERS, G. *et al*. *Correntes actuais da pedagogia*. Lisboa: Livros Horizonte, 1984.

SNYDERS, G. *et al*. *La joie à l'école*. Paris: PUF, 1986.

Educação e questões da atualidade[1]

Este livro abrange estudos que convergem em torno de dois temas comuns: educação e atualidade. Procura situar a educação diante de questões candentes que marcam a turbulenta conjuntura que estamos atravessando, como a pós-modernidade, a relação entre problemas sociais e problemas de aprendizagem, o pensamento de esquerda, o papel do Estado na educação e os sindicatos de trabalhadores em face da questão escolar. Mas a articulação dos assuntos tratados não se dá apenas pela via do objeto representado pelo substrato comum traduzido na ligação entre educação e atualidade. A articulação se dá também pelo enfoque, isto é, pela perspectiva de análise ancorada na concepção histórico-crítica. Assim sendo, busca-se persistentemente abordar os problemas pelo prisma do movimento orgânico que os constitui, evidenciando a trama das determinações fundamentais que se desenvolvem historicamente.

A perspectiva acima assinalada apoia-se necessariamente nas contribuições decorrentes do esforço científico desenvolvido por Marx para compreender os modos como os homens produzem sua própria existência produzindo, assim, a História mesma.

Considerando a direção para onde os ventos estão soprando, os rumos tomados pelas ondas que agitam os mares em que navegamos, o leitor provavelmente se perguntará: mas o autor não estará adotando uma perspectiva desatualizada justamente para tratar de questões da atualidade? Não é Marx um autor do século passado cujas análises já estão ultrapassadas? Não é ele um profeta fracassado cujas previsões estão sendo uma a uma contestadas pelos fatos recentes ocorridos nos países do Leste europeu?

---

1 Texto da Apresentação de *Educação e questões da atualidade*, livro publicado em 1991, simultaneamente em português (São Paulo: Cortez/Livros do Tatu) e em espanhol (*Educación: temas de actualidad*. Buenos Aires: Libros del Quirquincho/Cortez), esgotado e não reeditado. O autor pensa em reformular e atualizar seu conteúdo para nova publicação.

As perguntas acima formuladas expressam um dos problemas mais marcantes do momento presente. Esta é provavelmente a mais momentosa questão da atualidade. Convém, pois, num livro que se propõe a abordar a educação na conjuntura atual, enfrentar preliminarmente essa questão.

Costumo dizer que é preciso que consideremos mais seriamente a afirmação de Sartre – que não era marxista – segundo a qual o marxismo é a filosofia viva e insuperável de nossos tempos. Considera ele que

> [...] um argumento "antimarxista" não é mais que o rejuvenescimento aparente de uma ideia pré-marxista. Uma pretensa "superação" do marxismo não será, no pior dos casos, mais que a uma volta ao pré-marxismo e, no melhor, a redescoberta de um pensamento já contido na ideia que se acredita superar (Sartre, 1963, p. 18).

Esta ideia de Sartre se ancora na consideração de que uma filosofia é viva enquanto expressa a problemática própria da época que a suscitou e é insuperável enquanto o momento histórico de que é expressão não tiver sido superado. Ora, os problemas postos pelo marxismo são os problemas fundamentais da sociedade capitalista e enquanto estes problemas não forem resolvidos/superados não se pode falar que o marxismo terá sido superado.

A vitalidade do marxismo se expressa não apenas pela persistência dos problemas por ele formulados, mas também por sua capacidade de exercer a crítica tanto externamente, isto é, em relação à sociedade burguesa à qual se contrapõe, quanto internamente, quer dizer, em relação às diferentes apropriações de Marx e do marxismo efetuadas por aqueles que se definem como marxistas. Assim é que, desde Marx, passando por Engels, Lenin, Gramsci até os contemporâneos, construiu-se uma tradição de crítica e de polêmica que atesta a sua presença viva na história da nossa época. É nesse quadro que as experiências realizadas em seu interior foram alvo da crítica dos próprios marxistas. Não se trata de reconstituir aqui o copioso debate nesse terreno. Pretende-se apenas ilustrar com alguns exemplos esse fenômeno a fim de responder satisfatoriamente às perguntas formuladas em torno da superação ou não do pensamento de Marx.

Henri Lefebvre, em trabalho escrito em 1956, já formulava uma crítica bastante aguda da visão dogmática construída sobre o pensamento de Marx, de modo especial na União Soviética. Afirma ele que em menos de um século as ideias de Marx

> [...] que pareciam tão vigorosas, petrificaram, esclerosaram-se, transformaram-se no seu contrário: em dogmas... A crítica radical do Estado e a teoria do enfraquecimento do Estado transformaram-se em ideologia de Estado. A crítica radical da burocracia, ligada em Marx à crítica teórica e prática do Estado, tornou-se ideologia favorita e justificadora de enormes

> burocracias estatais (de que os próprios chefes de Estado reconhecem a enormidade e sublinham os abusos). A crítica das ideologias transformou-se em ideologia, a crítica do existente em apologia 'incondicionada' de um certo existente... (Lefebvre, s.d., p. 72).

Essa crítica de Lefebvre, ao mesmo tempo que detecta uma interpretação dogmática do marxismo, procura pôr em evidência a fecundidade das contribuições de Marx, as quais não autorizam o dogmatismo constatado.

No campo educacional, a introdução ao capítulo sobre "a experiência soviética" (1917-1932), do livro *A Internacional Comunista e a Escola de Classe*, organizado por Daniel Lindenberg e publicado na França em 1972, ao registrar um balanço crítico da educação soviética nesse período, põe em evidência os limites da tentativa de ajustar o ensino às necessidades dos trabalhadores:

> A chave do desequilíbrio é, bem entendido, a ausência do proletariado enquanto força social tendo uma expressão política autônoma. Na ausência, pois, de toda linha de massa, depois do desaparecimento de fato dos sovietes operários e camponeses pobres, a hegemonia proletária não pode se impor por decreto (Lindenberg, 1972, p. 299-300).

Portanto, desde aquela época já se evidenciavam as dificuldades de implantação do socialismo na União Soviética.

Não se trata, obviamente, de criticar as interpretações e as experiências apontando-se os seus desvios tendo em vista a manutenção de uma relação dogmática com o autor principal, no caso, Marx. Ou seja, não se trata de tomar as contribuições de Marx como verdades acabadas e incontestes, isto é, como dogmas. Aliás, o próprio Marx, assim como o seu colaborador Engels, tinham consciência dos limites de suas análises, como explicita enfaticamente Engels em 1895 na Introdução a uma nova edição do texto de Marx "As lutas de classe na França de 1848 a 1850". Ali, após tecer considerações sobre os problemas implicados na tarefa de analisar a história enquanto ela se realiza diante de nós, expressa, sobre a expectativa então manifesta de que a revolução de 1848 na França viesse a se transformar numa revolução proletária, a seguinte apreciação:

> A história nos desmentiu, bem como a todos que pensavam de maneira análoga. Ela demonstrou claramente que o estado de desenvolvimento econômico no continente ainda estava muito longe do amadurecimento necessário para a supressão da produção capitalista (Marx; Engels, s.d., v. 1, p. 99).

Portanto, o que está em jogo não é manter a todo o custo uma fidelidade ao marxismo ou uma subserviência às ideias de Marx. O que está em causa é verificar em que medida as transformações políticas em curso neste início da década de 90 do século 20 autorizam a conclusão de que Marx foi ultrapassado, não fazendo mais sentido tomá-lo como referência para o estudo dos problemas contemporâneos.

Se nos reportarmos ao próprio pensamento de Marx iremos verificar que seu empenho se dirigiu no sentido de compreender cientificamente as leis da transformação e desenvolvimento do processo histórico, como assinala uma resenha crítica de *O capital* publicada no *Mensageiro Europeu* em 1872:

> Quando Marx fixa, como seu propósito, pesquisar e esclarecer, desse ponto de vista, a ordem econômica capitalista, está ele apenas estabelecendo, com máximo rigor científico, o objetivo que deve ter qualquer investigação correta da vida econômica... O valor científico dessa pesquisa é patente: ela esclarece as leis especiais que regem o nascimento, a existência, o desenvolvimento, a morte de determinado organismo social, e sua substituição por outro de mais alto nível. É esse o mérito do livro de Marx (*apud* Marx, 1968, p. 16).

Na pesquisa levada a cabo por Marx o "organismo social" referido no texto se materializa na sociedade capitalista. É esta que Marx estuda e cujas leis de nascimento, existência, desenvolvimento, morte e substituição por outra de mais alto nível ele revela. O socialismo é apenas o nome dessa forma social de mais alto nível que se gesta no interior do próprio capitalismo a partir de suas contradições internas. Mas Marx não estudou a sociedade socialista e, como cientista, nem poderia fazê-lo; e isso pela simples razão de que esse novo tipo de sociedade não estava – e não está ainda – constituída. Para Marx essa nova forma social só se constituiria após o esgotamento pleno de todas as possibilidades contidas no próprio capitalismo, como se patenteia nesta passagem:

> Uma organização social *nunca* desaparece antes que se desenvolvam *todas* as forças produtivas que ela é capaz de conter; *nunca* relações de produção novas e superiores se lhe substituem antes que as condições materiais de existência destas relações se produzam no próprio seio da velha sociedade (Marx, 1973, p. 29, grifos nossos).

Ora, se ainda hoje não se esgotaram todas as possibilidades do capitalismo, compreendem-se as dificuldades do chamado "socialismo real", cuja origem data do início deste século. Por outro lado, essa experiência, além de não se ancorar no desenvolvimento pleno das forças produtivas capitalistas, foi uma tentativa localizada, parcial e paralela à sociedade capitalista, tendo esta continuado a se desenvolver nas outras partes do mundo. Ora, para Marx, a nova forma social só pode prevalecer quando se manifesta, senão de fato, pelo menos como tendência dominante e global. Assim é que no final do posfácio à 2ª edição alemã de *O capital*, após referir-se ao caráter crítico e revolucionário da dialética, considera que, para o burguês prático, as contradições do capitalismo são captadas de modo mais evidente nas crises periódicas que culminam na crise geral. E acrescenta que a crise geral

> [...] de novo se aproxima, embora ainda se encontre nos primeiros estágios; mas, quando tiver o mundo por palco e produzir efeitos mais intensos, fará entrar a dialética mesmo na cabeça daqueles que o bambúrrio transformou em eminentes figuras do novo sacro império prussiano-alemão (Marx, 1968, p. 17).

A expressão "quando tiver o mundo por palco" deixa evidente que a superação do capitalismo só pode se dar de forma global. Parece plausível, portanto, a conjectura de que se Marx tivesse acompanhado a experiência da União Soviética ele não teria ilusões a respeito e não estaria surpreso com os eventos que se sucedem hoje naquele país. Isso não significa, entretanto, que ele desautorizaria ou invalidaria a referida experiência. Provavelmente ele a avaliaria de forma positiva embora evidenciando os seus limites objetivos como o fez com a Comuna de Paris. Isso porque, segundo ele, mesmo quando uma sociedade compreende o significado da lei objetiva que determina o seu desenvolvimento, "não pode ela suprimir, por saltos ou por decreto, as fases naturais de seu desenvolvimento. Mas ela pode encurtar e reduzir as dores do parto" (Marx, 1968, p. 6).

É provavelmente com esse objetivo que Marx participou diretamente e incentivou de todas as maneiras a seu alcance as iniciativas práticas de luta pelo socialismo em todos os lugares e circunstâncias e, com certeza, teria incentivado também as iniciativas do mesmo tipo que ocorreram neste século e isso independentemente de que correspondessem predominantemente às suas próprias ideias. Aliás, convém registrar que, embora tenha sido o organizador, incentivador e grande líder da I Internacional dos Trabalhadores, suas ideias não eram propriamente hegemônicas nessa organização como não o foram na experiência da Comuna de Paris. O mesmo ocorreu com a II Internacional, que acabou hegemonizada pelos partidos operários alemães sob a influência da social-democracia. E a III Internacional, por sua vez, embora idealizada, fundada e organizada sob a liderança de Lenin em 1919, com a morte deste em 1924 acabou, posteriormente, sob a hegemonia do stalinismo.

Em suma, o desmoronamento dos regimes do Leste europeu, em lugar de significar a superação de Marx, constitui, ao contrário, um indicador de sua atualidade. Levando-se em conta que uma filosofia é viva e insuperável enquanto o momento histórico que ela representa não for superado, cabe concluir que se o socialismo tivesse triunfado é que se poderia colocar a questão da superação do marxismo, uma vez que, nesse caso, os problemas que surgiriam seriam de outra ordem. Mas, os fatos o mostram, ele não triunfou. O capitalismo continua sendo ainda a forma social predominante. Portanto, Marx continua sendo não apenas uma referência válida, mas a principal referência para compreendermos a situação atual. Faz, pois, todo o sentido levá-lo em conta neste livro que trata de educação e questões da atualidade.

Referências

LEFEBVRE, H. *Materialismo dialético e sociologia.* Lisboa: Presença, [s.d.]

LINDENBERG, D. (Org.). *L'internationale communiste et l'école de classe.* Paris: Maspero, 1972.

MARX, K.; ENGELS, F. *Obras escolhidas.* São Paulo: Alfa-Ômega, [s.d.]. v. 1.

MARX, K. *O capital.* Rio de Janeiro: Civilização Brasileira, 1968.

MARX, K. *Contribuição para a crítica da economia política.* Lisboa: Estampa, 1973.

SARTRE, J.-P. *Crítica de la razón dialéctica.* Buenos Aires: Losada, 1963. 2 v.

Escola e saber objetivo na perspectiva histórico-crítica[1]

Os estudos que compõem este livro giram em torno da pedagogia histórico-crítica. Neste sentido, dão continuidade e complementam as análises apresentadas no livro *Escola e democracia.* Em verdade, *Escola e democracia* pode ser considerado uma introdução preliminar à pedagogia histórico-crítica. Com efeito, o primeiro capítulo, "As teorias da educação e o problema da marginalidade", apresenta uma síntese das principais teorias da educação, abrangendo as teorias não críticas (pedagogia tradicional, pedagogia nova e pedagogia tecnicista) e as teorias crítico-reprodutivistas (teoria da escola enquanto violência simbólica, teoria da escola enquanto aparelho ideológico de Estado e teoria da escola dualista). Tais teorias são submetidas a juízo de valor, colocando-se a exigência de sua superação com o que já se prenuncia no item "Para uma teoria crítica da educação", a pedagogia histórico-crítica.

O segundo capítulo, "Escola e democracia I – A teoria da curvatura da vara", tem um caráter preparatório para a pedagogia histórico-crítica. Como registrei no prefácio à 20ª edição, "trata-se de uma abordagem centrada mais no aspecto polêmico do que no aspecto gnosiológico. [...] Não se trata de uma exposição exaustiva e sistemática, mas da indicação de caminhos para a crítica do existente e para a descoberta da verdade histórica."

Empreende-se aí uma apreciação radical da pedagogia liberal burguesa, sendo "a denúncia da escola nova apenas uma estratégia visando a demarcar mais precisamente o âmbito da pedagogia burguesa de inspiração liberal e o âmbito da pedagogia socialista de inspiração marxista" [Saviani, 2007, p. xxiii].

Vê-se, assim, que, embora não se faça ainda exposição da pedagogia histórico-crítica, é ela que comanda a análise. Com efeito, a perspectiva

---

1 Texto introdutório de *Pedagogia histórico-crítica: primeiras aproximações*, livro publicado em 1991, atualmente na 10ª ed. Campinas: Autores Associados, 2008. p. 5-9.

historicizadora aí adotada constitui uma exigência metodológica inerente à concepção histórico-crítica.

Por sua vez, o terceiro capítulo de *Escola e democracia*, denominado "Escola e democracia II – Para além da teoria da curvatura da vara", pode já ser considerado um esboço de formulação da pedagogia histórico-crítica. Em contraponto com as pedagogias tradicional e nova, expõem-se agora os pressupostos filosóficos, a proposta pedagógico-metodológica e o significado político da pedagogia histórico-crítica.

Finalmente, o quarto capítulo, "Onze teses sobre educação e política", procura caracterizar, no confronto com a prática política, a especificidade da prática educativa. Afirmei, então, que "o problema de se determinar a especificidade da educação coincide com o problema do desvendamento da natureza própria do fenômeno educativo" (Saviani, 2007, p. 82).

Ora, o presente livro começa por tratar exatamente do tema relativo à natureza e especificidade da educação. Dá, pois, continuidade à reflexão com a qual se conclui *Escola e democracia*. Determina-se a natureza da educação no âmbito da categoria "trabalho não material". Para melhor compreensão desse conceito, recomenda-se a leitura do texto "Trabalhadores em educação e crise na universidade", publicado no livro *Ensino público e algumas falas sobre universidade* (Saviani, 1984, p. 75-86), em que se esclarece a distinção entre trabalho produtivo e improdutivo, bem como entre produção material e não material, distinguindo-se na produção não material duas modalidades: aquela em que o produto se separa do produtor e aquela em que o produto não se separa do ato de produção; e é nesta segunda modalidade que se localiza a educação. Toda a reflexão se desenvolve na perspectiva histórico-crítica, como o atesta a seguinte afirmação:

> A natureza humana não é dada ao homem mas é por ele produzida sobre a base da natureza biofísica. Conseqüentemente, o trabalho educativo é o ato de produzir, direta e intencionalmente, em cada indivíduo singular, a humanidade que é produzida histórica e coletivamente pelo conjunto dos homens.

Já nesse texto avulta como central a questão do saber. Com efeito, não estaremos, por certo, forçando a análise se afirmarmos que a produção não material coincide com a produção do saber. De fato, a produção não material, isto é, a produção espiritual, não é outra coisa senão a forma pela qual o homem apreende o mundo, expressando a visão daí decorrente de distintas maneiras. Eis porque se pode falar de diferentes tipos de saber ou de conhecimento, tais como: conhecimento sensível, intuitivo, afetivo, conhecimento intelectual, lógico, racional, conhecimento artístico, estético, conhecimento axiológico, conhecimento religioso e, mesmo, conhecimento prático e conhecimento teórico. Do ponto de vista da educação, esses diferentes tipos de saber não interessam em si mesmos; eles interessam, sim, mas enquanto elementos que os indivíduos da espécie humana necessitam assimilar para que se tornem humanos. Isso porque o homem não se faz homem naturalmente; ele não nasce sabendo ser homem, vale dizer, ele não nasce sabendo sentir, pensar, avaliar, agir. Para saber pensar e sentir, para saber querer, agir ou avaliar é preciso aprender, o que implica o trabalho educativo. Assim, o saber que diretamente interessa à educação é aquele que emerge como resultado do processo de aprendizagem, como resultado do trabalho educativo. Entretanto, para chegar a esse resultado a educação tem que partir, tem que tomar como referência, como matéria-prima de sua atividade, o saber objetivo produzido historicamente.

O fenômeno anteriormente apontado manifesta-se desde a origem do homem pelo desenvolvimento de processos educativos inicialmente coincidentes com o próprio ato de viver, os quais se foram diferenciando progressivamente até atingir um caráter institucionalizado cuja forma mais conspícua se revela no surgimento da escola. Esta aparece inicialmente como manifestação secundária e derivada dos processos educativos mais gerais, mas vai transformando-se lentamente ao longo da História até se erigir na forma principal e dominante de educação. Esta passagem da escola à forma dominante de educação coincide com a etapa histórica em que as relações sociais passaram a prevalecer sobre as naturais, estabelecendo-se o primado do mundo da cultura (o mundo produzido pelo homem) sobre o mundo da natureza. Em consequência, o saber metódico, sistemático, científico, elaborado, passa a predominar sobre o saber espontâneo, "natural", assistemático, resultando daí que a especificidade da educação passa a ser determinada pela forma escolar. A etapa histórica em referência – que ainda não se esgotou – corresponde ao surgimento e desenvolvimento da sociedade capitalista, cujas contradições vão colocando de forma cada vez mais intensa a necessidade de sua superação. Eis porque no texto "Sobre a natureza e especificidade da educação"se considerou legítimo tomar-se a educação escolar como exemplar.

A questão do saber objetivo recebe uma determinação mais precisa no texto seguinte, motivado pela polêmica em que se contrapôs a competência técnica ao compromisso político. O ponto de vista histórico-crítico permitiu aí desmontar o raciocínio positivista, afastando a armadilha em que frequentemente caem os próprios críticos do positivismo ao deixarem intacta a premissa maior que vincula a objetividade à neutralidade. Tal desmontagem tornou possível negar a neutralidade e, ao mesmo tempo, afirmar a objetividade. A neutralidade é impossível porque não existe conhecimento desinteressado. Não obstante todo conhecimento ser interessado, a objetividade é possível porque não é todo interesse que impede o conhecimento objetivo. Há interesses que não só não impedem como exigem a objetividade. Mas como diferenciá-los? Tal tarefa resulta impossível de ser realizada no plano abstrato, isto é, no terreno puramente lógico. Para se saber quais são os interesses que impedem e quais aqueles que exigem a objetividade, não há outra maneira senão abordar o problema em termos históricos. Só no terreno da História, isto é, no âmbito do desenvolvimento de situações concretas, essa questão pode ser dirimida. E é isso que a conclusão do texto "Competência política e compromisso técnico" procurou evidenciar, exemplificando com o desenvolvimento da sociedade burguesa.

Na sequência encontram-se dois textos referidos diretamente à pedagogia histórico-crítica. Ambos se complementam na medida em que situam essa corrente pedagógica no contexto brasileiro em confronto com as demais tendências, esclarecendo as principais objeções a ela formuladas e explicitando a sua relação com a educação escolar. Em ambos os textos também o problema do saber ocupa lugar proeminente. Com efeito, em "A pedagogia histórico-crítica no quadro das tendências críticas da educação brasileira", observa-se que todas as objeções examinadas na forma de dicotomias estão referidas ao problema do saber. E em "A pedagogia histórico-crítica e a educação escolar" reitera-se que "o saber é objeto específico do trabalho escolar".

Em suma, é possível afirmar que a tarefa a que se propõe a pedagogia histórico-crítica em relação à educação escolar implica:

a) Identificação das formas mais desenvolvidas em que se expressa o saber objetivo produzido historicamente, reconhecendo as condições de sua produção e compreendendo as suas principais manifestações, bem como as tendências atuais de transformação.
b) Conversão do saber objetivo em saber escolar, de modo que se torne assimilável pelos alunos no espaço e tempo escolares.
c) Provimento dos meios necessários para que os alunos não apenas assimilem o saber objetivo enquanto resultado, mas apreendam o processo de sua produção, bem como as tendências de sua transformação.

Referências

SAVIANI, D. *Ensino público e algumas falas sobre universidade*. São Paulo: Cortez/ Autores Associados, 1984.

SAVIANI, D. *Escola e democracia*. 39. ed. Campinas: Autores Associados, 2007.

A estratégia da resistência ativa[1]

À vista dos elementos dispostos e tendo presente o desfecho da tramitação do projeto de LDB no Congresso Nacional, resulta inviável que as forças progressistas, vale dizer, a comunidade educacional organizada, venham a assumir a dianteira do processo de implantação da nova LDB. Parece que a única alternativa que resta é o desenvolvimento de formas de resistência.

Tem-se constatado, entretanto, que as resistências às iniciativas de política educacional, por parte do movimento crítico e progressista, têm se revestido de um caráter passivo. Quando se anuncia uma medida de política educacional, tendem a surgir vozes discordantes que expressam suas críticas, formulam objeções, alertam para os riscos e apontam as consequências negativas que poderão advir, caso a medida proposta venha a ser efetivada. São, em geral, manifestações individuais que, embora em quantidade significativa e representativa de preocupações e anseios generalizados entre os profissionais que militam no campo educacional, acabam não ultrapassando o âmbito do exercício do direito de discordar.

Ora, esse procedimento podia surtir algum efeito prático durante o governo Collor, mas não é mais suficiente no contexto atual. Isso porque naquele caso se tratava de um governo destituído de legitimidade, competência e sustentação política, razão pela qual, ocorrendo resistências, a iniciativa se inviabilizava. O governo Fernando Henrique Cardoso, ao contrário, dispõe de legitimidade, competência e base política para fazer valer suas propostas. Diante de eventuais resistências contemporiza, altera a tática e, através de nova investida, acaba efetivando a sua proposta. Aos críticos só resta conviver com o fato consumado, tendo que se ajustar de algum modo à nova situação.

Nesse novo contexto, a resistência passiva termina por resultar inútil. Daí a necessidade de se passar à resistência ativa. Esta implica pelo menos

[1] Tópico n. 3 da Conclusão do livro *A nova lei da educação (LDB): trajetória, limites e perspectivas.* Campinas: Autores Associados, 1997 [11. ed., 2008, p. 235-238].

duas condições: a primeira se refere à forma, isto é, à exigência de que a resistência se manifeste não apenas individualmente, mas através de organizações coletivas, galvanizando fortemente os de algum modo atingidos pelas medidas anunciadas; a segunda diz respeito ao conteúdo, envolvendo, portanto, a formulação de alternativas às medidas propostas, sem o que será difícil conseguir a mobilização.

O relativo impasse em que desembocou o encaminhamento da nova LDB tem a ver com a prevalência da resistência passiva. A mobilização anterior se arrefeceu e a capacidade de resistência foi quebrada pela adoção da estratégia das reformas pontuais. A falta de alternativas a essa forma de encaminhamento da política educacional, assim como ao seu conteúdo, tem imobilizado as chamadas "esquerdas".

Nesse contexto de crescente desemprego parece que faz todo o sentido que os sindicatos retomem vigorosamente a luta pela redução da jornada de trabalho. Ora, esse é um ponto que tem importantes consequências no âmbito da educação. Quando comentamos a Seção referente à Educação de Jovens e Adultos, salientamos a importância das medidas incluídas no Substitutivo Jorge Hage, em especial a redução da jornada de trabalho para viabilizar a frequência à escola. E observamos, diante da sua exclusão do texto aprovado, que medidas como essas não tinham mesmo chance de figurar no texto legal nestes tempos neoliberais em que os direitos dos trabalhadores tendem a ser comprimidos, senão eliminados, jamais expandidos.

No entanto, embora a redução da jornada de trabalho contrarie a orientação política dominante, ela tem respaldo no desenvolvimento da produção que permite, pelo incremento tecnológico, uma maior produtividade em menor tempo de trabalho. A articulação entre as organizações do âmbito educacional com as organizações operárias em torno desse objetivo comum é um exemplo de como se pode acionar a estratégia da resistência ativa. Além do mais, como se trata de pontos que a lei não incluiu mas também não proibiu, na esteira da luta pela redução da jornada de trabalho é possível reintroduzir as outras medidas correlatas como o direito a horas de estudo durante a jornada de trabalho, recepção de programas de teleducação no local de trabalho, oferta de trabalho em tempo parcial, etc., no próprio processo de implantação da nova LDB. E isso com base na Constituição e no artigo quinto da mesma LDB que considera que o acesso ao ensino como direito público subjetivo abrange também os jovens e adultos devendo, em consequência, lhes ser garantido pelo Estado.

Vários outros exemplos poderiam ser mencionados para ilustrar como, através da resistência ativa, se poderia ocupar os espaços deixados pelas diversas lacunas ou omissões do texto da lei.

Entretanto, penso que a referida estratégia poderá ser desencadeada sobre a base das duas instâncias consideradas centrais no projeto aprovado pela Câmara porque através delas se garantiria a efetiva participação da população organizada, em especial da comunidade educacional, nas decisões relativas à política educacional. Refiro-me ao Fórum Nacional de Educação e ao Conselho Nacional de Educação.

No Primeiro Congresso Nacional de Educação, realizado em Belo Horizonte entre 31 de julho e 3 de agosto de 1996, colocou-se como tema central a reunião de subsídios para a elaboração do Plano Nacional de Educação. Ocorreu-me, então, sugerir que, a partir desse I CONED, se constituísse um Fórum Nacional de Educação, com caráter permanente e estruturado à base de comissões técnicas, com a tarefa de levar a cabo um diagnóstico consistente a partir do qual se possam formular metas a curto, médio e longo prazo e delinear os meios e as ações que permitam viabilizá-las. A esse Fórum caberá a tarefa não apenas de formular uma proposta de plano, mas também de acompanhar e avaliar a execução do referido Plano Nacional de Educação.

Nos termos do parágrafo primeiro do artigo 87 da lei, é atribuída à União a tarefa de encaminhar ao Congresso Nacional, no prazo de um ano, o Plano Nacional de Educação para os 10 anos seguintes. Ora, o resultado do trabalho do Fórum, caso não haja espaço para ser incorporado em termos oficiais, se constituirá como proposta alternativa àquela do MEC, podendo ser eventualmente considerada pelo Congresso Nacional, permanecendo, de qualquer modo, como referência para a análise e avaliação da execução e possível alteração do plano que vier a ser aprovado.

Eis como se pode acionar a estratégia da resistência ativa. Resiste-se à tendência dominante mas formulando e apresentando proposta alternativa que, pelo conteúdo e pela forma de mobilização, permite conduzir o embate com alguma chance de reverter a situação, senão imediatamente, acumulando energia para o momento em que a correlação de forças se tornar mais favorável.

Por outro lado, o Conselho Nacional de Educação não deve ser pensado como um espaço fora de cogitação. Ao contrário, deve ser considerado de forma atenta, buscando articular-se com ele tendo em vista os objetivos maiores da educação brasileira. Com efeito, pela forma como foram indicados os seus membros, pela sua composição atual e pelas suas atribuições, é da maior importância a interlocução com o CNE. Em seu interior se encontram elementos que aliam uma consistente qualificação intelectual ao enraizamento na experiência das batalhas travadas pela comunidade educacional organizada. Não podemos permitir o seu isolamento o que, além de enfraquecer as nossas lutas, implicaria o risco de sua neutralização ou cooptação.

A estratégia proposta parte da consideração de que a mudança da situação está exigindo alteração nos conceitos que até então orientavam as forças de esquerda, com a consequente alteração também nas formas de luta. O conceito de Estado está se "alargando", quando se constata o espaço que vem sendo ocupado pelas chamadas organizações não governamentais, o mesmo acontecendo com o conceito de partido. Por isso talvez esteja na hora de retomarmos, de forma atenta às circunstâncias em que vivemos, a metodologia gramsciana de análise das situações, com os conceitos daí decorrentes como o de Estado ampliado, envolvendo a articulação entre sociedade política e sociedade civil, e o de partido, também ampliado, abarcando tanto o partido político que estava voltado mais diretamente para a sociedade política, como o partido ideológico que visa à hegemonia no seio da sociedade através dos organismos da sociedade civil.

Em suma, há transformações de caráter orgânico que respondem às necessidades de desenvolvimento da humanidade. Contra essas não cabe resistir o que, aliás, seria reacionário. Tais transformações se manifestam, via de regra, na forma de crises de conjuntura cuja raiz reside nas contradições da estrutura social vigente. Nesse quadro, eis como se configura a correlação de forças: uma vez que os interesses dominantes procuram conservar a estrutura de que são beneficiários, busca-se evitar que as contradições da estrutura vigente venham à tona, interpretando-se a crise conjuntural como um acidente de percurso, um desvio que não só pode como deve ser corrigido. Tais interesses caminham, pois, na direção de frear o processo histórico.

Inversamente, os interesses dominados caminham na direção da aceleração do processo histórico. E isso porque não interessa às camadas dominadas a manutenção da estrutura e sim a sua transformação, tendo em vista a construção de um novo tipo de sociedade livre da dominação. Nessa perspectiva a crise de conjuntura é vista efetivamente como manifestação das contradições da estrutura que devem ser explicitadas e superadas através da transformação da própria estrutura social.

É este o embate que se pôs no processo de tramitação da nova LDB e que será reposto no encaminhamento de sua implantação. Os que se identificam com a forma social atualmente existente procurarão responder às questões postas pela implantação da nova legislação educacional na direção da consolidação do *status quo*, evitando mudanças ou incorporando aquelas inovações que concorrem para esse objetivo. De outro lado, os que visam à transformação da ordem existente se empenharão no encaminhamento das questões educacionais em sintonia com as necessidades de transformação.

A Lei n. 9.394, de 20 de dezembro de 1996, que "estabelece as diretrizes e bases da educação nacional", em vigor a partir de sua publicação no *Diário Oficial da União* de 23 de dezembro de 1996, embora não tenha incorporado dispositivos que claramente apontassem na direção da necessária transformação da deficiente estrutura educacional brasileira, ela, de si, não impede que isso venha a ocorrer.

A abertura de perspectivas para a efetivação dessa possibilidade depende da nossa capacidade de forjar uma coesa vontade política capaz de transpor os limites que marcam a conjuntura presente. Enquanto prevalecer na política educacional a orientação de caráter neoliberal, a estratégia da resistência ativa será a nossa arma de luta. Com ela nos empenharemos em construir uma nova relação hegemônica que viabilize as transformações indispensáveis para adequar a educação às necessidades e aspirações da população brasileira.

Sobre o financiamento da educação no Brasil[1]

Dir-se-ia que a grande força da proposta de Plano Nacional de Educação apresentada neste livro, a duplicação imediata dos recursos destinados à educação, é também ao mesmo tempo a sua grande fraqueza.

Com efeito, a proposta do MEC divulgada em agosto de 1997 previa alcançar a taxa de 6% do PIB apenas ao final dos 10 anos de vigência do plano. A "versão preliminar para discussão interna", de dezembro do mesmo ano, enunciava como primeira meta do item "Financiamento": "Elevação, na década, através de esforço conjunto da União, dos Estados e dos Municípios, do setor privado, do percentual do PIB aplicado em educação para atingir o mínimo de 6.5%." Acrescentava, porém, a seguinte OBSERVAÇÃO: "o consenso foi feito no sentido de ampliar os recursos públicos para 6%; considero esta meta inviável."

Eis aí a questão. O aumento significativo e imediato dos recursos financeiros é posto como fator indispensável para o enfrentamento satisfatório dos problemas educacionais sendo, pois, condição "sine qua non" para o êxito do Plano. É, assim, a meta das metas, um "a priori", já que se constitui como a condição prévia e necessária de viabilidade de todas as demais metas. Mas, exatamente aqui está o busílis: essa meta das metas, enquanto condição de viabilidade das demais, é, ela própria, viável? A resposta governamental, traduzida na observação acima citada, é cristalina: trata-se de uma meta inviável. A ser válida essa observação, toda a proposta cai por terra e, com ela, invalida-se também a proposta do CONED que se assenta sobre pressuposto semelhante.

Entretanto, já se atentou para essa questão quando se observou que a experiência internacional indica tratar-se de uma meta perfeitamente viável,

---

[1] Conclusão do livro *Da nova LDB ao FUNDEB: por uma outra política educacional*. Campinas: Autores Associados, 2007 [3. ed., 2008, p. 317-324].

uma vez que é praticada por diversos países. Nesse contexto, a duplicação proposta apenas alinharia o Brasil com os principais países. Em verdade, entendo que, dado o nosso imenso déficit, se justificaria, num período de esforço concentrado como o correspondente ao Plano, por isso mesmo denominado pela LDB de "década da educação", um investimento muito superior ao dos países que universalizaram há várias décadas a educação básica. No entanto, a proposta, consciente das dificuldades políticas a serem enfrentadas, limitou-se a nivelar-nos com aqueles países.

Os governistas mais renitentes insistirão, contudo, em sua argumentação, afirmando que, embora se reconheça que a defasagem do Brasil justifique um aumento considerável dos investimentos, essa mesma defasagem se explica em função das enormes carências as quais se refletem também no orçamento global do país, o que impede a ampliação significativa dos recursos destinados à educação, inviabilizando a meta proposta.

Essa argumentação, no entanto, deixa de ter consistência quando se considera o volume de recursos manipulado pelo governo federal e a sua destinação. Em 21 de janeiro de 1998, manchete de primeira página da *Folha de S.Paulo* anunciava: *Bancos estaduais terão socorro de R$ 37,6 bi.* Ora, para um PIB em 1997 de 862 bilhões de reais, os 4% de acréscimo previsto na proposta correspondem a 34,48 bilhões. Não bastasse isso, uma nova manchete de primeira página do mesmo jornal registra na edição de 30 de janeiro de 1998: *Socorro a banco estadual poderá atingir R$ 50 bi,* esclarecendo que a previsão anterior subestimava os rombos do Banespa e Banerj. E na reportagem interna, à página 4 do primeiro caderno, se esclarece que "até agora já foram liberados cerca de R$ 44,2 bilhões nas linhas de socorro aos Estados e seus bancos".

Se o socorro aos bancos estaduais é viável, apesar de implicar montantes superiores àqueles propostos para a educação, por que não o seria o socorro às escolas para tirá-las do estado de calamidade em que se encontram?

Para essa pergunta só há uma resposta: é uma questão de prioridade política. Bastaria que a educação fosse definida no âmbito governamental como prioridade número 1, e os recursos seriam disponibilizados sem nenhuma dificuldade. Mas para isso seria necessário que a lógica da formulação do plano fosse guiada pela racionalidade social como ocorreu com a proposta deste livro e também com aquela do CONED que, não por acaso, a dispôs sob o lema *Educação, Democracia e Qualidade Social.*

A lógica que presidiu a proposta do MEC é, como se assinalou, a da racionalidade financeira. Compreende-se, então, por que o socorro aos bancos tem precedência sobre o socorro às escolas.

A referida lógica se explica a partir da própria estrutura da sociedade capitalista que subordina invariavelmente as políticas sociais à política econômica, como se procurou esclarecer no primeiro item do terceiro capítulo do presente livro. Nas condições atuais, em que a estrutura econômica assume a forma do capitalismo financeiro, a racionalidade financeira passa a comandar as políticas de modo geral e, consequentemente, também as políticas sociais, dando origem à "abordagem neoliberal das políticas públicas":

> Quando, pois, a política educacional é estudada segundo as categorias analíticas próprias à tradição de pensamento neoliberal, a sua dimensão enquanto política pública – de total responsabilidade do Estado – é sempre posta em xeque. Neste contexto, os problemas que se identificam como causadores da crise dos sistemas educacionais na atualidade são vistos como integrantes da própria crise que perpassa a forma de regulação assumida pelo Estado neste século. No extremo, concebe-se que a política educacional, tal como outras políticas sociais, será bem-sucedida na medida em que tenha por orientação principal os ditames e as leis que regem os mercados, o privado (Azevedo, 1997, p. 17).

Essa abordagem que coloca como orientação principal os ditames e as leis do mercado, cuja origem remonta às obras de Friedrich von Hayek (1946) e Milton Friedman (1977), ganhou projeção a partir da década de 1970 quando entra em crise a chamada "idade de ouro" do capitalismo (Hobsbawm, 1995, p. 393-420), vindo a se tornar hegemônica na atual década de 1990. Entretanto, cada vez mais se evidenciam as suas contradições, avolumando-se os indícios que apontam para a necessidade de se superar esse modelo político. É nessa direção que se encaminha a proposta alternativa de Plano Nacional de Educação aqui apresentada, cujo objetivo central é "mudar o modelo social vigente, transformar a sociedade, tornando-a de fato democrática. Tal transformação requer um projeto de desenvolvimento nacional que tenha como centro, em suas dimensões econômica, social, cultural e política, o aperfeiçoamento e a dignificação *do homem, não do mercado*" (CONED, 1997, p. 1, grifos meus). Trata-se, assim, de mobilizar nossas forças em torno desse objetivo central, pondo em prática a estratégia da resistência ativa formulada na conclusão do livro *A nova lei da educação(LDB): trajetória, limites e perspectivas* (Saviani, 1997, p. 235-238).

Os elementos principais relativos à transição entre a aprovação da nova LDB e sua efetiva implantação estão dispostos. Eles estão representados pelos dispositivos legais comentados neste livro e reproduzidos na forma de anexos. Colocando-os nas mãos dos leitores, espera-se minimizar a insegurança que marca os processos de transição, agravada no caso em pauta, tendo em vista a estratégia do governo de ditar sua política educacional por meio de reformas tópicas, o que resultou numa legislação parcial, fragmentada e atropelada:

> *Parcial*, porque não consistente em uma lei geral, sendo cada matéria específica objeto de um documento distinto, complicando ainda mais o cipoal legislativo que regula a educação, particularmente a de nível superior. *Fragmentada*, porque a legislação parcial trata dos temas do ensino superior à medida que a prática política (pelo menos isso) dita prioridades de um sobre o outro. *Atropelada*, porque os níveis mais baixos da legislação avançam sobre os mais altos, como se constata no caso da LDB contradizendo a Constituição, no que diz respeito à autonomia universitária e ao pessoal do setor público (Cunha, 1997, p. 22).

Poder-se-ia acrescentar que esse caráter atropelado também se manifesta no avanço da legislação inferior à LDB sobre ela, ao regulamentar aspectos antecipadamente à sua aprovação, como ficou evidenciado no primeiro capítulo deste livro.

O ponto culminante, porém, dessa transição é, como se assinalou, o Plano Nacional de Educação, cujo aspecto essencial também já foi destacado: é a questão dos recursos financeiros destinados à educação. O exame da trajetória e do conteúdo do Plano revela, entretanto, que o texto aprovado peca exatamente por não ter equacionado essa questão essencial, situação essa que resultou exponencialmente agravada com os vetos que mutilaram o documento oficial.

Na oportunidade do término da vigência do FUNDEF, que pretendeu equacionar a questão do financiamento do ensino fundamental, foi editado o FUNDEB, que alargou o alcance do fundo abrangendo toda a educação básica. Mas, como se mostrou a circunstância da aprovação do FUNDEB, um fundo meramente de natureza contábil não garante os recursos suficientes para dar o salto de qualidade necessário para colocar a educação brasileira num patamar civilizado, condizente com a magnitude de seu território, de sua população e de sua economia.

Diante das resistências de toda ordem que sempre se antepõem às iniciativas de resolver o problema do financiamento da educação no Brasil, é inevitável, ao concluir este livro, a retomada da seguinte questão: trata-se, mesmo, de um problema em relação ao qual qualquer tentativa de solução não passa de mera utopia diante da situação real de pobreza vivida por nosso país, com tantas carências e necessidades nas áreas de infraestrutura, de segurança e sob os aspectos social, econômico e cultural?

De fato, contra a proposta que apresentei, surgiram diversas objeções tendo em comum a questão da inviabilidade, à vista dos recursos escassos em contraste com a imensa gama de carências e necessidades. Em suma, a famosa tese do "cobertor curto".

Em primeiro lugar, como já tem sido evidenciado, não é verdade que somos um país pobre. O Brasil não é pobre. Na década de 1970 chegou a ser a oitava economia do mundo. Poderia, pois, integrar o G-8, o grupo dos oito países mais ricos do mundo. Nosso país não é pobre. É injusto.

Em segundo lugar, a proposta que apresentei não tinha nada de inviável, pois vem sendo praticada por diversos países. Tinha, a seu favor, o fato de ser uma medida de impacto, já que se tratava da duplicação imediata dos recursos, diferentemente das demais propostas que chegavam ao mesmo patamar, mas gradualmente, ao longo de 10 anos. Ora, um procedimento como esse, baseado nas famosas "doses homeopáticas", diluiria enormemente o esforço feito, neutralizando também os seus resultados.

Enfim, estou convencido de que o problema todo se resume à questão da estratégia de desenvolvimento do país. Se quisermos, de fato, promover o desenvolvimento do Brasil, obviamente, a partir de suas bases econômicas, é preciso definir o fator estratégico a partir do qual todas as energias da nação serão mobilizadas.

Consideremos o reconhecimento consensual de que vivemos na sociedade do conhecimento; de que nesse tipo de sociedade a educação formal é a chave sem a qual todas as portas tendem a ser fechadas. Sem essa chave os indivíduos ficam excluídos e as organizações, inclusive as empresas, perdendo em produtividade, acabam tragadas na voragem da competitividade. Esse é o discurso que está na boca da maioria das pessoas, com destaque para os empresários e políticos. Assumamos, pois, esse consenso, o que implicará eleger a educação como o fator estratégico de desenvolvimento do país. Isto é: o ponto de partida do desenvolvimento do país será o investimento maciço na educação. Reformulo, por esse caminho, minha proposta anterior. Em lugar de apenas duplicar imediatamente o percentual do PIB investido em educação, proponho que carreemos para a educação todos os recursos disponíveis.

Assim procedendo, veremos que não se trata de colocar os recursos para a educação em competição com outras áreas necessitadas como saúde, segurança, estradas, desemprego, pobreza, etc. Ao contrário, a educação será a via escolhida para atacar de frente, e simultaneamente, todos esses problemas. Com efeito, se ampliarmos o número de escolas tornando-as capazes de absorver toda a população em idade escolar nos vários níveis e modalidades de ensino; se povoarmos essas escolas com todos os profissionais de que elas necessitam, em especial com professores em tempo integral e bem remunerados, nós estaremos atacando o problema do desemprego diretamente, pois serão criados milhões de empregos. Estaremos atacando o problema da segurança, pois estaremos retirando das ruas e do assédio do tráfico de drogas um grande contingente de crianças e jovens. Mas, principalmente, estaremos atacando todos os demais problemas, pois estaremos promovendo o desenvolvimento econômico, uma vez que esses milhões de pessoas com bons salários irão consumir e, com isso, ativar o comércio que, por sua vez, ativará o setor produtivo (indústria e agricultura) que irá produzir mais, contratar mais pessoas.

A implementação desse projeto provocará o crescimento exponencial da arrecadação de impostos. Com eles o Estado poderá resolver os problemas de infraestrutura não apenas de transporte, mas também de energia, abastecimento, meio ambiente, etc. e arcar com os programas sociais destinados aos agora reduzidos grupos de não incluídos nesse amplo processo de desenvolvimento geral do país. E, claro, será resolvido também o problema da qualidade da educação: transformada a docência numa profissão atraente socialmente em razão da sensível melhoria salarial e das condições de trabalho, para ela serão atraídos muitos jovens dispostos a investir seus recursos, tempo e energias numa alta qualificação obtida em graduações de longa duração e em cursos de pós-graduação. Com um quadro de professores altamente qualificado estaremos formando os tão decantados cidadãos conscientes, críticos, criativos, esclarecidos e tecnicamente competentes para ocupar os postos do fervilhante mercado de trabalho de um país que recupera, a pleno vapor, sua capacidade produtiva. Estaria criado, por esse caminho, o tão desejado círculo virtuoso do desenvolvimento.

Trata-se de uma proposta ingênua, romântica? Não. Ela apenas extrai, com certo grau de radicalidade, as consequências do discurso hoje dominante. Se há uma pitada de ironia na forma em que foi enunciada, ela foi motivada pelo desejo de cobrar coerência aos portadores desse discurso.

Está lançado o desafio aos formadores de opinião, dirigentes dos vários níveis e dos mais diferentes ramos de atividade e, em especial, à classe política. Ou assumimos essa proposta ou devemos deixar cair a máscara e pararmos de pronunciar discursos grandiloquentes sobre educação, em flagrante contradição com uma prática que nega cinicamente os discursos proferidos.

Referências

AZEVEDO, J. M. L. *A educação como política pública*. Campinas: Autores Associados, 1997.

BANCOS estaduais terão socorro de R$ 37,6 bi. *Folha de S.Paulo*, p. 1, 21 jan. 1998.

CUNHA, L. A. *A nova reforma do ensino superior: a lógica reconstruída*. Rio de Janeiro: UFRJ, 1997.

FRIEDMAN, M. *Capitalismo e liberdade*. Rio de Janeiro: Artenova, 1977.

HAYEK, F. *O caminho da servidão*. Porto Alegre: Globo, 1946.

HOBSBAWM, E. *Era dos extremos: o breve século XX (1914-1991)*. São Paulo: Companhia das Letras, 1995.

SAVIANI, D. *A nova Lei da Educação(LDB): trajetória, limites e perpectivas*. Campinas: Autores Associados, 1997.

SOCORRO a banco estadual poderá atingir R$ 50 bi. *Folha de S.Paulo*, p. 1, 30 jan. 1998.

SOCORRO da União a bancos estaduais atinge R$ 50 bi. *Folha de S.Paulo*, p. 1-4, 30 jan. 1998.

Uma pedagogia brasílica[1]

A primeira fase da educação jesuítica foi marcada pelo plano de instrução elaborado por Nóbrega. O plano se iniciava com o aprendizado do português (para os indígenas); prosseguia com a doutrina cristã, a escola de ler e escrever e, opcionalmente, canto orfeônico e música instrumental; e culminava, de um lado, com o aprendizado profissional e agrícola e, de outro lado, com a gramática latina para aqueles que se destinavam à realização de estudos superiores na Europa (Universidade de Coimbra). Esse plano não deixava de conter uma preocupação realista, procurando levar em conta as condições específicas da Colônia. Contudo, sua aplicação foi precária tendo cedo encontrado oposição no interior da própria Ordem jesuítica, sendo finalmente suplantado pelo plano geral de estudos organizado pela Companhia de Jesus e consubstanciado no *Ratio Studiorum*.

Espírito empreendedor, Nóbrega buscava implantar seu plano de instrução sobre "uma extensa cadeia de colégios nas povoações litorâneas, cujos elos seriam o colégio da Bahia ao norte e o de São Vicente ao sul" (Mattos, 1958, p. 83). O colégio da Bahia seria "ponto de apoio e foco de irradiação" para os colégios de Olinda, Ilhéus, Porto Seguro e Espírito Santo. A partir de São Vicente, Nóbrega pretendia estender uma nova cadeia de colégios ao longo do interior do Brasil, chegando até o Paraguai. Conforme relata Luiz Alves de Mattos, por solicitação dos próprios indígenas da Bahia, o plano de Nóbrega incluía também um "projeto de educação para o sexo feminino" que, entretanto, não teve acolhida na metrópole que, afinal, só iria sancionar "a criação de escolas femininas para a cidade de Lisboa em 1815" (p. 90).

A principal estratégia utilizada para a organização do ensino, tendo em vista o objetivo de atrair os "gentios", foi agir sobre as crianças. Para isso se mandou vir de Lisboa meninos órfãos, a partir dos quais foi fundado o

[1] Tópico n. 3 do Cap. II do livro *História das ideias pedagógicas no Brasil*. Campinas: Autores Associados, 2007 [3. ed., 2010, p. 43-47].

Colégio dos Meninos de Jesus da Bahia e, depois, o Colégio dos Meninos de Jesus de São Vicente. Pretendia-se, pela mediação dos meninos brancos, atrair os meninos índios e, por meio deles, agir sobre seus pais, em especial os caciques, convertendo toda a tribo para a fé católica.

Em Manuel da Nóbrega pode-se perceber com clareza a articulação das ideias educacionais em seus três aspectos: a filosofia da educação, isto é, as ideias educacionais entendidas na sua máxima generalidade; a teoria da educação enquanto organização dos meios, aí incluídos os recursos materiais e os procedimentos de ensino necessários à realização do trabalho educativo; e a prática pedagógica enquanto realização efetiva do processo de ensino-aprendizagem.

O realismo de Nóbrega o levou a estar atento à necessidade de prover as condições materiais dos colégios jesuítas envolvendo a posse de terra para a construção dos colégios, a sua manutenção, o que implicava prover os víveres que envolviam a criação de gado e o cultivo de alimentos como a mandioca, o milho, o arroz, a produção de açúcar, de panos e, para realizar regularmente essas tarefas, a aquisição e manutenção de escravos. Sua filosofia educacional era a concepção que em minha sistematização classifiquei como tradicional religiosa na versão católica da contrarreforma. Essas ideias, contudo, mais do que serem pensadas no grau de abstração em que se movem os conceitos filosóficos, eram consideradas à luz das condições de sua implementação na nova terra conquistada. Como ideias pedagógicas encarnavam-se, assim, na realidade da colônia assumindo, em Nóbrega, dominantemente a forma da organização dos meios considerados adequados para se colimar os fins preconizados: a sujeição dos gentios, sua conversão à religião católica e sua conformação disciplinar, moral e intelectual à nova situação. Com efeito, Nóbrega entendia que era "bem que os índios ficassem sujeitos e medrosos e dispostos para agora receber o Evangelho, e a doutrina de Cristo" (Carta de Nóbrega a Tomé de Souza, de 5 de julho de 1559. In: Ribeiro; Moreira Neto, 1992, p. 236). Portanto, de acordo com essa "pedagogia e ética missionária", a sujeição dos índios precede a conversão, sendo condição necessária de sua eficácia.

Em Anchieta, por sua vez, essas mesmas ideias educacionais se encarnavam como ideias pedagógicas engendrando os métodos e procedimentos considerados adequados para se atingir aquelas mesmas finalidades inerentes à filosofia educacional consubstanciada na doutrina da contrarreforma e expressas no plano educacional que estava sendo posto em prática. Como hábil conhecedor de línguas, dominando perfeitamente o espanhol, seu idioma nativo, o português que aprendeu ao se radicar em Coimbra e estudar no Colégio dos jesuítas e o latim, do qual foi estudante dedicado e destacado,

Anchieta logo veio a dominar também a "língua geral" falada pelos índios do Brasil cuja gramática organizou para dela se servir no trabalho pedagógico realizado na nova terra. Fez-se, assim, em plenitude um agente da "Civilização pela palavra", marca distintiva da Contrarreforma, como bem esclarece João Hansen (2000, p. 19-41) ao traçar o quadro em que a Igreja se associou à Monarquia para, por meio da palavra, implantar na nova terra a civilização dos que dela se apossavam. À Reforma protestante, materializada na "tese luterana da sola *scriptura*"(p. 20) para a qual a doutrina, em sua pureza original, derivava dos textos originais hebraicos e gregos, a Igreja de Roma moveu tenaz oposição: "a Igreja católica conciliar e pós-tridentina fez a defesa intransigentemente tradicionalista da transmissão oral das duas fontes da Revelação, a tradição e as Escrituras"(p. 21). Nesse processo desempenharam papel central os jesuítas não sendo, pois, por acaso que o sistema pedagógico expresso no *Ratio Studiorum* tenha como elemento central a retórica:

> A "civilização pela palavra" correspondia, no caso, à divulgação católica da Retórica antiga em duas frentes: de um lado, o ensino específico das técnicas e, ainda, das artes e das letras em geral, segundo o modelo generalizado da Retórica aristotélica e das suas versões latinas, nos colégios jesuíticos; de outro, o uso particular de seus preceitos, estilos e erudição pelos pregadores nas variadíssimas circunstâncias do magistério da fé (p. 31).

Para realizar seu trabalho pedagógico, Anchieta se utilizou largamente do idioma tupi tanto para se dirigir aos nativos como aos colonos que já entendiam a língua geral falada ao longo da costa brasileira. Para tanto produziu uma poesia e um teatro "cujo correlato imaginário é um mundo maniqueísta cindido entre forças em perpétua luta: Tupã-Deus, com sua constelação familiar de anjos e santos, e Anhangá-Demônio, com a sua coorte de espíritos malévolos que se fazem presentes nas cerimônias tupis"(Bosi, 1992, p. 67-68). Assim, um dualismo ontológico inteiramente estranho à visão de mundo indígena é o que irá presidir a construção de uma concepção totalizante da vida dos índios produzida pelos colonizadores representados pelos seus intelectuais materializados na figura dos jesuítas.

O referido dualismo atravessa recorrentemente o teatro de Anchieta manifestando-se nitidamente nos autos por ele redigidos. Nesse momento a liturgia cristã, na Europa, assumia nova característica na vertente moderna do protestantismo, marcada "pelo tom ascético de um calvinismo avesso a figuras e a gestos e, no limite, refratário a qualquer simbologia que não fosse o verbo descarnado das Escrituras" (p. 72). Na contramão dessa tendência a Contrarreforma, cujo reduto principal era a península ibérica, fazia o movimento contrário: multiplicava o recurso às imagens, isto é, o apelo aos símbolos tangíveis enquanto mediações sensíveis para efetuar a relação entre os homens e Deus. "De 1564 até sua morte, Anchieta escreveu aproximadamente 20 autos, o que corresponde à quase totalidade das peças jesuíticas do período" (Ferreira Jr.; Bittar, 2004, p. 186). Os autos de Anchieta (*Na Festa de São Lourenço, Auto da Pregação Universal, Na Vila de Vitória*) constituem alegorias do bem contra o mal em que se condenam os gestos e ritmos, isto é, a liturgia tupi enquanto ação coletiva e sacral, vista pelo colonizador como resultado dos poderes dos espíritos maus tentando os membros da tribo: "nos autos de Anchieta o Mal vem de fora da criatura e pode habitá-la e possuí-la fazendo-a praticar atos-coisas perversos, *angaipaba*" (Bosi, 1992, p. 73).

Assim, se Marx (1985, p. 115 e 1968, p. 90-91, nota 33) pôde dizer que, para os teólogos, a sua própria religião é considerada obra de Deus ao passo que a religião dos outros é obra dos homens, para os jesuítas a religião católica era considerada obra de Deus, enquanto as religiões dos índios e dos negros vindos da África eram obra do demônio. Eis como se cumpriu, pela catequese e pela instrução, o processo de aculturação da população colonial nas tradições e costumes do colonizador. As ideias pedagógicas postas em prática por Nóbrega e Anchieta secundados por Leonardo Nunes, Antonio Pires, Azpilcueta Navarro, Diogo Jácome, Vicente Rijo Rodrigues, Manuel de Paiva, Afonso Braz, Francisco Pires, Salvador Rodrigues, Lourenço Braz, Ambrósio Pires, Gregório Serrão, Antonio Blasques, João Gonçalves e Pero Correia configuraram uma verdadeira pedagogia brasílica, isto é, uma pedagogia formulada e praticada sob medida para as condições encontradas pelos jesuítas nas ocidentais terras descobertas pelos portugueses.

Referências

BOSI, Alfredo. *Dialética da colonização*. São Paulo: Companhia das Letras, 1992.

FERREIRA JR., Amarílio; BITTAR, Marisa. Pluralidade linguística, escola de bê-a-bá e teatro jesuítico no Brasil do século XVI. *Educação & Sociedade*, v. 25, n. 86, p. 171-195, abr. 2004.

HANSEN, João Adolfo. A civilização pela palavra. In: LOPES, E. M. T.; FARIA FILHO, L. M.; VEIGA, C. G. (Orgs.). *500 anos de educação no Brasil*. 2. ed. Belo Horizonte, Autêntica, 2000, p. 19-41.

MARX, Karl. *Miséria da filosofia*. São Paulo: Global, 1985.

MATTOS, Luiz Alves. *Primórdios da educação no Brasil*. Rio de Janeiro: Aurora, 1958.

NÓBREGA, Manuel. Carta a Tomé de Souza, de 5 de julho de 1559. In: RIBEIRO, Darcy; MOREIRA NETO, Carlos de Araujo (Org.). *A fundação do Brasil*. Petrópolis: Vozes, 1992.

Os jesuítas e o sistema mercantil[1]

Dominam o campo intelectual do século XVII no Brasil duas figuras de proa do pensamento português, ambas jesuítas.

Gregório de Matos (1623-1696) pode ser considerado o "intelectual tradicional", em sentido gramsciano, em seu lamento ante o avanço da "máquina mercante" sobre os privilégios da nobreza e do clero. Antônio Vieira (1608-1697), de sua parte, pode ser assimilado ao "intelectual orgânico" do império português que busca defendê-lo e dar-lhe condições de competitividade diante das potências rivais, a Inglaterra e a Holanda.

Mas o que é a máquina mercante, pergunta Bosi para responder:

> Ao pé da letra, são os navios do comércio, muitos deles britânicos, franceses e batavos, que traziam mercadorias de luxo, principalmente da Índia e da Europa. Aportavam na barra de Todos os Santos, aqui, não sem escárnio, dita larga, jogando o poeta com o duplo sentido físico e moral do termo e insinuando a liberalidade perigosa com que o porto se rendia aos tratantes de fora.
>
> Figuradamente: "máquina mercante" soa, aos nossos ouvidos de hoje, como uma arguta metonímia do sistema inteiro, o mercantilismo (Bosi, 1992, p. 96).

Vale a pena transcrever todo o soneto "À Bahia", escrito no final do século XVII, onde o poeta exprime a imagem que está sendo comentada:

> Triste Bahia! Ó quão dessemelhante
> Estás e estou do nosso antigo estado!
> Pobre te vejo a ti, tu a mi empenhado,
> Rica te vi eu já, tu a mi abundante.
>
> A ti trocou-te a máquina mercante,
> Que em tua larga barra tem entrado,
> A mim foi-me trocado e tem trocado
> Tanto negócio e tanto negociante.

[1] Tópico n. 1 do Cap. IV do livro *História das ideias pedagógicas no Brasil*. Campinas: Autores Associados, 2007 [3. ed., 2010, p. 63-68].

> Deste em dar tanto açúcar excelente
> Pelas drogas inúteis, que abelhuda
> Simples aceitas do sagaz Brichote.
>
> Oh se quisera Deus que de repente
> Um dia amanheceras tão sisuda
> Que fôra de algodão o teu capote! (p. 94).

Alfredo Bosi nos esclarece que, no soneto, "Brichote" é o depreciativo de *British:* "a Colônia foi simplória, ao passo que o mercador inglês, o Brichote, foi sagaz" (p. 97).

Enquanto Gregório de Matos lamenta a nova situação, já que impotente para fazer prevalecer o seu desejo de perpetuar o "antigo estado", Antonio Vieira procura se mover nessa nova situação buscando dela tirar proveito:

> Vieira, ao contrário do poeta saudoso do "Antigo Estado", sabia que a máquina mercante viera para ficar, irreversível, inexorável. E que, sendo inútil lastimar a sua intrusão nos portos da Colônia, importava dominá-la imitando os seus mecanismos e criando, na esfera do poder monárquico luso, uma estrutura similar que pudesse vencê-la na concorrência entre os impérios (p. 120).

Com esse entendimento, Vieira irá aconselhar o Rei D. João IV a fundar uma Companhia das Índias Ocidentais com base em capitais judaicos. Recorde-se que Vieira foi grande defensor dos cristãos novos, isto é, dos judeus convertidos ao cristianismo. Nessa proposta que, de fato, se concretizou, Vieira seguiu o modelo das potências rivais: a Inglaterra que havia criado em 1599 a Companhia das Índias Orientais; e a Holanda, que criou, também ela, em 1602, uma Companhia das Índias Orientais e, em seguida, a Companhia das Índias Ocidentais, que desempenhou papel importante quando da invasão do Nordeste brasileiro.

Mas Vieira, contraditoriamente, ainda se punha contra determinados aspectos da nova situação mantendo-se fiel à autonomia da ordem dos jesuítas diante do poder laico que tendia a dominar o aparato estatal. Posicionou-se decididamente do lado dos jesuítas nos conflitos com os colonos do Grão-Pará assim como no embate com os bandeirantes a propósito da escravização dos *índios*. Nesses episódios sofreu graves revezes sendo confrontado com Antonil [João Antonio Andreoni] (1650-1716), outro jesuíta, este trazido da Itália pelo próprio Vieira. Antonil, porém, embora apadrinhado por Vieira, dele se afasta e passa a fazer-lhe franca oposição. O autor de *Cultura e opulência do Brasil*, considerado o nosso primeiro economista, irá se constituir no "intelectual orgânico" do novo regime, atuando firmemente na articulação dos padres dirigentes da Companhia de Jesus com a nova situação: "Se em Vieira ainda se manifestam escrúpulos motivados por sua formação escolástica (a teologia implícita no antigo Direito Natural das Gentes limitava os poderes do colonizador), em Andreoni a consciência moral já estava inteiramente dobrada às razões do mercantilismo colonial" (p. 154).

A contraposição entre Vieira e Antonil, ambos jesuítas, nos alerta para a necessidade de se evitar uma visão simplista do caráter objetivamente complexo da realidade histórica. O livro de Antonil, denominado *Cultura e opulência do Brasil – por suas drogas e minas* (ANDREONI, 1967), foi escrito entre 1708 e 1710 e publicado em 1711 em Lisboa, com autorização das autoridades religiosas, mas não chegou a circular, pois, ainda na tipografia, foi ordenada pelas autoridades portuguesas o seu confisco e destruição. As hipóteses levantadas pelos historiadores para explicar esse ato são de ordem mercantilista: "cada nação procurava manter segredo sobre as suas riquezas e as suas práticas comerciais e manufatureiras" (CAMPOS, 1996, p. 10). E o livro discorria sobre as técnicas de produção do açúcar e revelava as recentes descobertas de minas de ouro indicando os caminhos para se chegar até elas. Além disso, como o livro mostrava "um Brasil muito mais rico e dinâmico que a decadente metrópole portuguesa", o governo teria temido que sua divulgação pudesse "fortalecer nos brasileiros sentimentos nativistas" (p. 11).

Assim, embora o livro de Antonil estivesse sintonizado com os interesses da coroa portuguesa ao revelar as riquezas de sua mais próspera colônia que poderia trazer enormes benefícios para a metrópole, essa mesma revelação, ao ser divulgada, foi interpretada como perigosa e lesiva aos interesses da mesma metrópole. Por outro lado, a tomada de posição de Antonil, ao lado de Jorge Benci, em favor da pretensão dos paulistas de sujeitar os *índios* ao trabalho escravo, entrou em rota de colisão com Vieira que, seguindo a posição tradicional dos jesuítas, se opunha à escravização dos *índios*. Essa controvérsia, no entanto, já sinalizava que o conflito que iria se explicitar em meados do século XVIII entre os colonos e o governo português, de um lado, e os jesuítas, do outro, era de caráter fundamentalmente econômico e, quando muito, apenas secundariamente, de ordem filosófica ou doutrinária.

Com efeito, não fosse assim, não seria possível entender que mesmo os jesuítas contrários à escravização dos *índios*, como Vieira, nada fizeram em relação aos horrores da escravização africana sendo, ao contrário, eles próprios donos de escravos. Magno Vilela assim descreve a situação de Vieira:

> Ele tinha princípios, em nome dos quais denunciava os males da escravidão, conforme atestam os seus escritos. Mas, por outro lado, esse pregador de princípios (e de princípios que não eram propriamente uma legitimação dos cativeiros) também estava enredado, naquela sociedade colonial em que vivia, numa trama de interesses conflitantes. O seu próprio destino

> estava ligado, por laços fortes, ao de um grupo religioso: a Companhia de Jesus, sustentáculo de sua vida e de sua ação, que era possuidora de escravos (VILELA, 1997, p. 121).

E os jesuítas, já que aceitavam a escravidão como inelutável no contexto da colônia, irão ter seu próprio teórico a assumir a tarefa de aconselhar os senhores exortando-os a agirem como cristãos, suavizando o fardo dos escravos. Trata-se do padre jesuíta italiano Jorge Benci, que viveu no Brasil entre 1681 e 1700, tendo aqui publicado o livro *Economia cristã dos senhores no governo dos escravos* (BENCI, 1977), onde também desenvolve uma pedagogia específica voltada para a educação dos escravos, conforme a tese de Ana Palmira Casimiro (2002).

Referências

ANDREONI, J. A. [ANTONIL]. *Cultura e opulência do Brasil.* São Paulo: Nacional, 1967 (texto da edição de 1711).

BENCI, Jorge. *Economia cristã dos senhores no governo dos escravos.* São Paulo: Grijalbo, 1977.

BOSI, Alfredo. *Dialética da colonização.* São Paulo: Companhia das Letras, 1992.

CAMPOS, Raymundo. *Grandezas do Brasil no tempo de Antonil (1681-1716).* São Paulo: Atual, 1996.

CASIMIRO, Ana Palmira Bittencourt Santos. *Economia cristã dos senhores no governo dos escravos:* uma proposta pedagógica jesuítica no Brasil colonial.Tese (Doutorado) – Universidade Federal da Bahia, Salvador, 2002.

VILELA, Magno. *Uma questão de igualdade... Antônio Vieira e a escravidão negra na Bahia do século XVII.* Rio de Janeiro: Relume Dumará, 1997.

Predomínio da pedagogia nova e renovação católica[1]

Efetivamente, como já se assinalou, embora os renovadores tenham perdido a disputa doutrinária com os conservadores na década de 1930, em especial durante o Estado Novo, eles foram ocupando espaços na burocracia educacional. E foram bem acolhidos pelas autoridades governamentais em função de seu empenho na modernização do aparato técnico das escolas e da administração pública, de modo geral. Passo importante nesse processo foi a fundação, em 1938, do Instituto Nacional de Estudos Pedagógicos (INEP), concebido e estruturado por Lourenço Filho e por ele dirigido até 1947. No âmbito do INEP criou-se, em 1944, a *Revista Brasileira de Estudos Pedagógicos*. Numa análise dos primeiros 140 números dessa revista, publicados entre 1944 e 1976 (Saviani, 1984, p. 284-287), constata-se que apenas dois artigos se situam nitidamente no interior da concepção humanista tradicional, ambos de autoria do Padre Leonel Franca publicados no n. 2, de agosto de 1944 e no n. 27, de março/abril de 1947. É notável, também, que afora esses dois artigos não se encontrou, nos 92 primeiros números publicados até dezembro de 1963, um só artigo que se colocasse em outra concepção que não fosse a concepção humanista moderna. Quanto aos temas, detecta-se uma clara predominância dos aspectos psicopedagógicos ao lado de artigos sobre biologia educacional, história da educação física, diagnóstico psicológico, testes e mensuração educacional, psicologia infantil, modelagem, educação de base e avaliação da eficiência docente, orientação e seleção profissional. Ora, todos esses temas foram introduzidos ou realçados pela concepção pedagógica renovadora.

Vê-se que, na medida em que a pedagogia nova foi ampliando sua influência, também foi sendo modificada a sua relação com a pedagogia católica. Aliás, a visão dos católicos não se resumiu a um puro e exclusivo confronto,

[1] Tópico n. 4 do Cap. IX do livro *História das ideias pedagógicas no Brasil*. Campinas: Autores Associados, 2007 [3. ed., 2010, p. 297-303].

inteiramente irredutível, com a pedagogia nova. Mesmo os mais acerbos críticos da Escola Nova não deixaram de reconhecer pontos de convergência. O próprio Alceu Amoroso Lima, já no prefácio a *Debates pedagógicos*, publicado em 1931, reconhecera a validade do postulado da Escola Nova que coloca a criança no centro do processo educativo. Reconheceu igualmente que não existe "nada de mais racional" do que o entendimento da atividade, da iniciativa como o "elemento capital da educação". Do mesmo modo reconheceu o valor dos métodos novos afirmando a conveniência de que os educadores católicos estudem cuidadosamente todos os métodos novos introduzidos pela nova pedagogia, assim como as contribuições da psicologia experimental na perspectiva, é claro, daquilo que ele considerava a "filosofia verdadeiramente católica da vida".

Leonardo Van Acker, outro acerbo crítico da Escola Nova, igualmente reconhecia a validade dos princípios da escola ativa, embora afirmando que tais princípios já estavam presentes na concepção pedagógica de Santo Tomás de Aquino (Van Acker, 1931).

Além desse reconhecimento, sem dúvida secundário, por parte daqueles que se colocavam em posição antagônica com relação à Escola Nova, encontramos também educadores católicos que se assumiam como integrantes do movimento de renovação pedagógica (Sgarbi, 1997). Provavelmente o exemplo mais conspícuo desse grupo é Everardo Backheuser, que desenvolveu uma extensa gama de atividades como a fundação da Associação Brasileira de Educação, da Academia Brasileira de Ciências, de várias Associações de Professores Católicos e da Confederação Católica Brasileira de Educação, além de um grande número de publicações. Entre estas se destaca o livro *Técnicas da pedagogia moderna* (1934) que, a partir da terceira edição, em 1942, passou a se chamar *Manual de pedagogia moderna*, onde apresenta os temas pedagógicos centrais da teoria e da prática da Escola Nova.

Progressivamente, na medida em que o movimento renovador ia ganhando força e conquistando certa hegemonia, constata-se uma tendência, também progressiva, de renovação da pedagogia católica.

Se o período situado entre a Revolução de 1930 e o final do Estado Novo pode ser considerado como marcado pelo equilíbrio entre as influências das concepções humanista tradicional (representada pelos católicos) e humanista moderna (representada pelos pioneiros da educação nova), no momento seguinte já se delineia como nitidamente predominante a concepção humanista moderna.

A predominância da pedagogia nova já pode ser detectada na comissão constituída em 1947 para elaborar o projeto da Lei de Diretrizes e Bases da Educação Nacional, composta com uma maioria de membros pertencentes a essa corrente pedagógica. Além disso, um significativo indicador da influência da concepção humanista moderna de filosofia da educação é encontrado no empenho das próprias escolas católicas em se inserir no movimento renovador das ideias e dos métodos pedagógicos. Essa renovação educacional católica (Avelar, 1978) se manifesta especialmente por meio da organização, pela Associação de Educadores Católicos (AEC), das "Semanas Pedagógicas" realizadas em 1955 e 1956 e das classes experimentais nos anos seguintes. Por meio de palestras e cursos intensivos divulgam-se nos meios católicos as novas ideias pedagógicas, principalmente as de Montessori e Lubienska. Surge, assim, na esteira do predomínio da concepção humanista moderna de educação, uma espécie de "escola nova católica".

Atendendo a convite da AEC, o padre Pierre Faure, que havia fundado o Centro de Estudos Pedagógicos de Paris em 1937 e dirigia a revista *Pedagogie Parents et Maitres*, ministrou a Semana Pedagógica de 1955 no Colégio Sacré Cœur do Rio de Janeiro e a de 1956 no Colégio Sion de São Paulo (Avelar, 1978, p. 75). O mesmo Pierre Faure retornará ao país diversas vezes a partir de dezembro de 1958 para preparar grupos de professores para atuar nas classes experimentais instaladas nos colégios Santa Cruz, Sion e Madre Alix, em São Paulo. Paralelamente ao desenvolvimento das classes experimentais foram realizadas Semanas Pedagógicas com programação anual ininterrupta até o ano de 1965. A orientação psicopedagógica das classes experimentais se baseou naquilo que foi chamado de método de Pierre Faure, "que se apresentava como uma síntese de várias teorias pedagógicas: Dalton (americana), Montessori (italiana) e Lubienska (francesa)" (Avelar, 1978, p. 84).

Por iniciativa de Celma Pinho, cujo nome religioso era Maria Ana de Sion, foi criado, em 1960, um curso de especialização para professores que recebeu o nome de Especialização Montessori-Lubienska, passando a funcionar regularmente todos os anos. A orientação se baseava na influência francesa, já que Celma Pinho havia sido discípula de Lubienska e Pierre Faure. Na sequência desse movimento foi fundada, em 1969, a Sociedade Civil Instituto Pedagógico Montessori-Lubienska, que passou a realizar Semanas Pedagógicas em várias cidades em todo o Brasil. A partir de 1975 alterou-se a denominação para Instituto Pedagógico Maria Montessori, vinculando-se à Associação Montessori Internacional, com sede na Holanda. Ao final da década de 1970 existiam no Brasil 144 escolas montessorianas, sendo 94 no Estado de São Paulo e 50 espalhadas por outros 10 estados e no Distrito Federal.

Vê-se, assim, que o predomínio das ideias novas força, de certo modo, a renovação das escolas católicas. A questão que estava em pauta era, pois, renovar a escola confessional sem abrir mão de seus objetivos religiosos. Para os colégios católicos, cujo alunado integrava as elites econômica e cultural, era, mesmo, uma questão de sobrevivência. Com efeito, com o predomínio do ideário renovador, as famílias de classe média tendiam a usar como um dos critérios de escolha da escola para seus filhos a sintonia metodológica com as novas ideias pedagógicas. A Igreja necessitava se renovar pedagogicamente, sob o risco de perder a clientela. O caminho que a Igreja Católica encontrou para responder a essa exigência foi assimilar a renovação metodológica sem abrir mão da doutrina. A sinalização para essa direção já estava dada naquele enunciado de Alceu Amoroso Lima mencionado anteriormente:

> O caminho da pedagogia católica deve ser justamente o estudo acurado de todos os métodos novos, introduzidos pela pedagogia moderna, de todos os fatos revelados pela psicologia experimental ou pelas experiências seculares do tema, – *à luz de uma filosofia verdadeiramente católica da vida*. E o sentido que damos aí ao termo – católico – é tanto de substantivo como de adjetivo, isto é, tanto de doutrina da verdadeira posição do homem na vida histórica, como de universalidade, integralidade de sua expansão (Lima, 1931, p. XIX; grifos meus).

É, com certeza, a diretriz acima apontada que explica a preferência por Lubienska, que mantinha preocupações explicitamente religiosas e, ao mesmo tempo, se inseria no movimento europeu da Escola Nova. De fato, diante das pressões que a realidade brasileira estava impondo no sentido da renovação do ensino, a AEC incentivou seus associados a buscar um novo método pedagógico que atendesse igualmente às exigências postas pelos objetivos da educação católica e pela renovação pedagógica. E a escolha principal recaiu sobre Lubienska que, embora associada a Montessori e ofuscada pela maior divulgação desta, a ela se sobrepõe quanto à influência exercida sobre o pensamento pedagógico brasileiro.

Lubienska desenvolveu seu método pedagógico em estreita relação com a Bíblia e a liturgia católica aproximando-se, também, do pensamento oriental do qual extraiu aquilo que era compatível com o espírito bíblico-litúrgico e com a tradição da Igreja Católica. Para realizar esse movimento tornou-se profunda conhecedora dos ritos orientais e da liturgia em sentido geral, assim como da história da Igreja e das Sagradas Escrituras. Em suma:

> Pode-se afirmar, voltando-se para a educação brasileira, que o modelo educacional italiano de Maria Montessori sofreu a influência francesa em sua implantação no Brasil. Esta afirmativa é baseada nos escritos do Pe. Faure especialmente no livro: *Au siècle de l'enfant*, em sua atuação no Brasil durante e depois das "Semanas Pedagógicas" da AEC e nas obras de Hélène Lubienska de Lenval, mormente *Educação do homem consciente* e *Silêncio, gesto e palavra* muito difundidas em nosso meio,

> particularmente no Estado de São Paulo nas escolas confessionais católicas (AVELAR, 1978, p. 110).

No final da década de 1950 e início dos anos 1960, intensifica-se o processo de mobilização popular, agitando-se, em consequência, a questão da cultura e educação populares (FÁVERO, 1983). Em termos de educação popular os movimentos mais significativos são o Movimento de Educação de Base (MEB) e o Movimento Paulo Freire de Educação de Adultos, cujo ideário pedagógico mantém muitos pontos em comum com o ideário da pedagogia nova. Ora, o MEB foi um movimento criado e dirigido pela hierarquia da Igreja Católica, e o Movimento Paulo Freire, embora autônomo em relação à hierarquia da Igreja, se guiava predominantemente pela orientação católica, recrutando a maioria de seus quadros na parcela do movimento estudantil vinculada à Juventude Universitária Católica (JUC).

Se o movimento escolanovista se inspira fortemente no pragmatismo, o MEB e o Movimento Paulo Freire buscam inspiração predominantemente no personalismo cristão e na fenomenologia existencial. Entretanto, pragmatismo e personalismo, assim como existencialismo e fenomenologia, são diferentes correntes filosóficas que expressam diferentes manifestações da concepção humanista moderna, situando-se, pois, em seu interior. É lícito, pois, afirmar que sob a égide da concepção humanista moderna de filosofia da educação acabou por surgir também uma espécie de "escola nova popular", como um outro aspecto do processo mais amplo de renovação da pedagogia católica que manteve afinidades com a corrente denominada de "teologia da libertação".

Referências

AVELAR, Gersolina Antonia de. *Renovação educacional católica.* São Paulo: Cortez & Moraes, 1978.

FÁVERO, Osmar (Org.). *Cultura popular e educação popular: memória dos anos 60.* Rio de Janeiro: Graal, 1983.

LIMA, Alceu Amoroso (Tristão de Athayde). *Debates pedagógicos.* Rio de Janeiro: Schmidt, 1931.

SAVIANI, Dermeval. A filosofia da educação no Brasil e sua veiculação pela RBEP. *Revista Brasileira de Estudos Pedagógicos*, n. 150, p. 273-290, maio-ago. 1984.

SGARBI, Antonio Donizetti. *Igreja, educação e modernidade na década de 30.* Tese (Doutorado) – PUC-SP, São Paulo, 1997.

VAN ACKER, Leonardo. Santo Thomas de Aquino e a Escola Nova. *A Ordem*, ago. 1931.

As bases pedagógico-administrativas: reorganização das escolas e redefinição do papel do Estado (1991-2001)[1]

O empenho em introduzir a "pedagogia das competências" nas escolas e nas empresas moveu-se pelo intento de ajustar o perfil dos indivíduos, como trabalhadores e como cidadãos, ao tipo de sociedade decorrente da reorganização do processo produtivo. Por isso nas empresas busca-se substituir o conceito de qualificação pelo de competência e, nas escolas, procura-se passar do ensino centrado nas disciplinas de conhecimento para o ensino por competências referidas a situações determinadas. Em ambos os casos o objetivo é maximizar a eficiência, isto é, tornar os indivíduos mais produtivos tanto em sua inserção no processo de trabalho como em sua participação na vida da sociedade. E ser produtivo, nesse caso, não quer dizer simplesmente ser capaz de produzir mais em tempo menor. Significa, como assinala Marx, a valorização do capital, isto é, seu crescimento por incorporação de mais-valia. Com efeito, "o processo capitalista de produção não é simplesmente produção de mercadorias. É processo que absorve trabalho não pago, que transforma os meios de produção em meios de sucção de trabalho não pago" (Marx, 1978, p. 75). Portanto, o "valor de uso específico" do trabalho produtivo para o capital não está no seu caráter de utilidade nem nas "qualidades úteis peculiares ao produto no qual se objetiva", mas no fato de criar valor de troca, isto é, mais-valia.

Ora, como já foi indicado no Capítulo XII, a base da pedagogia tecnicista são os princípios de racionalidade, eficiência e produtividade, dos quais deriva o corolário relativo à obtenção do máximo resultado com o mínimo de dispêndios. Esse objetivo, que na década de 1970 era perseguido sob a iniciativa, controle e direção direta do Estado, na década de 1990 assume uma nova conotação: advoga-se a valorização dos mecanismos de mercado, o apelo à iniciativa privada e às organizações não governamentais, a redução

[1] Tópico n. 4 do Cap. XIV do livro *História das ideias pedagógicas no Brasil*. Campinas: Autores Associados, 2007 [3. ed., 2010, p. 437-441].

do tamanho do Estado e das iniciativas do setor público. Seguindo essa orientação, as diversas reformas educativas levadas a efeito em diferentes países apresentam um denominador comum: o empenho em reduzir custos, encargos e investimentos públicos buscando senão transferi-los, ao menos dividi-los (parceria é a palavra da moda) com a iniciativa privada e as organizações não governamentais.

Com a reforma do ensino no Brasil, levada a efeito pelo governo federal entre 1995 e 2001, não foi diferente. A orientação apontada aparece com toda a clareza e insistentemente nas mais variadas ações do MEC. Um folheto publicitário distribuído pelo ministério para a campanha "Acorda Brasil. Está na hora da escola" mostra isso com meridiana evidência. Vejamos algumas frases: "Os professores precisam ter condições para se atualizar; entre outras coisas, você pode: patrocinar a realização de palestras, seminários e cursos de atualização nas escolas, doar livros e assinaturas de jornais e revistas para uso dos professores." Em seguida: "O trabalho didático utiliza diferentes materiais; entre outras coisas, você pode: doar máquinas de escrever, videocassetes, projetores, televisores, computadores e impressoras, doar equipamentos de esporte, promover a criação de bibliotecas, ludotecas e videotecas...", etc., etc. Chegou-se até a apelar à prestação de "auxílio administrativo à escola" e, inclusive, pedindo para "ajudar as crianças com dificuldade, ministrando aulas de reforço".

Redefine-se, portanto, o papel tanto do Estado como das escolas. Em lugar da uniformização e do rígido controle do processo, como preconizava o velho tecnicismo inspirado no taylorismo-fordismo, flexibiliza-se o processo como recomenda o toyotismo. Estamos, pois, diante de um neotecnicismo: o controle decisivo se desloca do processo para os resultados. É pela avaliação dos resultados que se buscará garantir a eficiência e produtividade. E a avaliação se converte no papel principal a ser exercido pelo Estado, seja mediatamente, pela criação das agências reguladoras, seja diretamente, como vem ocorrendo no caso da educação. Eis porque a nova LDB (Lei n. 9.394, de 20/12/1996) enfeixou no âmbito da União a responsabilidade de avaliar o ensino em todos os níveis compondo um verdadeiro sistema nacional de avaliação. E para se desincumbir dessa tarefa o governo federal vem instituindo exames e provas de diferentes tipos. Trata-se de avaliar os alunos, as escolas, os professores e, a partir dos resultados obtidos, condicionar a distribuição de verbas e a alocação dos recursos conforme os critérios de eficiência e produtividade.

Analisando a trajetória percorrida pela educação brasileira ao longo dos anos 1990 somos levados a responder negativamente à pergunta formulada por Luiz Carlos de Freitas na VI CBE realizada em 1991: "Conseguiremos escapar ao neotecnicismo?" (Freitas, 1992, p. 147). Não conseguimos. O neotecnicismo se faz presente alimentando a busca da "qualidade total" na educação e a penetração da "pedagogia corporativa".

O conceito de "qualidade total" está ligado à reconversão produtiva promovida pelo toyotismo ao introduzir, em lugar da produção em série e em grande escala visando atender a necessidades do consumo de massa, a produção em pequena escala dirigida ao atendimento de determinados nichos de mercado altamente exigentes. Nesse quadro o conceito de "qualidade total" se expressa em dois vetores, um externo e outro interno. Pelo primeiro vetor essa expressão pode ser traduzida na frase "satisfação total do cliente". Pelo segundo vetor aplica-se uma característica inerente ao modelo toyotista, que o diferencia do fordismo: capturar, para o capital, a subjetividade dos trabalhadores. Nessa dimensão, "qualidade total" significa conduzir os trabalhadores a "vestir a camisa da empresa". A busca da qualidade implica, então, a exacerbação da competição entre os trabalhadores que se empenham pessoalmente no objetivo de atingir o grau máximo de eficiência e produtividade da empresa.

Com a projeção do toyotismo para a condição de método universal de incremento do capitalismo em nível mundial, surgem tentativas de transpor o conceito de "qualidade total" do âmbito das empresas para as escolas.

Com a mencionada transposição manifestou-se a tendência a considerar aqueles que ensinam como prestadores de serviço, os que aprendem como clientes e a educação como produto que pode ser produzido com qualidade variável. No entanto, sob a égide da qualidade total, o verdadeiro cliente das escolas é a empresa ou a sociedade, e os alunos são produtos que os estabelecimentos de ensino fornecem a seus clientes. Para que esse produto se revista de alta qualidade lança-se mão do "método da qualidade total" que, tendo em vista a satisfação dos clientes, engaja na tarefa todos os participantes do processo conjugando suas ações, melhorando continuamente suas formas de organização, seus procedimentos e seus produtos.

Consumando o processo de adoção do modelo empresarial na organização e no funcionamento das escolas, as próprias empresas vêm crescentemente se convertendo em agências educativas configurando uma nova corrente pedagógica: a "pedagogia corporativa", que se dissemina principalmente no ensino de nível superior, na verdade com o beneplácito da própria política educacional.

Com efeito, o vetor da política educacional para o nível superior no Brasil, desde o governo FHC, tem sido a chamada diversificação de modelos. Daí, o surgimento de diferentes tipos de instituições oferecendo as mais variadas modalidades de cursos. Daí, também, a descaracterização das próprias universidades com a admissão, chancelada pela nova LDB, da organização de universidades especializadas por campo de saber. Com isso, a universalidade do conhecimento, característica inerente ao conceito mesmo de universidade, que era exigida na legislação anterior, já não é mais necessária para a organização das instituições universitárias. Tal orientação, sem dúvida, traz consequências para a sociedade em geral e para a educação, em particular, pois o desenvolvimento da alta cultura pelo cultivo das ciências básicas, das letras e das artes deixará de ser referência para a formação das novas gerações.

A mesma diversificação de modelos respalda a abertura indiscriminada de faculdades e cursos guiados fundamentalmente pelos assim chamados interesses de mercado, no espírito das "universidades corporativas" que se vêm multiplicando nos Estados Unidos por iniciativa das grandes empresas. Nesse contexto o educador, como tal, é ofuscado cedendo lugar ao treinador: a educação deixa de ser um trabalho de esclarecimento, de abertura das consciências, para se tornar doutrinação, convencimento e treinamento para a eficácia dos agentes que atuam no mercado. Como diz Jeanne C. Meister, autora de *Educação corporativa*, no prefácio do livro: "as empresas que direcionam recursos para a criação dessas universidades corporativas acreditam fervorosamente que a chave do seu sucesso e de suas vantagens competitivas no mercado está em oferecer aos funcionários maior acesso à atualização de seu conhecimento e de suas qualificações" (Meister, 1999, p. xxviii). Mas, não apenas isso. Ela acrescenta que "o público-alvo do aprendizado estende-se agora para além das organizações e inclui os principais participantes da cadeia de valor" (p. xxxi), isto é: as empresas treinam seus clientes, criam "departamento de educação do consumidor" a partir do entendimento de que todos, revendedores, distribuidores, atacadistas, fornecedores e clientes "têm de conhecer a visão da empresa e, o mais importante, saber como colocar essa visão em prática no mercado". E no mesmo prefácio a autora informa que ao longo da década de 1990 o número de universidades corporativas nos Estados Unidos passou de 400 para aproximadamente 2000.

Referências

FREITAS, Luiz Carlos. Conseguiremos escapar ao neotecnicismo? In: COLETÂNEA CBE, *Escola básica*. Campinas: Papirus, 1992. p. 147-157.

MARX, Karl. *O capital (Capítulo VI inédito)*. São Paulo: Ciências Humanas, 1978.

MEISTER, Jeanne C. *Educação corporativa*. São Paulo: Makron Books, 1999.

Uma nova perspectiva para o curso de Pedagogia[1]

Gramsci, em suas notas do cárcere, redigidas em 1932, coincidentemente no mesmo ano em que era lançado no Brasil o "Manifesto dos Pioneiros da Educação Nova", registrou agudas observações, concluindo com o seguinte comentário:

> Deve-se distinguir entre escola criadora e escola ativa, mesmo na forma dada pelo método Dalton. Toda escola unitária é escola ativa, se bem que seja necessário limitar as ideologias libertárias neste campo e reivindicar com uma certa energia o dever das gerações adultas, isto é, do Estado, de "conformar" as novas gerações. Ainda se está na fase romântica da escola ativa, na qual os elementos da luta contra a escola mecânica e jesuítica se dilataram morbidamente por causa do contraste e da polêmica: é necessário entrar na fase "clássica", racional, encontrar nos fins a atingir a fonte natural para elaborar os métodos e as formas (Gramsci, 1975, v. III, p. 1537; na edição brasileira, 1968, p. 124).

Penso ser válida essa diretriz para a nossa atuação como docentes do curso de Pedagogia. Em lugar de alimentarmos a polêmica entre as correntes pedagógicas, em especial entre as concepções ditas tradicionais e aquelas renovadas, cabe aceitar o convite para entrar na fase clássica, que é aquela em que já se deu uma depuração, ocorrendo a superação dos elementos da conjuntura polêmica com a recuperação daquilo que tem caráter permanente porque resistiu aos embates do tempo.

Além desse critério sugerido pela noção de "clássico", também o eixo da organização da educação escolar nas condições da nossa época me foi suscitado pela problematização efetuada por Gramsci (1975, v. III, p. 1544-1546; na edição brasileira, 1968, p. 134-136) em sua reflexão sobre a questão escolar. Reporto-me à passagem em que ele se referia à centralidade que tinha a cultura greco-romana na velha escola, traduzida no cultivo das línguas

---

[1] Conclusão da II Parte do livro *A pedagogia no Brasil: história e teoria*. Campinas: Autores Associados, 2008. p. 149-161.

latina e grega e das respectivas literaturas e histórias políticas. Constituía-se, por esse caminho, o princípio educativo da escola tradicional, "na medida em que o ideal humanista, que se personifica em Atenas e Roma, era difundido em toda a sociedade", sendo "um elemento essencial da vida e da cultura nacionais". O latim, como língua morta, permitia o estudo de um processo histórico inteiro, analisado desde o seu nascimento até sua morte. Mas Gramsci acrescenta: "morte aparente, pois se sabe que o italiano, com o qual o latim é continuamente comparado, é latim moderno." Estudando a história dos livros escritos em latim, sua história política, as lutas dos homens que falavam latim, o jovem submergia na história, adquirindo "uma intuição historicista do mundo e da vida, que se torna uma segunda natureza, quase uma espontaneidade, já que não é pedantemente inculcada pela 'vontade' exteriormente educativa". E acrescenta: "Este estudo educava (sem que tivesse a vontade expressamente declarada de fazê-lo) com a mínima intervenção 'educativa' do professor: educava porque instruía." Claro, ele assinala, isso não se devia a uma suposta virtude educativa intrínseca ao grego e ao latim. Esse resultado era produto de toda a tradição cultural, viva não apenas na escola, mas principalmente fora dela. Uma vez "modificada a tradicional intuição da cultura", a escola entrou em crise e com ela entrou em crise o estudo do latim e do grego. Daí a conclusão: "Será necessário substituir o latim e o grego como fulcro da escola formativa; esta substituição ocorrerá, mas não será fácil dispor a nova matéria ou a nova série de matérias numa ordem didática que dê resultados equivalentes."

Desde a primeira vez em que li essas passagens nos idos da década de 70 do século passado, sempre me perguntava sobre a ou as matérias que pudessem desempenhar numa nova escola adequada aos tempos atuais papel equivalente àquele desempenhado pelo latim e pelo grego na velha escola. E uma ideia começou a tomar forma em meu espírito. Essa ideia é a de que a História seria exatamente essa matéria que ocuparia o lugar central no novo princípio educativo da escola do nosso tempo: uma escola unitária porque guiada pelo mesmo princípio, o da radical historicidade do homem e organizada em torno do mesmo conteúdo, a própria história dos homens, identificado como o caminho comum para formar indivíduos plenamente desenvolvidos. Com efeito, que outra forma poderíamos encontrar de "produzir, em cada indivíduo singular, a humanidade que é produzida histórica e coletivamente pelo conjunto dos homens" (Saviani, 2003, p. 13), senão fazendo-os mergulhar na própria história e, aplicando o critério do "clássico", permitir-lhes vivenciar os momentos mais significativos dessa verdadeira aventura temporal humana?

Esbocei rapidamente essa ideia na discussão do projeto pedagógico do Curso de Pedagogia da Faculdade de Filosofia, Ciências e Letras de Ribeirão Preto, da USP, sugerindo que o eixo da organização curricular fosse dado pela história da escola elementar. Com efeito, pelo caminho da história os vários elementos que, na atualidade, são considerados como necessários à formação do educador serão contemplados no seu nascimento e desenvolvimento, explicitando-se as condições e as razões que conduziram ao entendimento de sua necessidade para a formação do educador. Com esse desenho curricular as disciplinas do currículo de Pedagogia ligadas à filosofia, história, sociologia, psicologia, estatística, política e gestão escolar, assim como à didática, à educação infantil e às várias metodologias das matérias do ensino fundamental, etc. deixariam de ser estudadas como algo estático e esquemático tornando-se algo vivo, em íntima articulação com a história da escola, isto é, do próprio objeto de que se ocupam. Penso que essa ideia é rica de desdobramentos que podem ser explorados pelo conjunto do corpo docente do curso de Pedagogia no desenvolvimento do trabalho pedagógico junto aos alunos, semana a semana, mês a mês, ano a ano. Assim procedendo, penso que seria possível efetivar o resgate da longa e rica trajetória histórica da pedagogia. Esta emergirá como um corpo consistente de conhecimentos que, constituindo-se historicamente, se revela capaz de articular num conjunto coerente as várias abordagens sobre a educação, tomando como ponto de partida e ponto de chegada a própria prática educativa. De um curso assim estruturado espera-se que irá formar pedagogos com uma aguda consciência da realidade onde vão atuar, com uma adequada fundamentação teórica que lhes permitirá uma ação coerente e com uma satisfatória instrumentação técnica que lhes possibilitará uma ação eficaz.

Tomando a história como eixo da organização dos conteúdos curriculares e a escola como lócus privilegiado para o conhecimento do modo como se realiza o trabalho educativo será possível articular, num processo unificado, a formação dos novos pedagogos em suas várias modalidades. Por esse caminho poder-se-á atingir, ao mesmo tempo e no mesmo processo, os cinco objetivos previstos na Resolução que fixou as novas diretrizes curriculares para o curso de Pedagogia: a formação para o exercício da docência (1) na Educação Infantil, (2) nos anos iniciais do Ensino Fundamental, (3) nos cursos de Ensino Médio na modalidade Normal, (4) em cursos de Educação Profissional na área de serviços e apoio escolar, e (5) em outras áreas nas quais sejam previstos conhecimentos pedagógicos. E não apenas isso. Também a formação para as atividades de gestão e, portanto, o preparo inicial dos especialistas referidos no artigo 64 da LDB poderá ser contemplado nesse mesmo projeto. Isso porque, ao centrar o foco do processo formativo na unidade escolar, aquilo de que se trata é capacitar o futuro pedagogo ao pleno domínio do funcionamento da escola. Assim, uma escola viva, funcionando em plenitude, implica um processo de gestão que garanta a presença de professores exercendo a docência de disciplinas articuladas numa estrutura curricular, em ação coordenada, supervisionada e avaliada à luz dos objetivos que se busca atingir. Ora, um aluno que é preparado para o exercício da docência assimilando os conhecimentos elementares que integram o currículo escolar; estudando a forma como esses conhecimentos são dosados, sequenciados e coordenados ao longo do percurso das séries escolares; compreendendo o caráter integral do desenvolvimento da personalidade de cada aluno no processo de aprendizagem; e apreendendo o modo como as ações são planejadas e administradas, estará sendo capacitado, ao mesmo tempo, para assumir a docência, para coordenar e supervisionar a prática pedagógica, orientar o desenvolvimento dos alunos e planejar e administrar a escola; e, assegurada essa formação, estará também capacitado a inspecionar o funcionamento de outras escolas. Claro que, sobre a base dessa formação inicial, será recomendável que, de modo especial para exercer as referidas funções no âmbito dos sistemas de ensino, sejam feitos estudos de aprofundamento, aperfeiçoamento e especialização em nível de pós-graduação.

Essa centralização no funcionamento da escola não deve ser interpretada, porém, como coincidindo com a iniciativa de se colocar os alunos, desde o início do curso, em contato direto com as escolas, para as vivenciarem, para se familiarizarem com elas. Ao contrário. Quando os alunos ingressam no curso de Pedagogia eles vêm de uma experiência de, no mínimo, 11 anos de escola. Portanto, eles estão mais do que familiarizados com ela. Nesse momento, parece mesmo recomendável que eles se distanciem da escola básica; vivam intensamente o clima da universidade; mergulhem nos estudos dos clássicos da pedagogia e dos fundamentos filosóficos e científicos da educação. Com esse preparo estarão se municiando de ferramentas teóricas que lhes permitirão analisar o funcionamento das escolas de educação infantil e de ensino fundamental, para além do senso comum propiciado por sua experiência imediata vivenciada por longos anos no interior da instituição escolar. A partir daí eles poderão voltar-se para a escola elementar observando-a, porém, com outros olhos. Poderão, então, analisar a prática educativa guiados pela teoria pedagógica ultrapassando, assim, o nível da "doxa" (o saber opinativo) e atingindo o nível da "episteme" (o saber metodicamente organizado e teoricamente fundamentado).

Fica claro, também, que não cabe identificar esse meu encaminhamento com a descaracterização da especificidade da pedagogia ou com sua redução ao ensino escolar. Igualmente, não cabe também equipará-lo à tentativa de inserir no curso de Pedagogia uma multiplicidade de funções, como de certo modo o fez a Resolução que instituiu as diretrizes curriculares nacionais, o que inviabiliza uma formação qualitativamente aceitável.

Se proponho que se tome a realidade da escola como eixo do processo formativo dos novos educadores é porque, na sociedade atual, a escola se tornou a forma principal e dominante de educação a partir da qual as demais formas são aferidas. Nessa condição, a escola veio a assumir no campo pedagógico papel equivalente ao assumido pelo capital na esfera econômica. Parafraseando a frase de Marx (1973, p. 236), "o capital é a força econômica da sociedade burguesa que tudo domina", podemos dizer que a escola, na sociedade atual, é a força pedagógica que tudo domina. Por isso, embora a renda fundiária tenha precedido historicamente ao capital, "não se pode compreender a renda imobiliária sem o capital. Mas podemos compreender o capital sem a renda imobiliária". Continuando a paráfrase, podemos concluir que, embora as formas de educação não escolar tenham precedido historicamente à forma escolar, a situação que hoje se configura nos coloca diante do fato de que não nos é mais possível compreender a educação sem a escola. Trata-se, em suma, do princípio metodológico também enunciado por Marx (p. 234) e celebrizado na metáfora "a anatomia do homem é a chave da anatomia do macaco": é a partir do mais desenvolvido que se pode compreender o menos desenvolvido, e não o contrário. Logo, parafraseando a metáfora, podemos afirmar que a anatomia da escola é a chave da anatomia da educação.

Ora, se é possível compreender as formas não escolares de educação a partir da escola e o inverso não é verdadeiro, então o educador formado sobre a base da dissecação da anatomia escolar estará capacitado a compreender todas as demais formas de educação qualificando-se, portanto, para também agir nelas.

Mas além dessas razões de caráter teórico-metodológico o foco na escola se justifica também como estratégia para se apreender o movimento real e concreto da educação, tendo em vista superar os dilemas que o enfoque abstrato acarreta. É esse o caso dos dois aspectos que envolvem o problema da formação de educadores: o domínio dos conteúdos que serão objeto do processo educativo e o domínio das formas por meio das quais se realiza o referido processo. Trata-se, aí, dos dois aspectos que deram origem aos dois modelos de formação de professores aos quais fiz referência na introdução deste livro: o "modelo dos conteúdos culturais-cognitivos" e o "modelo pedagógico-didático".

No Brasil, como foi explicitado no histórico que compôs a primeira parte deste livro, consagrou-se, em nível do ensino superior, uma estrutura que acopla os dois aspectos acima referidos considerados como competências de duas unidades universitárias distintas que se justapõem na tarefa de formar os novos professores: o domínio dos conteúdos específicos da área a ser ensinada é atribuído aos institutos ou faculdades específicas; e o preparo pedagógico-didático fica a cargo das faculdades de educação.

Como registrei em texto apresentado no VIII ENDIPE, realizado em Florianópolis em 1996, a contraposição entre esses dois aspectos se configurou como um verdadeiro dilema na história da formação de educadores em nosso país. Dir-se-ia que esta foi a maneira como o dilema teoria-prática, antes assinalado, que marcou a trajetória histórica da pedagogia, se manifestou na história da formação de professores. Com efeito, "mutatis mutandis", o polo dos conteúdos (modelo cultural-cognitivo) corresponderia, no dilema anterior, ao polo teórico; e o polo das formas (modelo pedagógico-didático) corresponderia ao polo prático.

O dilema consiste em que, de modo geral, se admite que os dois aspectos devam integrar o processo de formação de professores, mas não sabemos como articulá-los nem qual o peso específico que cada um deles deve ter no referido processo. E quando vislumbramos alguma perspectiva de solução em nível institucional, defrontamo-nos com duas saídas igualmente embaraçosas. Com efeito, poderíamos dar precedência ao primeiro modelo situando a questão da formação de professores no âmbito dos institutos ou faculdades específicos os quais seriam dotados, cada um, de um departamento de educação (ou de pedagogia) que se incumbiria da formação pedagógico-didática. Ou, por outra, poderíamos, dando precedência ao segundo modelo, situar os cursos no âmbito da Faculdade de Educação que seria dotada de departamentos específicos correspondentes a cada uma das disciplinas do currículo escolar para as quais a universidade devesse formar professores.

As duas saídas resultam, porém, igualmente problemáticas, mantendo-se, assim, embaraçosa a situação. E desse mal-estar nós não conseguimos nos desvencilhar faz já 30 anos. Com efeito, desde as Indicações CFE 67/75, 68/75, 70/76 e 71/76, de autoria de Valnir Chagas (1976) e principalmente a partir do movimento pró-reformulação dos cursos de Pedagogia e licenciatura desencadeado em 1980, foi ficando evidente o dilema a tal ponto que, apesar do consenso sobre a necessidade da reformulação tanto entre os professores das áreas específicas como entre aqueles da área pedagógica, desconfianças mútuas sempre acabavam aparecendo quando se pensava em propostas de reformulação curricular. Diante dos impasses os cursos de licenciatura ficaram praticamente inalterados e os ensaios de mudança nos cursos de Pedagogia, tímidos alguns, arrojados outros, resultaram insatisfatórios, acentuando o caráter embaraçoso da situação.

Parece que na raiz desse mal-estar está a dissociação entre os dois aspectos indissociáveis do ato educativo: a forma e o conteúdo. Tal dissociação é processada pelo modo como estão constituídas as especializações universitárias. Tudo se passa como se os estudantes que, ao longo do ensino fundamental e médio, vivenciaram a unidade desses aspectos apreendendo os conteúdos educativos comuns segundo determinadas formas pedagógicas tenham adquirido, ao serem aprovados no vestibular de determinada carreira, o direito de esquecer todos os outros elementos que supostamente aprenderam porque faziam parte do currículo dos cursos de educação básica, já devidamente concluídos. Assim, os que foram aprovados no vestibular de Pedagogia não precisariam mais se preocupar com os conteúdos do processo educativo, fixando-se nas formas esvaziadas dos conteúdos que lhes correspondem e dos quais são indissociáveis. Do mesmo modo, os que foram aprovados nos vestibulares de Física, ou Matemática, ou Biologia, Química, História, Geografia ou Letras passam a se concentrar nos respectivos conteúdos específicos, despreocupando-se com as formas a eles correspondentes.

Em suma, as faculdades de educação reuniriam os especialistas das formas abstraídas dos conteúdos, ao passo que os institutos e as faculdades correspondentes às disciplinas que compõem os currículos escolares reuniriam os especialistas nos conteúdos abstraídos das formas que os veiculam. Nesse contexto, compreende-se que ambos os caminhos desemboquem em saídas embaraçosas, isto é, que não resolvem o dilema em que eles próprios se constituem. Isso porque, se na raiz do dilema está a dissociação entre os dois aspectos que caracterizam a função docente, segue-se que as duas vias propostas constituem os elementos do próprio problema cuja solução se busca não podendo, pois, se constituirem em alternativas para resolvê-lo.

Quais seriam, então, as perspectivas de solução do dilema?

Logicamente, se o dilema resulta da dissociação dos aspectos indissociáveis do ato docente, só conseguiremos sair do dilema na medida em que for recuperada e preservada a referida indissociabilidade. E como será possível essa recuperação?

Uma vez que a dissociação se deu por um processo de abstração, parece que a via adequada de recuperação da indissociabilidade implica considerar o ato docente enquanto fenômeno concreto, isto é, tal como ele se dá efetivamente no interior das escolas.

Nessa linha de considerações tenho sugerido que possivelmente o caminho mais adequado para a reformulação dos cursos de Pedagogia e (por que não?), também, dos demais cursos de licenciatura, seria centrá-los nos livros didáticos. Com efeito, mal ou bem, os livros didáticos fazem a articulação entre a forma e o conteúdo, isto é, eles dispõem os conhecimentos numa forma que visa viabilizar o processo de transmissão-assimilação que caracteriza a relação professor-aluno em sala de aula. A questão pedagógica por excelência que diz respeito à seleção, organização, distribuição, dosagem e sequenciação dos elementos relevantes para a formação dos educandos é, assim, realizada, no que se refere à pedagogia escolar, pelo livro didático, o qual se transforma, ainda que de modo "empírico", isto é, sem consciência plena desse fato, no "grande pedagogo" de nossas escolas. Efetivamente, é ele que, geralmente de maneira acrítica, dá forma prática à teoria pedagógica nas suas diferentes versões.

Tanto é assim que, à medida que se alteram as influências teórico-pedagógicas, os livros didáticos mudam de cara. Assim, quando predominava a teoria da pedagogia tradicional, os livros didáticos eram sisudos, constituídos por textos que explicitavam conceitos através de um discurso lógico, dirigindo-se ao intelecto dos alunos e solicitando a sua capacidade de memorização. Quando passa a predominar a influência da pedagogia nova, os livros didáticos se tornam coloridos, cheios de ilustrações, com sugestões de atividades, de trabalho em grupo, multiplicando os estímulos à capacidade de iniciativa dos alunos. E quando se dissemina a influência da pedagogia tecnicista, começam a surgir livros didáticos com testes de escolha múltipla ou na forma de instrução programada, em suma, os chamados livros descartáveis.

À luz do exposto, acredita-se que, debruçando-se sobre os livros didáticos comumente adotados nas escolas, os cursos de Pedagogia mobilizariam os fundamentos da educação examinando as suas implicações para o processo de ensino-aprendizagem; e efetuariam, a partir desses fundamentos, a crítica pedagógica dos livros didáticos evidenciando o seu alcance e os seus limites, as suas falhas assim como as suas eventuais qualidades. Por esse caminho os futuros pedagogos estariam retomando os conteúdos em sua forma de organização pedagógica, processo pelo qual já haviam passado, porém, de maneira sincrética, isto é, sem consciência clara de suas relações; ao passo que agora eles têm oportunidade de fazê-lo de modo sintético, isto é, com plena consciência das relações aí implicadas.

Com isso eles se capacitariam a atuar nas escolas e nos diversos níveis dos sistemas de ensino como orientadores, coordenadores pedagógicos, diretores, supervisores e também como professores.

De igual modo, os alunos dos cursos de licenciatura, ao atingir um domínio aprofundado e atualizado dos conhecimentos que caracterizam a sua disciplina, estariam atingindo também, através da análise dos livros didáticos das áreas respectivas, uma compreensão agora sintética e não mais apenas sincrética de sua inserção no processo de ensino-aprendizagem.

Pela via indicada o dilema seria superado. E assim como sobre a base da dissociação entre forma e conteúdo qualquer saída institucional se revelava impotente para superar o dilema dir-se-ia que, sobre a base da indissociabilidade entre aqueles dois aspectos do ato educativo, os diferentes arranjos institucionais poderiam viabilizar-se como saída do dilema.

Entretanto, sabemos que as vias institucionais abertas pela estrutura atual se encontram fortemente comprometidas com a dissociação em virtude mesmo da maneira como estão constituídas as especializações universitárias. Em consequência, parece desejável que se busquem novos canais institucionais. E aqui se considera que o caminho trilhado no âmbito da pesquisa para superar as compartimentalizações departamentais poderia ser tentado também no âmbito do ensino. Trata-se dos grupos de pesquisa que, organizando-se por linhas, isto é, por temas ou áreas de interesse investigativo, aglutinam pessoas de diferentes departamentos ou unidades universitárias e até mesmo de diferentes universidades em torno de projetos comuns. Ora, acredita-se que chegou o momento de se organizarem também grupos de ensino nas diferentes disciplinas dos currículos escolares que aglutinem docentes das faculdades de educação e das outras unidades acadêmicas em torno de projetos de ensino que configurariam os cursos de formação de educadores.

São essas as coordenadas a partir das quais, em meu entendimento, se deve urgentemente organizar, no âmbito das instituições de ensino superior, o espaço específico para os estudos e pesquisas educacionais que, no nível da graduação, gira em torno do curso de Pedagogia. Sem isso, os alunos passarão pelos cursos, adquirirão um diploma universitário, mas não ultrapassarão o nível da doxa, reduzindo-se a formação de nível superior a uma mera formalidade, um ato cartorial.

O espaço apropriado para a realização de estudos e pesquisas educacionais amplos e aprofundados são as faculdades ou centros de educação. Tendo como eixo central a educação, essas unidades universitárias teriam o papel de acolher os jovens com genuíno interesse em se tornar educadores e colocá-los num ambiente de intenso e exigente estímulo intelectual. Sua formação se iniciaria pelo curso de Pedagogia articulando o ensino dos fundamentos teóricos e práticos da educação com a pesquisa propiciada pela inserção dos alunos nos projetos desenvolvidos pelos professores, mediante programas de iniciação científica; prosseguiria com a pós-graduação lato sensu, isto é, com cursos de especialização articulados com o mestrado onde se daria sua plena iniciação nas lides da pesquisa, completando-se com o doutorado.

Em suma, cabe pensar o problema da educação e da formação de educadores como um processo global, uma totalidade. A articulação entre o curso de Pedagogia e a Pós-Graduação em Educação, além de propiciar a inserção completa dos alunos nos misteres[2] (mistérios?) da pesquisa, possibilitaria a revitalização do curso de Pedagogia e, ao mesmo tempo, abriria as portas para a plena consolidação da educação como área científica. Assim, em lugar da pós-graduação em educação buscar se firmar cientificamente ao preço de elidir tanto a terminologia como a problemática própria da pedagogia, seu papel seria o de elevar a pedagogia à condição de ciência da e para a prática educativa.

Referências

CHAGAS, V. *Formação do magistério: novo sistema*. São Paulo: Atlas, 1976.

GRAMSCI, Antonio. *Os intelectuais e a organização da cultura*. Rio de Janeiro: Civilização Brasileira, 1968.

GRAMSCI, Antonio. *Quaderni del carcere*. Torino: Einaudi, 1975.

MARX, Karl. *Contribuição para a crítica da economia política*. Lisboa: Estampa, 1973.

SAVIANI, Dermeval. *Pedagogia histórico-crítica: primeiras aproximações*. 8. ed. revista e ampliada. Campinas: Autores Associados, 2003.

2 Antonio Santoni Rugiu, no livro *Nostalgia do mestre artesão* (1998, p. 27-29), alude à sinonímia "mister = mistério" para mostrar o caráter mágico do exercício do artesanato e da preparação dos aprendizes nas corporações de ofícios.

Produção bibliográfica

Artigos completos publicados em periódicos

1. SAVIANI, D. O eterno no tempo (reflexões filosóficas sobre o sentido da História). *Revista da Universidade Católica de São Paulo*, v. XXXVI, 1969.

2. SAVIANI, D. Existe sistema educacional no Brasil? *Revista Escola*, Ed. Abril, n. 10, 1972.

3. SAVIANI, D. Estruturalismo e educação brasileira. *Revista Brasileira de Estudos Pedagógicos*, v. 60, p. 208-217, 1974.

4. SAVIANI, D. A Filosofia na formação do educador. *Revista Didata*, n. 01, 1975.

5. SAVIANI, D. Contribuição a uma definição do curso de Pedagogia. *Revista Didata*, n. 05, 1976.

6. SAVIANI, D.; GOLDBERG, M. A. UFSCar: mais um programa de Pós-Graduação em Educação? *Revista Cadernos de Pesquisa*, n. 16, 1976.

7. SAVIANI, D. Valores e objetivos na educação. *Revista Didata*, n. 06, 1977.

8. SAVIANI, D. Educação brasileira: problemas. *Educação e Sociedade*, v. 1, p. 50-63, 1978.

9. SAVIANI, D. Função do ensino de Filosofia da Educação e de história da educação. *Reflexão*, Campinas, v. 4, p. 5-13, 1979.

10. SAVIANI, D. Participação da universidade no desenvolvimento nacional: a universidade e a problemática da educação e cultura. *Educação Brasileira*, v. 1, p. 35-58, 1979.

11. SAVIANI, D. Perspectivas da educação brasileira contemporânea: análise crítica. *Revista de Educação*, AEC, v. 8, p. 3-18, 1979.

12. SAVIANI, D. Uma concepção de mestrado em educação. *Educação e Sociedade*, v. 1, p. 151-155, 1979.

13. SAVIANI, D. A orientação educacional no atual contexto brasileiro. *Orient'Ação*, Boletim da Associação de Orientadores Educacionais de São Paulo, n. 6, 1980.

14. SAVIANI, D. A política de Pós-Graduação no contexto da política educacional. *Anais da I Conferência Brasileira de Educação*. São Paulo, 1980.

15. SAVIANI, D. Uma estratégia para a defesa da escola pública: retirar a educação da tutela do Estado. *Revista de Ensino de Física*, n. 02, p. 77-88, maio 1980.

16. SAVIANI, D. Escola e Democracia ou a teoria da curvatura da vara. *ANDE - Revista da Associação Nacional de Educação*, v. 1, p. 23-33, 1981.

17. SAVIANI, D. Extensão universitária: uma abordagem não extensionista. *Educação & Sociedade*, v. 04, p. 61-73, 1981.

18. SAVIANI, D. Tendências pedagógicas na formação do educador. *Inter Açao*, revista da UFGO, n. 08, 1981.

19. SAVIANI, D. Uma estratégia para a reformulação dos cursos de pedagogia e licenciatura: formar o especialista e o professor no educador. *A formação do educador*, Caderno da ANDE, 1981.

20. SAVIANI, D. A busca de um pensamento pedagógico crítico. (Entrevista). *Jornal da II CBE*, Belo Horizonte, n. 4, 1982.

21. SAVIANI, D. A estrutura do ensino na universidade brasileira. *ANDE - Revista da Associação Nacional de Educação*, n. 5, p. 52-55, 1982.

22. SAVIANI, D. Anseinandersetzung unter christen. *Publik-Forun*, n. 07, 11 abr. 1982.

23. SAVIANI, D. As teorias da educação e o problema da marginalidade na América Latina. *Cadernos de Pesquisa*, Fundação Carlos Chagas, v. 12, p. 8-18, 1982.

24. SAVIANI, D. Escola e Democracia: para além da teoria da curvatura da vara. *ANDE - Revista da Associação Nacional de Educação*, v. 2, p. 56-64, 1982.

25. SAVIANI, D. Paulo Freire: Christ oder Agnostiker? *Forum*, v. 56, 1982.

26. SAVIANI, D. Brasil: a educação que temos na democracia em que vivemos. *Educação e Realidade,* n. 2, 1983.

27. SAVIANI, D. Competência política e compromisso técnico. *Educação e Sociedade*, v. 5, p. 111-143, 1983.

28. SAVIANI, D. Las teorias de la educación y el problema de la marginalidad en América Latina. *Revista Argentina de Educación*, v. 2, p. 7-29, 1983.

29. SAVIANI, D. A filosofia da educação no Brasil e sua veiculação pela RBEP. *Revista Brasileira de Estudos Pedagógicos*, v. 65, p. 273-290, 1984.

30. SAVIANI, D. A qualidade do ensino nas escolas da rede privada. (Debate). *Folha de S. Paulo,* 09 abr. 1984.

31. SAVIANI, D. Educação e mudança. (Entrevista). *Folha do Acre*, Rio Branco, 30 set. 1984.

32. SAVIANI, D. Enfant a l'École, École(s) pour l'Enfant. (Resenha). *Cadernos de Pesquisa*, Fundação Carlos Chagas, v. 14, p. 97, 1984.

33. SAVIANI, D. Escola Nova versus Escola Tradicional. (Entrevista). *Jornal do Professor*, n. 06, *Jornal do Brasil*, Rio de Janeiro, maio 1984.

34. SAVIANI, D. O ensino básico e o processo de democratização da sociedade brasileira. *ANDE - Revista da Associação Nacional de Educação*, v. 4, p. 9-13, 1984.

35. SAVIANI, D. O relato é impressionante: Escola organiza comunidade. (Entrevista). *Educação Democrática*, Órgão da Secretaria de Estado da Educação de São Paulo, n. 13, 1984.

36. SAVIANI, D. Querelle d'Ecole(s) ou Alain, Piaget et les autres. (Resenha). *Cadernos de Pesquisa*, Fundação Carlos Chagas, v. 14, p. 107, 1984.

37. SAVIANI, D. Sobre a natureza e especificidade da educação. *Em Aberto*, Brasília: INEP, n. 22, 1984.

38. SAVIANI, D. Sobre o papel do diretor de escola. *ANDE - Revista da Associação Nacional de Educação*, v. 4, p. 53-55, 1984.

39. SAVIANI, D. As idéias da nossa escola. (Entrevista). *Jornal Leia*, n. 82, 1985.

40. SAVIANI, D. Constituinte e Educação. (Debate). *Educação Democrática*, Órgão da Secretaria de Estado da Educação de São Paulo, n. 17, 1985.

41. SAVIANI, D. Escola e Democracia. (Entrevista). *Folha de Londrina*, 03 mar. 1985.

42. SAVIANI, D. Sentido da pedagogia e papel do pedagogo. *ANDE - Revista da Associação Nacional de Educação*, v. 5, p. 27-28, 1985.

43. SAVIANI, D. As Associações e o Estado. *Boletim da ANPEd*, n. 3-4, jul./dez. 1986.

44. SAVIANI, D. A Pedagogia histórico-crítica no quadro das tendências críticas da educação brasileira. *ANDE - Revista da Associação Nacional de Educação*, v. 6, p. 15-23, 1986.

45. SAVIANI, D. Educação para a participação no processo político (escola, cidadania e transição democrática). *La Educación - Revista Interamericana de Desarrollo Educativo*, v. 33, p. 130-140, 1986.

46. SAVIANI, D. Las teorias de la educación y el problema de la marginalidad en América Latina. *Revista de la Educación del Pueblo*, Montevideo, n. 32, p. 24-34, abr. 1986.

47. SAVIANI, D. La teoría de la curvatura de la vara. *Revista de la Educación del Pueblo*, Montevideo, n. 34, p. 6-14, nov. 1986.

48. SAVIANI, D. Mudou o estudante, é preciso mudar o ensino. (Entrevista). *Jornal da Tarde*, São Paulo, 31 mar. 1986.

49. SAVIANI, D. O nó do ensino de segundo grau. (Entrevista). *Bimestre*, Revista do segundo grau, n. 01, out. 1986.

50. SAVIANI, D. Pedagogo da PUC de São Paulo vê fragilidade no Projeto Pinotti. (Entrevista). *Folha de S. Paulo*, 11 ago. 1986.

51. SAVIANI, D. Quem (ou o quê) deve ser importante na sala de aula? (Entrevista). *Shopping News-City News*, São Paulo, 02 nov. 1986.

52. SAVIANI, D. Con Marx para dominar la ciencia. (Entrevista). *El Popular*, Montevideo, 27 feb. 1987.

53. SAVIANI, D. Educación y Transformación. (Entrevista). *La Hora*, Montevideo, 28 feb. 1987.

54. SAVIANI, D. Escuela y democracia o la teoría de la curvatura de la vara. *Revista Argentina de Educación*, v. 5, p. 9-23, 1987.

55. SAVIANI, D. Gilberto Freyre e Álvaro Vieira Pinto. *Revista Brasileira de Estudos Pedagógicos*, n. 159, ago. 1987.

56. SAVIANI, D. Más allá de la curvatura de la vara. *Revista de la Educación del Pueblo*, Montevideo, p. 24-33, jul. 1987.

57. SAVIANI, D. O educador e a esperança crítica. (Entrevista). *Jornal do Povo*, Cachoeira do Sul, 20 set. 1987.

58. SAVIANI, D. Propuesta. (Entrevista). *Teoría de la Educación*, Montevideo, 1987.

59. SAVIANI, D. Reportaje. (Entrevista). *Educación y Transformación*, Montevideo: Tribuna de Estudios Juveniles, 1987.

60. SAVIANI, D. Tributo a Álvaro Vieira Pinto. *Educação & Sociedade*, n. 27, set. 1987. (Publicado também em *O Escritor*, Jornal da união Brasileira de escritores, n. 42, set./out. 1987.)

61. SAVIANI, D. Contribuição à elaboração da nova LDB. Um início de conversa. *ANDE - Revista da Associação Nacional de Educação*, v. 8, p. 5-14, 1988.

62. SAVIANI, D. Educação e Transformação. (Entrevista). *Educação em Questão*, Revista da UFRN, n. 2, p. 130-140, 1988.

63. SAVIANI, D. Os fundamentos da educação e a nova LDB. *Educação Municipal*, v. 1, p. 5-17, 1988.

64. SAVIANI, D. A palavra é... Politecnia. (Entrevista). *Sala de Aula*, ano 2, n. 13, p. 26-32, ago. 1989.

65. SAVIANI, D. Política social e publicização da educação. *Psicologia Ciência e Profissão*, v. 9, p. 6-7, 1989.

66. SAVIANI, D. Repensando a relação trabalho-escola. *Revista de Educação*, São Paulo: APEOESP, n. 4, p. 13-16, set. 1989.

67. SAVIANI, D. A Nova Lei de Diretrizes e Bases. (Entrevista). *Pro-Posições*, Campinas, v. 3, p. 7-13, 1990.

68. SAVIANI, D. Concepção de dissertação de mestrado centrada na idéia de monografia de base. *Revista Educação Brasileira*, v. 13, n. 27, p. 159-168, 1991.

69. SAVIANI, D. Contribuições da filosofia para a educação. *Em Aberto*, v. 9, n. 45, p. 3-9, 1990.

70. SAVIANI, D. O pensamento de esquerda e a educação na república brasileira. *Pro-Posições*, Campinas, v. 3, n. 2, p. 7-21, 1990.

71. SAVIANI, D. Problemas sociais e problemas de aprendizagem. *ANDE*, v. 10, n. 17, p. 5-12, 1991.

72. SAVIANI, D. Relação entre o Sindicato de Trabalhadores da Educação e as diferentes concepções de escola. *Revista de Educação*, n. 6, p. 13-17, 1991.

73. SAVIANI, D. A educação não é autônoma... (Entrevista). *Ramal 2361*, Órgão da Faculdade de Comunicação Social da UFSM, ano 1, n. 1, p. 08, 1992.

74. SAVIANI, D. Auto-avaliação da unidade. *Caderno da Faculdade de Educação*, v. 5, n. 6, p. 1-46, 1992.

75. SAVIANI, D. Algumas tarefas urgentes e necessárias. *Impulso*, v. 6, n. 12, p. 83-93, 1993.

76. SAVIANI, D. Brasil: avanços e recuos pedagógicos. (Entrevista). *Jornal do INCOR*, Três Corações, ano II, n. 4 , p. 03 e 04, 1993.

77. SAVIANI, D. Dezembro de 1992: Finalmente Em Votação O Projeto das Diretrizes e Bases da Educação Nacional. *Revista de educação da CNTE*, v. 1, n. 1, p. 19-30, 1993.

78. SAVIANI, D. Marx, 110 anos: clássico e... dramaticamente atual. *Princípios*, n. 29, p. 44-46, 1993.

79. SAVIANI, D. Desafios para a construção coletiva da ação supervisora: uma abordagem histórica. *Idéias*, v. 24, p. 95-105, 1994.

80. SAVIANI, D. Didattica: Scienza Dei Processi Educativi Sistematici. *La Didattica*, Itália, v. 2, 1994.

81. SAVIANI, D. Desafios actuales de la pedagogia histórico-crítica. *Revista Argentina de Educación*, Argentina, ano XIII, n. 23, p. 25-38, oct. 1995

82. SAVIANI, D. Educação e Política. *Doxa - Revista Paulista de Psicologia e Educação*, v. 1, n. 1, p. 155-161, 1995.

83. SAVIANI, D. Educazione e Postmodernità. Alcune Riflessioni, *Ricerche Pedagogiche*, Itália, n. 114, p. 25-32, 1995.

84. SAVIANI, D. Il mare verticale o della formazione dell'uomo. *Scuola-SE*, anno III, n. 6, , p. 8-9, Feb. 1995.

85. SAVIANI, D. La Scuola Nel Mondo: Scuola Elementare e Sistema Formativo In Brasile. *Scuola Se*, Itália, v. 2, p. 8-11, 1995.

86. SAVIANI, D. L'Educazione Dell'Infanzia e Lo Stato. *Infanza*, Itália, v. 7, p. 51-52, 1995.

87. SAVIANI, D. Os ganhos da década perdida. *Presença Pedagógica*, v. 6, p. 50-61, 1995.

88. SAVIANI, D. Primórdios da instrução popular e a luta pela sua difusão: os casos da Itália e do Brasil. *Educação,* Revista do Centro de Educação da UFSM, v. 20, n. 2, p. 55-63, 1995.

89. SAVIANI, D. Aspetti Dell'Educazione In Brasile. *Prospettiva*, Itália, v. 2, p. 84-92, 1995.

90. SAVIANI, D. Florestan Fernandes e a educação. *Estudos Avançados*, São Paulo, v. 10, n. 26, p. 71-87, 1996.

91. SAVIANI, D. Fondamenti Didattici e Curricolari Della Scuola Di Base. *Scuola Se*, Itália, v. 8, p. 26-28, 1996.

92. SAVIANI, D. A função docente e a produção do conhecimento. *Educação e Filosofia*, v. 11, n. 21/22, p. 127-140, 1997.

93. SAVIANI, D. A pedagogia histórico-crítica: contextualização histórica e teórica. In: *Caderno Pedagógico*, Curitiba: APP-Sindicato, p. 7-22, 1997.

94. SAVIANI, D. A resistência ativa contra a nova lei de diretrizes e bases da educação nacional. *Revista Princípios*, n. 47, p. 66-72, 1997.

95. SAVIANI, D. Brasil: Educação para a elite e exclusão para a maioria. *Comunicação & Educação*, São Paulo, v. 8, p. 63-77, 1997.

96. SAVIANI, D. Educação: preparação para o século XXI. (Diálogo com Paulo Freire e Adriano Nogueira). I *Caderno Pedagógico,* Curitiba: APP-Sindicato, p. 44-62, 1997.

97. SAVIANI, D. Educação não é filantropia. *Presença Pedagógica*, São Paulo, v. 3, n. 13, p. 5-15, 1997.

98. SAVIANI, D. El papel de las instituciones escolares en la actualidad: entre la transformación y la utopía. *Espacios en Blanco,* Revista de Educación, Tandil, Argentina, n. 5-6, p. 19-34, jun. 1997.

99. SAVIANI, D. Nota de Leitura. (Resenha de FRABBONI, F. *et alii* [a cura di]. *Giovani oggi tra realtà e utopia.) Revista Brasileira de Educação,* n. 5-6, 1997.

100. SAVIANI, D. Nota de Leitura. (Resenha de *Giovani: aspetti e problemi educativi della condizione giovanile oggi. Ricerche pedagogiche.*) *Revista Brasileira de Educação*, n. 116-117, 1997.

101. SAVIANI, D. Relação entre o sindicato de trabalhadores em educação e as diferentes concepções de escola. Revista *Educação & Cultura*, ano II, n. 1, p. 15-21, 1997.

102. SAVIANI, D. Comentários sobre as diretrizes curriculares da LDB. *PUCviva*, n. 2, set. p. 20-21, 1998.

103. SAVIANI, D. Equidad o igualdad en educación? *Revista ARgentina de Educación*, Buenos Aires, v. XVI, n. 69, p. 27-31, 1998.

104. SAVIANI, D. Eqüidade e qualidade em educação: eqüidade ou igualdade? *PUCviva, publicação acadêmica e informativa dos professores da PUC-SP*, São Paulo, n. 2, p. 17-19, 1998.

105. SAVIANI, D. Antonio Santoni Rugiu, Nostalgia do mestre artesão (resenha). *Dialoghi: Rivista di Studi Italici*, v. 3, p. 161-164, 1999.

106. SAVIANI, D. Nova LDB: desenlace e seus desdobramentos. *ADunicamp Revista*, Campinas, v. I, n. 1, p. 15-22, 1999.

107. SAVIANI, D. Sistemas de ensino e planos de educação: o âmbito dos municípios. *Educação e Sociedade*, Campinas, v. XX, n. 69, p. 119-136, 1999.

108. SAVIANI, D. Educação: paixão e compromisso. *Educação em Revista*, Belo Horizonte: UFMG, n. 31, p. 43-59, 2000.

109. SAVIANI, D. Um barão brasileiro no Congresso Pedagógico Internacional de Buenos Aires: as idéias pedagógicas de Abílio César Borges, barão da Macahubas. *História da Educação*, Pelotas: UFPel, v. 4, n. 7, p. 41-58, 2000.

110. SAVIANI, D. Casemiro dos Reis Filho e a educação brasileira. *Educação e Sociedade*, Campinas, ano 22, n. 77, p. 161-181, 2001.

111. SAVIANI, D. Educação no Brasil: concepção e desafios para o século XXI. *Cadernos de Educação*, Brasília: CNTE, ano VI, n. 15, p. 7-14, 2001.

112. SAVIANI, D. Ética, educação e cidadania. Florianópolis: *PhiloS - Revista Brasileira de Filosofia de 1º Grau*, ano 8, n. 15, p. 19-37, 2001.

113. SAVIANI, D. Expansão de vagas, qualidade de ensino e autonomia universitária (Entrevista). *Revista da ADUNICAMP*, Campinas, ano 3, n. 1, p. 43-45, nov. 2001.

114. SAVIANI, D. Grupo de Estudos e Pesquisas História, Sociedade e Educação no Brasil (HISTEDBR): histórico e situação atual. *Educação em Revista*, Belo Horizonte: UFMG, n. 34, p. 135-146, 2001.

115. SAVIANI, D. História comparada da educação: algumas aproximações. *História da Educação*, Pelotas: UFPel, v. V, n. 10, p. 5-16, 2001.

116. SAVIANI, D. Un recorrido histórico. *Cuadernos de Pedagogía*, Barcelona, n. 308, p. 32-36, 2001.

117. SAVIANI, D. Percorrendo caminhos na educação. *Educação e Sociedade*, Campinas, v. 23, n. 81, p. 273-290, 2002.

118. SAVIANI, D. A história da escola pública no Brasil. *Revista de Ciências da Educação*, Aparecida, v. 05, p. 185-201, 2003.

119. SAVIANI, D. O choque teórico da politecnia. *Trabalho, Educação e Saúde*, v. 1, p. 131-152, 2003.

120. SAVIANI, D. Palavra de educador. (Entrevista). *Rio Branco Colégio Campinas*, edição especial em comemoração aos 140 anos do Colégio Rio Branco, ano 1, n. 1, p. 14-15, 2003.

121. SAVIANI, D. Perspectiva marxiana do problema subjetividade-intersubjetividade. *Espaço Pedagógico*, v. 10, p. 77-97, 2003.

122. SAVIANI, D. Política e gestão da pós-graduação em educação no Brasil. *Comunicações*, Piracicaba, v. 10, p. 93-103, 2003.

123. SAVIANI, D. A questão da reforma universitária. *Educação & Linguagem*, v. 7, p. 42-67, 2004.

124. SAVIANI, D. O espaço acadêmico da pedagogia no Brasil: perspectiva histórica. *Paidéia*, Ribeirão Preto, v. 14, p. 113-124, 2004.

125. SAVIANI, D. Tributo ao Professor Antonio Joaquim Severino. *Educação & Linguagem*, v. 7, p. 243-246, 2004.

126. SAVIANI, D. Universidade pública: fator estratégico ao desenvolvimento. *Princípios*, São Paulo, v. 00, p. 29-35, 2004.

127. SAVIANI, D. Entrevista com Dermeval Saviani. *Acervo*, Rio de Janeiro, v. 18, p. 5-14, 2005.

128. SAVIANI, D. História da formação docente no Brasil: três momentos decisivos. *Educação*, UFSM, v. 30, p. 11-26, 2005.

129. SAVIANI, D. Instituições Escolares: conceito, história, historiografia e práticas. *Cadernos de História da Educação*, UFU, v. 4, p. 27-34, 2005.

130. SAVIANI, D. O institucional, a organização e a cultura da escola. (Resenha crítica). *Cadernos de Pesquisa*, Fundação Carlos Chagas, v. 35, p. 231-237, 2005.

131. SAVIANI, D. O protagonismo do professor Joel Martins na pós-graduação. *Revista Brasileira de Educação*, v. 00, p. 21-35, 2005.

132. SAVIANI, D. Marxismo e educação. *Princípios*, n. 82, p. 37-45, dez. 2005/jan. 2006.

133. SAVIANI, D. Doutoramento em educação: significado e perspectivas. *Revista Diálogo Educacional*, PUCPR, v. 7, p. 181-197, 2007.

134. SAVIANI, D. Entrevista. *Contrapontos*, UNIVALI, v. 7, p. 213-220, 2007.

135. SAVIANI, D. Epistemologia e teorias da educação no Brasil. *Pro-Posições*, Unicamp, v. 18, p. 15-27, 2007.

136. SAVIANI, D. O Plano de Desenvolvimento da Educação: análise do projeto do MEC. *Educação e Sociedade*, v. 28, p. 1231-1255, 2007.

137. SAVIANI, D. Pedagogia: dall empiria verso la scienza. (Resenha crítica). *Cadernos de Pesquisa*, Fundação Carlos Chagas, v. 37, p. 247-251, 2007.

138. SAVIANI, D. Pedagogia: o espaço da educação na universidade. *Cadernos de Pesquisa*, Fundação Carlos Chagas, v. 37, p. 99-134, 2007.

139. SAVIANI, D. Trabalho e educação: fundamentos ontológicos e históricos. *Revista Brasileira de Educação*, v. 12, p. 152-165, 2007.

140. SAVIANI, D.; MARIN, A. J. Formação de professores versus formação de pedagogos. (Tema em Destaque). *Cadernos de Pesquisa*, Fundação Carlos Chagas, v. 37, p. 13-134, 2007.

141. SAVIANI, D. História da história da educação no Brasil: um balanço prévio e necessário. *Eccos. Revista Científica*, v. 10, p. 147-167, 2008.

142. SAVIANI, D. Motor do desenvolvimento (entrevista). *Educação*, São Paulo, v. 12, p. 6-10, 2008.

143. SAVIANI, D. O curso de pedagogia e a formação de educadores. (Entrevista). *Perspectiva*, UFSC, v. 26, p. 641-660, 2008.

144. SAVIANI, D. O legado educacional do regime militar. *Cadernos CEDES* (impresso), v. 28, p. 291-312, 2008.

145. SAVIANI, D. Teorias pedagógicas contra-hegemônicas no Brasil. *Ideação*, v. 10, n. 2, p. 11-28, 2008.

146. SAVIANI, D. A educação fora da escola (entrevista). *Revista de Ciências da Educação*, Aparecida, v. 11, p. 17-27, 2009.

147. SAVIANI, D. Ainda o primeiro passo. *Carta Capital na Escola*, v. 04, p. 58-59, 2009.

148. SAVIANI, D. Desafios da construção de um sistema nacional articulado de educação. *Trabalho, Educação e Saúde*, v. 6, p. 213-231, 2008.

149. SAVIANI, D. *Direcional Educador* Entrevista. (impresso), v. 5, p. 6-8, 2009.

150. SAVIANI, D. Educação: eixo do desenvolvimento nacional. *Presença Pedagógica*, v. 15, p. 78-80, 2009.

151. SAVIANI, D. Educação como eixo do desenvolvimento nacional. *Princípios*, São Paulo, v. 18, p. 32-35, 2009.

152. SAVIANI, D. Formação de professores: aspectos históricos e teóricos do problema no contexto brasileiro. *Revista Brasileira de Educação*, v. 14, p. 143-155, 2009.

153. SAVIANI, D. Formação e condições de trabalho docente. *Revista Educação e Cidadania*, v. 8, p. 67-77, 2009.

154. SAVIANI, D. O PDE está em cada escola. (Entrevista). *Nova Escola - Gestão Escolar*, v. 1, p. 20-23, 2009.

155. SAVIANI, D.; ABDALLA, M. F. B. Entrevista com o Prof. Dermeval Saviani. *Pesquisaeduca*, v. 1, p. 143-145, 2009.

156. SAVIANI, D.; VIDAL, D. G. Conversación con Dermeval Saviani, catedrático emérito de Historia de la Educación. *Historia de la Educación*, v. 00, p. 377-394, 2009.

157. SAVIANI, D. Modelos de desenvolvimento e estilos educacionais no processo de emancipação da América Latina: o caso brasileiro. *Historia de la Educación*, v. 37, p. 117-133, 2010.

158. SAVIANI, D. O dilema produtividade-qualidade na pós-graduação. *Nuances*, UNESP Presidente Prudente, v. 17, p. 35-50, 2010.

159. SAVIANI, D. Organização da educação nacional: Sistema e Conselho Nacional de Educação, Plano e Fórum Nacional de Educação. *Educação & Sociedade* (impresso), v. 31, p. 769-787, 2010.

160. SAVIANI, D. Sistema Nacional de Educação articulado ao Plano Nacional de Educação. *Revista Brasileira de Educação* (impresso), v. 15, p. 380-393, 2010.

161. SAVIANI, D. Trabalho, educação e correntes pedagógicas no Brasil (resenha). *Trabalho, Educação e Saúde* (impresso), v. 8, p. 595-596, 2010.

162. SAVIANI, D. Um avanço ainda tímido. *Carta Capital*, v. 15, p. 44-47, 2010.

163. SAVIANI, D.; DUARTE, N. A formação humana na perspectiva histórico-ontológica. *Revista Brasileira de Educação* (impresso), v. 15, p. 422-433, 2010.

164. SAVIANI, D. A educação brasileira na virada do século XX para o XXI. *Presença Pedagógica*, v. 17, n. 100, p. 30-35, jul./ago. 2011.

165. SAVIANI, D. A pedagogia crítica e a defesa do ensino público. *Caros Amigos*, ano XV, n. 53, p. 7, jun. 2011.

166. SAVIANI, D. Conhecer é compreender relações. (Entrevista). *Docente na Luta*, Jornal da Associação dos Docentes do Ensino Superior de Santa Catarina, n. 6, p. 4-6, jul. 2011.

Livros publicados/organizados ou edições

1. SAVIANI, D. *Educação Brasileira: estrutura e sistema.* São Paulo: Saraiva, 1973. [6. ed. São Paulo: Cortez/Autores Associados, 1987; 7. ed. Campinas: Autores Associados, 1996; 10. ed. Campinas: Autores Associados, 2008].

2. SAVIANI, D. *Educação: do senso comum à consciência filosófica.* São Paulo: Cortez/Autores Associados, 1980 [11. ed. Campinas: Autores Associados, 1993; 18. ed. – Campinas: Autores Associados, 2009].

3. SAVIANI, D. *Escola e Democracia.* São Paulo, Cortez/Autores Associados, 1ª ed. 1983 [26. ed. Campinas: Autores Associados, 1992; 41. ed. Campinas: Autores Associados, 2009].

4. SAVIANI, D. *Escuela y democracia.* Montevidéo: Monte Sexto, 1988.

5. SAVIANI, D. (Org.). *Desenvolvimento e educação na América Latina.* São Paulo: Cortez/Autores Associados, 1983.

6. SAVIANI, D. *Ensino Público e algumas falas sobre universidade.* São Paulo: Cortez/Autores Associados, 1984 [5. ed. 1991].

7. SAVIANI, D. *Política e educação no Brasil.* São Paulo: Cortez/Autores Associados, 1987 [3. ed. Campinas: Autores Associados, 1996; 6. ed. Campinas: Autores Associados, 2006].

8. SAVIANI, D. *Sobre a concepção de politecnia.* Rio de Janeiro: Fundação Osvaldo Cruz, 1989.

9. SAVIANI, D. *Educação e questões da atualidade.* São Paulo: Cortez/ Livros do Tatu, 1991.

10. SAVIANI, D. *Educación: temas de actualidad.* Buenos Aires: Libros del quirquincho, 1991 [publicação em espanhol do livro de número 9].

11. SAVIANI, D. *Pedagogia histórico-crítica: primeiras aproximações.* São Paulo: Cortez/Autores Associados, 1991 [4. ed. Campinas: Autores Associados; 8. ed., rev., amp. e em novo formato. Campinas: Autores Associados, 2003; 11. ed. Campinas: Autores Associados, 2011].

12. SAVIANI, D. (Org.). *Para uma história da educação latino-americana.* Campinas: Autores Associados, 1996.

13. SAVIANI, D. *A nova lei da educação (LDB): trajetória, limites e perspectivas.* Campinas: Autores Associados, 1997 [12. ed. Campinas: Autores Associados, 2011].

14. SAVIANI, D. *Da nova LDB ao novo Plano Nacional de Educação: Por uma outra Política Educacional.* Campinas: Autores Associados, 1998 [5. ed. Campinas: Autores Associados, 2004.

15. SAVIANI, D.; GOERGEN, P. (Orgs.). *Formação de Professores: a experiência internacional sob o olhar brasileiro.* Campinas: Autores Associados; São Paulo: NUPES, 1998 [2. ed. 2000].

16. SAVIANI, D.; LOMBARDI, J.C.; SANFELICE, J. L. (Orgs.). *História e história da educação: o debate teórico-metodológico atual.* Campinas: Autores Associados/HISTEDBR, 1998 [4. ed. 2010].

17. SAVIANI, D.; LOMBARDI, J. C.; SANFELICE, J. L. (Orgs.). *História da educação: Perspectivas para um intercâmbio internacional.* Campinas: Autores Associados/HISTEDBR, 1999.

18. SAVIANI, D.; LOMBARDI, J. C.; SANFELICE, J. L. (Orgs.). *Capitalismo, trabalho e educação.* Campinas: Autores Associados/HISTEDBR, 2002 [3. ed. 2005].

19. SAVIANI, D. (Org.). *Intelectual mestre educador: presença do professor Casemiro dos Reis Filho na educação brasileira.* Campinas: Autores Associados, 2003.

20. SAVIANI, D. *et alii. O legado educacional do século XX no Brasil.* Campinas: Autores Associados, 2004 [2. ed. 2006].

21. SAVIANI, D.; LOMBARDI, J. C.; NASCIMENTO, M. I. M. (Orgs.). *A escola pública no Brasil: história e historiografia.* Campinas: Autores Associados, 2005.

22. SAVIANI, D.; LOMBARDI, J. C. (Orgs.). *Marxismo e educação: debates contemporâneos.* Campinas: Autores Associados, 2005.

23. NASCIMENTO, M. I. M.; SANDANO, W.; LOMBARDI, J. C.; SAVIANI, D. (Orgs.). *Instituições escolares no Brasil: conceito e reconstrução histórica.* Campinas: Autores Associados, 2007.

24. SAVIANI, D. *A pedagogia no Brasil: história e teoria.* Campinas: Autores Associados, 2008.

25. SAVIANI, D. *Da nova LDB ao FUNDEB.* Campinas: Autores Associados, 2007 [4. ed. 2011].

26. SAVIANI, D. *História das ideias pedagógicas no Brasil.* Campinas: Autores Associados, 2007 [3. ed. 2010].

27. SAVIANI, D.; NOSELLA, P.; LOMBARDI, J. C. (Orgs.). *Mario Alighiero Manacorda aos educadores brasileiros.* Campinas: HISTEDBR, 2007. DVD.

28. SAVIANI, D. *Escola e democracia.* Edição Comemorativa. Campinas: Autores Associados, 2008.

29. LOMBARDI, J. C. ; SAVIANI, D. (Orgs.). *Navegando pela história da educação brasileira: 20 anos de HISTEDBR.* Campinas, Autores Associados, 2009, v. 1, 319 p.

30. SAVIANI, D. *PDE – Plano de Desenvolvimento da Educação.* Campinas: Autores Associados, 2009.

31. BRITO, S. H. A; CENTENO, C. V.; LOMBARDI, J. C.; SAVIANI, D. (Orgs.). *A organização do trabalho didático na história da educação.* Campinas: Autores Associados, 2010.

32. SAVIANI, D. *Escuela y democracia.* Campinas: Autores Associados, 2010 [publicação em espanhol do livro de número 28].

33. SAVIANI, D. *Interlocuções pedagógicas: conversa com Paulo Freire e Adriano Nogueira e 30 entrevistas sobre educação*. Campinas: Autores Associados, 2010.

34. SAVIANI, D. *Educação em diálogo*. Campinas: Autores Associados, 2011.

35. SAVIANI, D. (Org.). *Estado e políticas educacionais na história da educação brasileira*. Vitória: EDUFES, 2011.

Capítulos de livros publicados

1. SAVIANI, D. Análise crítica da organização escolar brasileira através das leis 5.540/68 e 5.692/71. In: GARCIA, W. E. (Org.). *Educação brasileira contemporânea*. São Paulo: Mc Graw-Hill, 1976. p.174-194.

2. SAVIANI, D. A filosofia da educação e o problema da inovação em educação. In: GARCIA, W. (Org.). *Inovação educacional no Brasil*. São Paulo: Cortez/Autores Associados, 1980. p. 15-29.

3. SAVIANI, D. A universidade e o Ensino. In: CETREDE (Org.). *A universidade e o desenvolvimento regional*. Fortaleza: Ed. UFC, 1980. p. 52-72.

4. SAVIANI, D. O lógico e o histórico nas análises de desenvolvimento e educação na América Latina. In: SAVIANI, D. (Org.). *Desenvolvimento e educação na América Latina*. São Paulo: Cortez/Autores Associados, 1983. p. 5-16.

5. SAVIANI, D. Tendências e correntes da educação brasileira. In: MENDES, D. T. (Org.). *Filosofia da educação brasileira*. Rio de Janeiro: Civilização Brasileira, 1983. p. 19-47.

6. SAVIANI, D. Educação, cidadania e transição democrática. In: COVRE, M. L. M. (Org.). *A cidadania que não temos*. São Paulo: Brasiliense, 1986. p. 73-83.

7. SAVIANI, D. I Encontro. In: RIBEIRO, M. L. S. (Org.). *Educação em debate: uma proposta de pós-graduação*. São Paulo: Cortez, 1987. p. 9-23.

8. SAVIANI, D. Once tesis sobre educación y política. In: BRASLAVSKY, C.; FILMUS, D. (Orgs.). *Respuestas a la crisis educativa*. Buenos Aires: Cantaro/Flacso-Clacso, 1988. p. 17-23.

9. SAVIANI, D. A pedagogia histórico-crítica e a educação escolar. In: BERNARDO, M. V. C. *et alii* (Orgs.). *Pensando a educação*. São Paulo: Ed. UNESP, 1989. p. 23-33.

10. SAVIANI, D. Análise do substitutivo ao projeto da Lei de Diretrizes e Bases da Educação Nacional. In: SAVIANI, D.; VELLOSO, J.; HAGE, J.; VIEIRA, S. L. (Orgs.). *LDB - Lei de Diretrizes e Bases da Educação Nacional*. São Paulo: Cortez/ANDE, 1990. p. 103-116.

11. SAVIANI, D. Neoliberalismo ou pós-liberalismo? Educação pública, crise do Estado e democracia na América Latina. In: VELLOSO, J. *et alii* (Orgs.). *Estado e educação*. Campinas: Papirus, 1992. p. 09-29.

12. SAVIANI, D. Desafios atuais da pedagogia histórico-crítica. In: SILVA JR., C. A. (Org.). *Dermeval Saviani e a educação brasileira*. São Paulo: Cortez, 1994.

13. SAVIANI, D. O trabalho como princípio educativo frente às novas tecnologias. In: FERRETI, C. J. *et alii* (Orgs). *Novas tecnologias, trabalho e educação*. Petrópolis: Vozes, 1994. p. 174-164.

14. SAVIANI, D. É possível uma história da educação latino-americana In: SAVIANI, D. (Org.). *Para uma história da educação latino-americana*. Campinas: Autores Associados, 1996. p. 1-16.

15. SAVIANI, D. Filosofia da educação: crise da modernidade e o futuro da filosofia da práxis. In: FREITAS, M. C. (Org.). *A reinvenção do futuro*. São Paulo: Cortez, 1996.

16. SAVIANI, D. O lógico e o histórico nas análises de modelos e estilos educacionais da América Latina. In: SAVIANI, D. (Org.). *Para uma história da educação latino-americana*. Campinas: Autores Associados, 1996.

17. SAVIANI, D. Os saberes implicados na formação do educador. In: BICUDO, M. A. V.; SILVA JR., C. A. (Orgs). *Formação do educador*. São Paulo: EDUNESP, 1996.

18. SAVIANI, D. Depoimento. In: PAIVA, A. (Org.). *Reflexões sobre a Pós-Graduação em Educação no Brasil: a experiência da FAE - UFMG*. Belo Horizonte: Autêntica, 1997. p. 17-20

19. SAVIANI, D. Educação e trabalho artesanal. In: RUGIU; S. (Org.). *Nostalgia do mestre artesão*. Campinas: Autores Associados, 1998.

20. SAVIANI, D. O debate teórico e metodológico no campo da história e sua importância para a pesquisa educacional. In: SAVIANI, D; LOMBARDI, J. C.; SANFELICE, J. L. (Orgs.). *História e história da educação: o debate teórico-metodológica atual*. Campinas: Autores Associados/HISTEDBR, 1998. p. 7-15.

21. SAVIANI, D. O problema da formação de professores na Itália. In: GOERGEN, P.; SAVIANI, D. (Orgs.). *Formação de professores: a experiência Internacional sob o olhar brasileiro*. Campinas: Autores Associados, 1998. p. 115-157.

22. SAVIANI, D. Álvaro Borges Vieira Pinto. In: FÁVERO, M. L. A.; BRITTO, J. M. (Orgs.). *Dicionário de educadores no Brasil*. Rio de Janeiro: Editora UFRJ/MEC-INEP, 1999. p. 45-50.

23. SAVIANI, D. A supervisão educacional em perspectiva histórica: da função à profissão pela mediação da idéia. In: FERREIRA, N. S. C. (Org.). *Supervisão educacional para uma escola de qualidade*. São Paulo: Cortez, 1999. p. 13-38.

24. SAVIANI, D. História das idéias pedagógicas: reconstruindo o conceito. In: FARIA FILHO, L. M. (Org.). *Pesquisa em história da educação: perspectivas de análise, objetos e fontes*. Belo Horizonte: HG Ed., 1999. p. 9-24.

25. SAVIANI, D. Idéias para um intercâmbio internacional na área de história da educação. In: SANFELICE, J. L.; SAVIANI, D. (Orgs.). *História da educação: perspectivas para um intercâmbio internacional*. Campinas: Autores Associados/HISTEDBR, 1999. p. 9-18.

26. SAVIANI, D. Sobre a atualidade de Anísio Teixeira. In: SMOLKA, A. L. B.; MENEZES, M. C. (Orgs.). *Anísio Teixeira (1900-2000): provocações em educação*. Campinas: Autores Associados; Bragança Paulista: Universidade São Francisco, 2000. p. 161-176.

27. SAVIANI, D. Anísio Teixeira: clássico da educação brasileira. In: PÔRTO JR.; G. (Org.). *Anísio Teixeira e o ensino superior*. Brasília: Bárbara Bela, 2001. p. 23-29.

28. SAVIANI, D. História da educação e política educacional. In: SBHE. Sociedade Brasileira de História da Educação (Org.). *Educação no Brasil: história e historiografia*. Campinas: Autores Associados, 2001. p. 11-19.

29. SAVIANI, D. A pós-graduação em educação no Brasil: pensando o problema da orientação. In: BIANCHETTI, L.; MACHADO, A. M. N. (Orgs.). *Bússola do escrever: desafios e estratégias na orientação de teses e dissertações*. São Paulo: Cortez, 2002. p. 35-163.

30. SAVIANI, D. Casemiro dos Reis Filho. In: FÁVERO, M. L. A.; BRITTO, J. M. (Orgs.). *Dicionário de educadores no Brasil: da colônia aos dias atuais*. 2. ed. Rio de Janeiro: Editora da UFRJ/INEP, 2002. p. 230-236.

31. SAVIANI, D. Depoimento sobre educação popular. In: VALE; J. M. F.; MAGNONI JR.; L.; LUCCI, E. A.; MAGNONI, M. G. M. (Orgs.). *Escola pública e sociedade.* São Paulo: Saraiva/Atual, 2002. p. 315-323.

32. SAVIANI, D. Importância da cultura pedagógica na formação do professor para a educação infantil e séries iniciais do ensino fundamental. In: VALE; J. M. F.; MAGNONI JR.; L.; LUCCI, E. A.; MAGNONI, M. G. M. (Orgs.). *Escola pública e sociedade.* São Paulo: Saraiva/Atual, 2002. p. 157-162.

33. SAVIANI, D. Problemas e perspectivas da escola pública brasileira à luz do Plano Nacional de Educação. In: VALE; J. M. F.; MAGNONI JR.; L.; LUCCI, E. A.; MAGNONI, M. G. M. (Orgs.). *Escola pública e sociedade.* São Paulo: Saraiva/Atual, 2002. p. 15-20.

34. SAVIANI, D. Problemas e perspectivas da universidade pública hoje. In: SHEEN, M. R. C. C. (Org.). *Recortes da história de uma universidade pública.* Maringá: Eduem, 2002. p. 329-338.

35. SAVIANI, D. Transformações do capitalismo, do mundo do trabalho e da educação. In: LOMBARDI, J. C.; SAVIANI, D.; SANFELICE, J. L. (Orgs.). *Capitalismo, trabalho e educação.* Campinas: Autores Associados/HISTEDBR, 2002. p. 13-24.

36. SAVIANI, D.; LOMBARDI, J. C. 15 anos do HISTEDBR: histórico e situação atual. In: LOMBARDI, J. C.; SAVIANI, D.; SANFELICE, J. L. (Orgs.). *Capitalismo, trabalho e educação.* Campinas: Autores Associados, 2002. p. 145-163.

37. SAVIANI, D. Perspectiva marxiana do problema subjetividade-intersubjetividade. In: DALBOSCO, C.A., TROMBETTA, G.L. e LONGHI, S.M. (Orgs.), *Sobre filosofia e educação: subjetividade-intersubjetividade na fundamentação da práxis pedagógica.* Passo Fundo: UPF, 2004. p. 65-91. [Também publicado em: DUARTE, N. (Org.), *Crítica ao fetichismo da individualidade.* Campinas: Autores Associados, 2004. p. 21-52.]

38. SAVIANI, D. Casemiro dos Reis Filho e a educação brasileira. In: SAVIANI, D. (Org.). *Intelectual educador mestre: presença do Professor Casemiro dos Reis Filho na educação brasileira.* Campinas: Autores Associados, 2003. p. 3-24.

39. SAVIANI, D. Casemiro dos Reis Filho e a historiografia da educação brasileira. In: SAVIANI, D. (Org.). *Intelectual educador mestre: presença do Professor Casemiro dos Reis Filho na educação brasileira.* Campinas: Autores Associados, 2003. p. 87-98.

40. SAVIANI, D. História e história da educação na formação do educador. In: SCOCUGLIA, A. C. e PINHEIRO, A. C. F. (Orgs.). *Educação & história no Brasil contemporâneo*. Campinas: Autores Associados, 2003. p. 21-36.

41. SAVIANI, D. Breves considerações sobre fontes para a história da educação. In: LOMBARDI, J. C.; NASCIMENTO, M. I. M. (Org.). *Fontes, história e historiografia da educação.* Campinas: Autores Associados, 2004. p. 3-12.

42. SAVIANI, D. Educação e colonização: as idéias pedagógicas no Brasil. In: STEPHANOU, M.; BASTOS, M. H. C. (Orgs.). *Histórias e memórias da educação no Brasil.* Petrópolis: Vozes, 2004. p. 121-130.

43. SAVIANI, D. O legado educacional do século XX brasileiro. In: SAVIANI, D. *et alii*. (Orgs.). *O legado educacional do século XX no Brasil.* Campinas: Autores Associados, 2004. p. 9-57.

44. SAVIANI, D. Setenta anos do Manifesto e vinte anos de Escola e democracia: balanço de uma polêmica. In: XAVIER, M. C. (Org.). *Manifesto dos pioneiros da educação: um legado educacional em debate.* Rio de Janeiro: FGV, 2004. p. 183-204.

45. SAVIANI, D. A política educacional no Brasil. In: STEPHANOU, M.; BASTOS, M. H. C. (Orgs.). *Histórias e memórias da educação no Brasil.* Petrópolis: Vozes, 2005. p. 30-39.

46. SAVIANI, D. A trajetória da pedagogia católica no Brasil: da hegemonia à renovação pela meditação da resistência ativa. In: RAMOS, L. M. P. C. (Org.). *Igreja, Estado e Educação no Brasil.* Rio de Janeiro: Papel Virtual, 2005. p. 29-48.

47. SAVIANI, D. Educação socialista, pedagogia histórico-crítica e os desafios da sociedade de classes. In: LOMBARDI, J. C.; SAVIANI, D. (Orgs.). *Marxismo e educação: debates contemporâneos.* Campinas: Autores Associados, 2005. p. 223-274.

48. SAVIANI, D. Ensino, pesquisa e organização na formação do campo da história da educação brasileira. In: MONARCHA, C. (Org.). *História da educação brasileira: formação do campo.* Ijuí: Unijí, 2005. p. 47-114.

49. SAVIANI, D. História da escola pública no Brasil: questões para pesquisa. In: LOMBARDI, J. C.; SAVIANI, D.; NASCIMENTO, M. I. M. (Orgs.). *A escola pública no Brasil: história e historiografia.* Campinas: Autores Associados, 2005, p. 1-29.

50. SAVIANI, D. Introdução à edição em língua portuguesa: Gramsci na educação brasileira. In: RAGAZZINI, D. (Org.). *Teoria da personalidade na sociedade de massa: a contribuição de Gramsci*. Campinas: Autores Associados, 2005. p. 1-25.

51. SAVIANI, D. Pedagogia socialista: concepção e problemas atuais. In: GALVÃO, A. *et alii*. (Orgs.). *Marxismo e Socialismo no Século 21*. São Paulo: Xamã, 2005. p. 41-56.

52. SAVIANI, D. Reflexões sobre o ensino e a pesquisa em história da educação. In: GATTI JÚNIOR, D.; INÁCIO FILHO, G. (Org.). *História da educação em perspectiva: ensino, pesquisa, produção e novas investigações*. Campinas: Autores Associados, 2005. p. 7-32.

53. SAVIANI, D. Estágio atual e uma nova perspectiva para a história da educação. In: SCHELBAUER, A. R.; LOMBARDI, J. C.; MACHADO, M. C. (Orgs.). *Educação em debate: perspectivas, abordagens e historiografia*. Campinas: Autores Associados, 2006. p. 9-21.

54. SAVIANI, D. O legado educacional do breve século XIX brasileiro. In: SAVIANI, D. *et alii*. (Orgs.). *O legado educacional do século XIX*. 2 ed. Campinas: Autores Associados, 2006. p. 7-32.

55. SAVIANI, D. Instituições escolares no Brasil: conceito e reconstrução histórica. In: NASCIMENTO, M. I. M.; SANDANO, W.; LOMBARDI, J. C.; SAVIANI, D. (Orgs.). *Instituições escolares no Brasil: conceito e reconstrução histórica*. Campinas: Autores Associados, 2007. p. 3-27.

56. SAVIANI, D. Os balanços na historiografia da educação brasileira: sentidos e perspectivas. In: NEPOMUCENO; M. A.; TIBALLI, E. F. Arantes. (Org.). *Educação e seus sujeitos na história*. Belo Horizonte: Argumentum, 2007. p. 149-161.

57. SAVIANI, D. Os desafios da educação pública na sociedade de classes. In: ORSO, P. J. (Org.). *Educação, sociedade de classes e reformas universitárias*. Campinas: Autores Associados, 2007. p. 9-26.

58. SAVIANI, D. O pensamento pedagógico de Liberato Barroso e o "Bando de ideias novas" no ocaso do Império brasileiro. In: MACHADO, M. C. G.; OLIVEIRA, T. (Orgs.). *Educação na história*. São Luís: Ed. UEMA, 2008. p. 265-283.

59. SAVIANI, D. O HISTEDBR e a organização do campo da história da educação brasileira: implicações para a história das ideias pedagógicas e para a historiografia da educação brasileira. In: LOMBARDI, J. C.;

SAVIANI, D. (Orgs.). *Navegando pela história da educação brasileira - 20 anos de HISTEDBR*. Campinas: Autores Associados, 2009. p. 261-271.

60. SAVIANI, D. Sistema de educação: subsídios para a Conferência Nacional de Educação (CONAE). In: QUEIROZ, A. C.; GOMES, L. (Orgs.). *Conferência Nacional de Educação (Conae) 2010: reflexões sobre o Sistema Nacional de Educação e o Plano Nacional de Educação*. Brasília: INEP/MEC, 2009. p. 33-74.

61. SAVIANI, D. A educação no centro do desenvolvimento econômico. In: BARROSO, A. S.; SOUZA, R. (Orgs.). *Desenvolvimento: ideias para um projeto nacional*. São Paulo: Anita Garibaldi: Fundação Maurício Grabois, 2010. p. 247-264.

62. SAVIANI, D. Importância do conceito de "clássico" para a pedagogia. In: TEIXEIRA JÚNIOR, A. (Org.). *Marx está vivo!* Maceió: s/ed., 2010. p. 15-28.

63. SAVIANI, D. Trabalho didático e história da educação: enfoque histórico-pedagógico. In: BRITO, S. H. A.; CENTENO, C. V.; LOMBARDI, J. C.; SAVIANI, D. (Orgs.). *A organização do trabalho didático na história da educação*. Campinas: Autores Associados, 2010. p. 11-38.

64. SAVIANI, D. *A educação e a ilusão liberal* de Casemiro dos Reis Filho. In: HAMDAN, J. C.; XAVIER, M. C. (Orgs.). *Clássicos da educação brasileira*. Belo Horizonte, Mazza Edições, 2011. v. 2, p. 209-227.

65. SAVIANI, D. Antecedentes, origem e desenvolvimento da pedagogia histórico-crítica. In: MARSIGLIA, A. C. G. (Org.). *Pedagogia histórico-crítica: 30 anos*. Campinas: Autores Associados, 2011. p. 197-225.

66. SAVIANI, D. O Estado e a promiscuidade entre o público e o privado na história da educação brasileira. In: SAVIANI, D. (Org.). *Estado e políticas educacionais na história da educação brasileira*. Vitória: EDUFES, 2011. p. 15-44.

Trabalhos publicados em anais de congressos/seminários

1. SAVIANI, D. Valores em supervisão pedagógica: abordagem filosófica. *I Seminário de Supervisão Pedagógica*. Brasília: MEC-DEM, ago. 1976.

2. SAVIANI, D. Funções de preservação e de deformação do Congresso Nacional na legislação do ensino: um estudo de política educacional. *Anais da XXIX reunião anual da SBPC*. São Paulo, 1977.

3. SAVIANI, D. Tendências e correntes da educação brasileira. *Anais da XXXI reunião anual da SBPC.* Fortaleza, 1979.

4. SAVIANI, D. Abordagem política do funcionamento interno da escola de 1° grau. *Anais da I Conferência Brasileira de Educação.* São Paulo, 1980.

5. SAVIANI, D. Seletividade sócio-econômica no ensino de 1° grau. (Debate). *Anais da III reunião da ANPEd*, 1981.

6. SAVIANI, D. O ensino público e gratuito. *Anais da II Conferência Brasileira de Educação.* Belo Horizonte, 1982.

7. SAVIANI, D. Análise da produção de pesquisa em educação na região Sudeste. *Anais do II Seminário de Pesquisa em Educação-Região Sudeste.* Belo Horizonte, 1983.

8. SAVIANI, D. A política educacional no conjunto das políticas sociais. *Anais III Conferência Brasileira de Educação – Simpósios.* Niterói, 1984.

9. SAVIANI, D. A função social do currículo escolar. *Anais do IV Seminário Integrado de Ensino de Línguas e Literatura.* Porto Alegre: PUC-RS/ YÁZIGI, 1988. p. 4-20.

10. SAVIANI, D. Educação: seu papel histórico. *Anais do VI Simpósio Municipal de Educação e III Simpósio Regional de Educação.* Caxias do Sul, 1988.

11. SAVIANI, D. Perspectivas de expansão e qualidade para o ensino de 2° grau: repensando a relação trabalho-escola. *Anais do SEMINÁRIO FE-USP, Ensino de 2° Grau: perspectivas.* São Paulo: FE/USP, 1988. p. 79-91.

12. SAVIANI, D. A luta pela difusão da instrução popular no século XIX europeu e latino-americano: os casos de Itália e Brasil. *Anais do VIII Coloquio Nacional Historia de la Educación, Educación Popular.* Santa Cruz de Tenerife, España, Dic. 1994, Tomo II. p. 435-441 [Edición de Universidad de la Laguna, 1998].

13. SAVIANI, D. A luta pela educação popular no século XIX: Os casos de Brasil e Itália. In: III Congreso Iberoamericano de História de la Educación Latinoamericana, 1996, Caracas. *Anais do III Congreso Iberoamericano de História de la Educación Latinoamericana*, 1996.

14. SAVIANI, D. A questão da formação de professores nas universidades Itálianas. In: XIX Reunião Anual da ANPEd, 1996, Caxambu. *Anais da XIX Reunião Anual da ANPEd*, 1996.

15. SAVIANI, D. Estado e educação no Brasil: perspectiva histórica. *Anais do I Congresso Nacional de Educação.* Belo Horizonte, 1996.

16. SAVIANI, D. A organização da educação nacional na LDB: implicações para o plano nacional de educação. *Anais do II Congresso Nacional de Educação*, Belo Horizonte, 1997.

17. SAVIANI, D. O debate teórico-metodológico da história e sua importância para a educação. In: IV Seminário Nacional de Estudos e Pesquisas "História, Sociedade e Educação", 1997, Campinas. *Anais do IV Seminário Nacional*, 1997. CD-ROM.

18. SAVIANI, D. Da história do tempo ao tempo da história: implicações para a história das idéias pedagógicas.. In: IV Congreso Iberoamericano de História de la Educación Latinoamericana,. *Anais do IV Congreso Iberoamericano de História de la Educación Latinoamericana*, Santiago do Chile, 1998.

19. SAVIANI, D. Educação e colonização: as idéias pedagógicas no Brasil nos séculos XVI, XVII e XVIII. In: IV Congresso Iberoamericano de História de la Educación Latinoamericana,. *Anais do IV Congreso Iberoamericano de História de la Educación Latinoamericana*, Santiago do Chile, 1998.

20. SAVIANI, D. Eqüidade e qualidade em educação: eqüidade ou igualdade? In: IV Congreso Iberoamericano de História de la Educación Latinoamericana. *Anais do IV Congreso Iberoamericano de História de la Educación Latinoamericana*, , Santiago de Chile, 1998.

21. SAVIANI, D. História das idéias pedagógicas: reconstruindo o conceito.. In: XXI Reunião Anual da ANPEd, 1999, Caxambu - MG. *Anais* da XXI Reunião Anual da ANPEd. Caxambu, set. 1998.

22. SAVIANI, D. A pós-graduação em educação no Brasil: trajetória, situação atual e perspectivas. In: Seminário Comemorativo dos 25 anos da Pós-Graduação em Educação da UFSC. *Anais do Seminário 25 anos PPGE-UFSC*, Florianópolis, 1999. CD-ROM.

23. SAVIANI, D. Educação: paixão e compromisso. In: I Encontro Regional de Educadores. *Anais do I Encontro Regional de Educadores*, Porto Feliz – SP, 1999.

24. SAVIANI, D. Um barão brasileiro no Congresso Pedagógico Internacional de Buenos Aires: as idéias pedagógicas de Abílio Cesar Borges,

barão de Macahubas. Trabalho apresentado nas XI Jornadas de História de la Educación, Universidad Nacional de Quilmes, Argentina, 08-10/09/1999. In: *Anais das XI Jornadas de História de la Educación, Universidad Nacional de Quilmes*, 1999, Quilmes. XI Jornadas de História de la Educación, 1999.

25. SAVIANI, D. A educação musical no contexto da relação entre currículo e sociedade. *Anais do Encontro Anual da ABEM*, Belém-PA, set. 2000. p. 33-41.

26. SAVIANI, D. A idéia de sistema nacional de ensino e as dificuldades para sua realização no Brasil no século XIX. In: III Congresso Luso-Brasileiro de História da Educação, 2000, Coimbra. III Congresso Luso-Brasileiro de História da Educação. Coimbra, 23 a 26 de fevereiro de 2000. *Anais...*, 2000.

27. SAVIANI, D. Anísio Teixeira: Clássico da Educação Brasileira. In: Seminário Comemorativo do Centenário do Nascimento de Anísio Teixeira, 2000, Piracicaba-SP. *Anais...*, 2000.

28. SAVIANI, D. Educação no Brasil: concepção e desafios para o século XXI. In: I Conferência Nacional de Educação, Cultura e Desporto - Câmara dos Deputados, 2000, Brasília-DF. I Conferência Nacional de Educação, Cultura e Desporto, 2000. *Anais...*, 2000.

29. SAVIANI, D. História da educação e política educacional. In: I Congresso Brasileiro de História da Educação, 2000, Rio de Janeiro-RJ. *Anais do I Congresso Brasileiro de História da Educação*, 2000.

30. SAVIANI, D. Resgate histórico das origens do Programa de Pós-Graduação em Educação da UFSCar. In: Seminário Comemorativo dos 25 anos do Programa de Pós-Graduação em Educação da UFSCar, 2001, São Carlos - SP. *Informando - Informativo do Programa de Pós-Graduação em Educação-UFSCar*, 2000. p. 2-6.

31. SAVIANI, D. Sistema - uma visão crítica. In: I Fórum de Dirigentes Municipais de Educação da Região Sudeste e XXXIX Fórum do Estado do Rio de Janeiro. *Anais ...*, Rio de Janeiro, 2000.

32. SAVIANI, D. Educação no Brasil: concepção e desafios para o século XXI. In: Câmara dos Deputados – Comissão de Educação, Cultura e Desporto, *Desafios para o século XXI.* Coletânea de textos da 1ª. Conferência Nacional de Educação, Cultura e Desporto. Brasília: Centro de Documentação e Informação, 2001. p. 35-42.

33. SAVIANI, D. Ética, educação e cidadania. In: Congresso Nacional de Educação para o Pensar e Educação Sexual. *Anais ...*, Florianópolis, ano 8, 2001. p. 19-37.

34. SAVIANI, D. O problema da periodização na história das idéias pedagógicas no Brasil. In: V Congreso iberoamericano de história de la educación latinoamericana.. *Anais ...*, San José,-Costa Rica 2001.

35. SAVIANI, D. Transformações do capitalismo, do mundo do trabalho e da educação. In: V Seminário Nacional do HISTEBR. *Anais ...*, Campinas, 2001. CD-ROM.

36. SAVIANI, D. A questão das fontes nas pesquisas em história da educação brasileira. In: II Jornada (Jornada Sul) do Grupo de Estudos e Pesquisas História, Sociedade e Educação no Brasil (HISTEDBR), 2002, Ponta Grossa. Fontes, história e historiografia da educação. Campinas: Autores Associados, 2002. p. 3-12.

37. SAVIANI, D. Casemiro dos Reis Filho e a historiografia da educação brasileira. In: II Congresso Brasileiro de História da Educação, 2002, Natal-RN. História e memória da educação brasileira. *Anais do II CBHE*, 2002. CD-ROM.

38. SAVIANI, D. Política e gestão da pós-graduação em educação no Brasil. In: Simpósio Comemorativo dos 30 anos do PPGE/UNIMEP, 2002, Piracicaba. *Comunicações*, Piracicaba, v. 10, p. 93-103, 2002.

39. SAVIANI, D. História da escola pública no Brasil: questões para pesquisa. In: VI Seminário Nacional, 2003, Aracaju. *A escola pública no Brasil: história e historiografia*. Campinas: Autores Associados, 2003. p. 1-29.

40. SAVIANI, D. História e historiografia da escola pública no Brasil: um olhar a partir da história das idéias pedagógicas. In: VI Congresso Ibero-Americano de História da Educação Latino-Americana. *Anais ...*, San Luis Potossi, 2003. CD-ROM.

41. SAVIANI, D. O público e o privado na história da educação brasileira. In: III Jornada (Jornada Sudeste) do HISTEDBR, 2003, Americana. *O público e o privado na história da educação brasileira: concepções e práticas educativas*. Campinas: Autores Associados, 2003. p. 167-176.

42. SAVIANI, D. Perspectiva marxiana do problema subjetividade-intersubjetividade. In: I Seminário Internacional sobre Filosofia e Educação, 2003, Passo Fundo. *Sobre Filosofia e Educação*. Passo Fundo: UPF, 2003. p. 65-91.

43. SAVIANI, D. Reflexões sobre o ensino e a pesquisa em história da educação. In: II Congresso de Ensino e Pesquisa em História da Educação em Minas Gerais, 2003, Uberlândia. *Anais do II Congresso Mineiro de Ensino e Pesquisa*, 2003. CD-ROM.

44. SAVIANI, D. A escola pública brasileira no longo século XX (1890-2001). In: III Congresso Brasileiro de História da Educação, 2004, Curitiba. *Anais do III Congresso Brasileira de História da Educação*, 2004. CD-ROM.

45. SAVIANI, D. A trajetória da pedagogia católica no Brasil: da hegemonia à renovação pela mediação da resistência ativa. In: V Congresso Luso-Brasileiro de História da Educação, 2004, Évora - Portugal. [Também publicado em: RAMOS, L. M. P. C. (Org.). *Igreja, Estado e Educação no Brasil*. Rio de Janeiro: Papel Virtual, 2004. p. 29-48.]

46. SAVIANI, D. Estágio atual e uma nova perspectiva para a história da educação. In: IV Jornada Regional do HISTEDBR, 2004, Maringá. Educação em debate: perspectivas, abordagens e historiografia. Campinas: Autores Associados, 2004. p. 9-21.

47. SAVIANI, D. Dos princípios educacionais ao plano de educação, pela mediação do sistema educacional. In: IV Conferência Nacional de Educação e Cultura, 2005, Brasília. *Anais da Câmara dos Deputados*, 2005.

48. SAVIANI, D. História da formação docente no Brasil: três momentos decisivos. In: VII Congresso Ibero-Americano de História da Educação Latino-Americana, 2005, Quito. *Anais do VII CIHELA*, 2005. CD-ROM.

49. SAVIANI, D. Pedagogia e formação de professores no Brasil: vicissitudes dos dois últimos séculos. In: IV Congresso Brasileiro de História da Educação, 2006, Goiânia. *Anais do IV Congresso Brasileiro de História da Educação*, 2006. CD-ROM.

50. SAVIANI, D. Pedagogia e política educacional no Império brasileiro. In: VI Congresso Luso-Brasileiro de História da Educação, 2006, Uberlândia. *Anais do VI Congresso Luso-Brasileiro de História da Educação*, 2006. CD-ROM.

51. SAVIANI, D. Trabalho e educação: fundamentos ontológicos e históricos. In: 29a. Reunião Anual da ANPEd, 2006, Caxambu. Disponível em: <http://www.anped.org.br>.

52. SAVIANI, D. O pensamento pedagógico de Liberato Barroso e o "bando de idéias novas" no ocaso do Império brasileiro. In: VIII Congreso Iberoamericano de história de la educación latinoamericana. *Anales del VIII CIEHELA*, Buenos Aires 2007.

Este livro foi composto com tipografia Minion e impresso
em papel Chamois Fine 80 g na Del Rey Gráfica e Editora.